诚信为本
操守为重
坚持准则
不做假账

——与学习会计的同学共勉

“十四五”职业教育国家规划教材配套用书　高等职业教育新形态一体化教材

高等职业教育财会类专业 **经典传承 务本维新** 系列教材

会计信息系统实验（第七版）

主编　汪刚

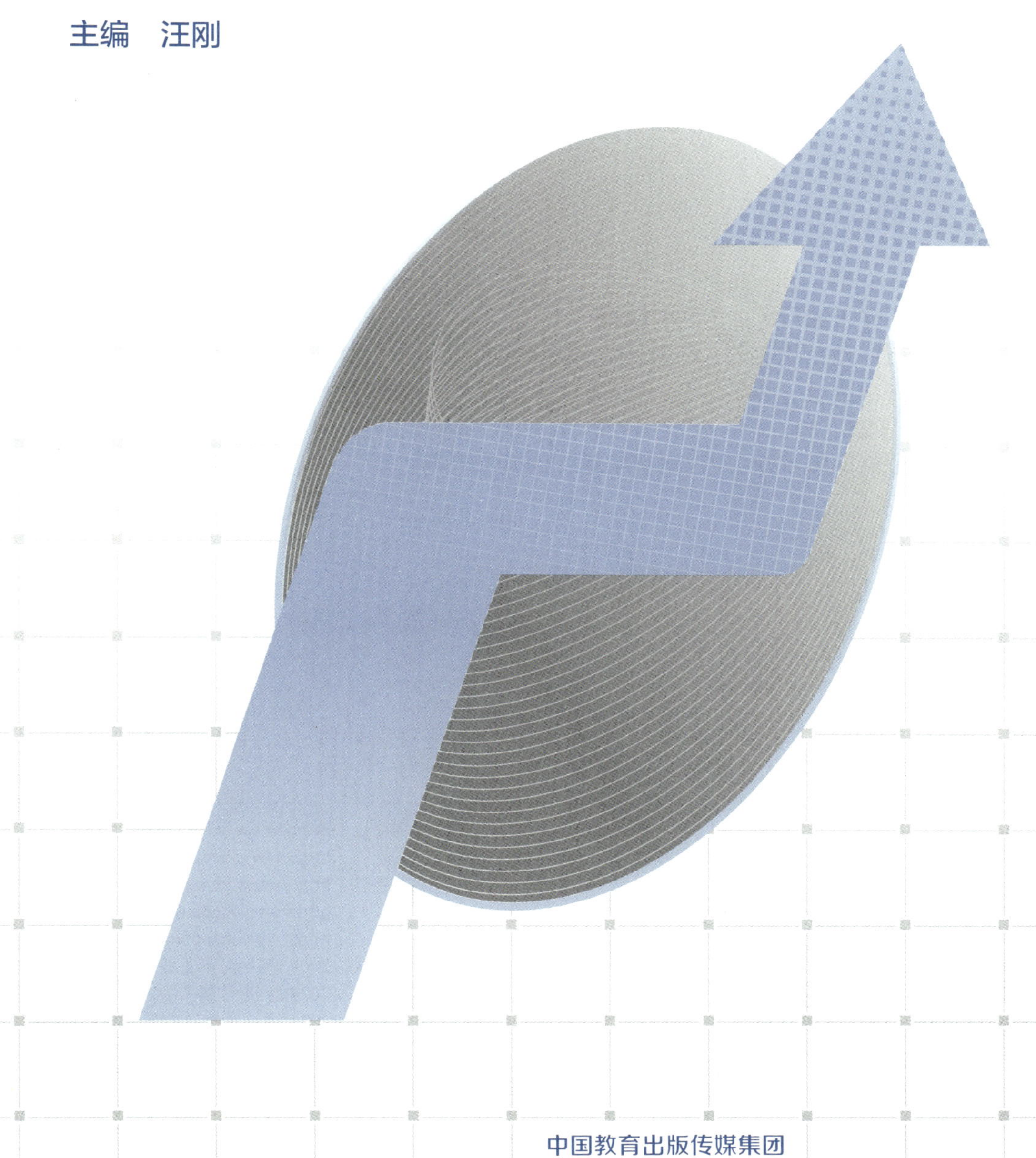

中国教育出版传媒集团
高等教育出版社·北京

内容提要

本书是“十四五”职业教育国家规划教材《会计信息系统》(第七版)的配套用书。

本实验教程共分两个部分。第一部分“实验基础篇”，简要介绍了用友ERP-U8V10.1软件和简道云低代码开发平台。第二部分“实验指导篇”包括十五个实验，介绍了用友ERP-U8V10.1软件中的系统管理、基础档案设置、总账管理子系统初始设置、总账管理子系统日常业务处理、总账管理子系统期末处理、财务报表编制、薪资管理、固定资产管理、应收款管理、供应链管理子系统初始设置、采购管理、销售管理、库存管理和存货核算，以及简道云低代码开发平台中的费控报销系统设计与开发。

本实验教程以用友ERP-U8V10.1软件为基础，以最新财税法规为依据，突破了单纯实验财务软件的局限，反映了软件发展的时代特征，可操作性强。本实验教程还为每个实验备份了一个与实验内容吻合的实验账套。每个实验既环环相扣，又可独立运作，能适应不同类型的教学需要。

本实验教程在每个实验后增设了实验报告环节，学生做完实验后要填写实验报告，这将帮助学生加深对实验内容的理解，同时教师也可以此作为记录实验成绩的参考。

本书配有教学课件、操作演示视频、参考答案等立体化教学资源，教师如需获取本书配套教辅资源，请登录“高等教育出版社产品信息检索系统”(xuanshu.hep.com.cn)免费下载。

本实验教程适用于高等职业专科院校和高等职业本科院校财务会计类专业及其他相关专业的教学，也可作为企业相关岗位工作人员和社会人士的参考读物。

图书在版编目（CIP）数据

会计信息系统实验 / 汪刚主编. -- 7版. -- 北京 : 高等教育出版社, 2024. 8. -- ISBN 978-7-04-062672-8

Ⅰ. F232-33

中国国家版本馆CIP数据核字第2024JP4678号

会计信息系统实验（第七版）

KUAIJI XINXI XITONG SHIYAN

策划编辑 张雅楠　责任编辑 张雅楠　封面设计 赵 阳　版式设计 杨 树

责任绘图 马天驰　责任校对 刘娟娟　责任印制 赵义民

出版发行	高等教育出版社	网　址	http://www.hep.edu.cn
社　址	北京市西城区德外大街4号		http://www.hep.com.cn
邮政编码	100120	网上订购	http://www.hepmall.com.cn
印　刷	北京市白帆印务有限公司		http://www.hepmall.com
开　本	787mm×1092mm 1/16		http://www.hepmall.cn
印　张	19.75	版　次	2004年6月第1版
字　数	370千字		2024年8月第7版
购书热线	010-58581118	印　次	2024年8月第1次印刷
咨询电话	400-810-0598	定　价	48.80元

本书如有缺页、倒页、脱页等质量问题，请到所购图书销售部门联系调换

物 料 号 62672-00

第七版前言

2022年2月18日，国务院国资委印发了《关于中央企业加快建设世界一流财务管理体系的指导意见》(简称《意见》)，旨在指导中央企业加快构建和完善世界一流财务管理体系，提升财务管理水平和价值创造能力，促进中央企业高质量发展。《意见》中强调："推动业财信息全面对接和整合，构建因果关系的数据结构，对生产、经营和投资活动实施主体化、全景化、全程化、实时化反映，实现业、财、技一体化管控和协同优化，推进经营决策由经验主导向数据和模型驱动转变"。

随着"大智移云物区"(大数据、人工智能、移动通信、云计算、物联网、区块链)等技术的应用推广，会计信息化正朝着业财一体化、处理全程自动化、内外系统集成化、操作终端移动化、处理平台云端化和财务分析智能化等趋势发展。在人才培养过程中，如何贯彻立德树人的根本任务，培养具备业财融合知识与技能的高质量会计信息化人才，服务企业数字化转型，是本书编者不断努力的方向。

本书分为实验基础篇和实验指导篇两部分。实验基础篇简要介绍了用友ERP-U8V10.1软件和简道云低代码开发平台。实验指导篇包含15个实验，具体分为基于用友ERP-U8V10.1软件的系统管理、基础档案设置、总账管理子系统初始设置、总账管理子系统日常业务处理、总账管理子系统期末处理、财务报表编制、薪资管理、固定资产管理、应收款管理、供应链管理子系统初始设置、采购管理、销售管理、库存管理和存货核算，以及基于简道云低代码开发平台的费控报销系统设计与开发。

本书在保留上一版特色的基础上进行了第六次修订，具体修订内容如下：

(1)增加了利用低代码开发平台开发业财一体化信息系统的实验。本次修订最大的调整是增加了利用简道云低代码开发平台进行费控报销系统设计与开发的实验。低代码技术作为一种创新性的软件开发范式，赋予了非专业开发者(如业务人员、财务人员等)构建和部署应用系统的能力。通过这一技术，用户无须深入复杂的编程世界，也能够轻松完成应用程序的设计、开发与部署，这不仅极大地提升了开发效率，还降低了技术门槛。在企业实践中，"全民开发"的理念正逐渐获得广泛的认

同与支持，预示着会计信息系统的教学与实践即将迎来一场深刻的变革。本书为此进行了实践尝试。

（2）更新了部分实验数据。

（3）重新制作了教学资源。

本书由北京信息科技大学汪刚任主编，哈尔滨职业技术学院李卉参与编写。

本书实验操作步骤均有视频演示，关键实验操作步骤可扫书旁的二维码直接观看，其他实验操作步骤的获取方式见书后“郑重声明”页的资源服务提示。

由于编者水平有限，书中难免有疏忽及错漏之处，诚挚地希望广大读者给予批评指正，以使本书日臻完善。

编　者

2024 年 8 月

第一版前言

在信息技术不断发展的今天，企业信息化建设势在必行。很多企业在推广信息化的过程中，都是从会计信息化开始的，然后逐步推进企业的全面信息化。在这样一种形势下，高等院校，尤其是高职高专院校，如何能够培养具有较强实践能力的会计信息化人才，就显得尤为重要了。会计信息系统是一门典型的边缘学科，其内容随着管理理论、信息技术和企业应用的发展而不断更新。《会计信息系统实验》教材考虑了学科发展的前沿性、实践性、实验条件的差异性，为学习者提供一个实用的、先进的、完整的、可操作的实验体系。

一、教材结构

本书共分两个部分。在第一部分“实验基础篇”中简要介绍了用友 ERP-U8 系统、本书的使用建议以及用友 ERP-U8 系统安装。在第二部分“实验指导篇”中设计了十个实验，分别介绍了用友 ERP-U8 系统中系统管理、总账、UFO 报表、工资管理、固定资产管理、应收款管理、应付款管理、采购管理、销售管理、库存管理和存货核算等子系统的基本功能和使用方法。

二、实验设计

每个上机实验都按照实验目的、实验内容、实验准备、实验资料、实验要求、实验步骤几项内容展开。实验目的部分明确了通过该实验学员应该掌握的知识及技能；实验内容部分简要地介绍了本项实验应完成的主要工作；实验准备部分指出了为了完成本实验应该具备的知识及应事先准备的数据环境；实验资料部分提供了企业真实的经济业务，作为实验的背景资料；实验要求部分提出每个实验操作以何种身份进行；为顺利完成实验，实验步骤部分针对实验资料，给出具体详尽的操作方法，并对实验中的注意事项给予特别提示。大部分的实验步骤，除了详尽的文字描述外，还配有清楚的操作步骤图片。

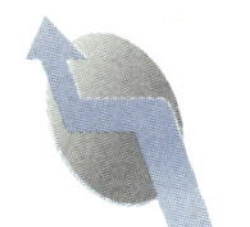

三、本书特色

1. 完整性

本书的所有实验是以一个核算主体的业务活动贯穿始终，每个实验反映企业核算的不同方面，涵盖了软件基本的操作。各个实验的实验数据都是相互统一、前后照应的。工资管理、固定资产管理、库存管理、存货管理、采购管理、销售管理等子系统的数据与总账系统的数据是相互关联的。

2. 连续性

考虑到实验环境的不稳定性，对每个实验结果都备份了一个实验账套。这样，学生既可通过它对照自己的实验结果，也可以在实验数据不完备的情况下，按照实验中“实验准备”一项的要求，把账套引入系统，以开始下一项实验，从而有效地利用教学时间。学生也可根据实验准备的要求，通过引入账套的方式，就某个实验有针对性地加强练习。

3. 可操作性

本书以业务为主线来介绍软件的具体应用。实验中的操作步骤部分，针对不同业务给予非常详尽的描述，同时还配以与实验资料完全吻合的实验步骤图片，图片中也给出了详细的操作步骤提示，学生可以按部就班地轻松完成全部实验，并掌握用友 ERP-U8 软件的精要。

本书主要供各类高职高专院校会计及其他相关专业教学使用，同时适合作为本科院校有关专业的参考书，也可以作为财务人员及业务人员会计信息系统应用培训和业务学习资料。本书还可作为用友 ERP 认证的参考教材。

北京机械工业学院会计系杨闻萍教授审阅书稿并提出了宝贵的建议。在本书编写过程中还得到用友软件股份有限公司的倾心支持与大力帮助，在此深表谢意。

由于编者水平有限，书中难免有疏忽及错漏之处，诚挚地希望广大读者给予批评指正，并提出更好的改进意见。

编　者

2004 年 3 月

目 录

第一部分
实验基础篇

第一章
用友 ERP-U8V10.1 软件

第一节　软件简介

一、功能特点

用友 ERP-U8V10.1 软件以企业多部门应用为目标，适用于多种企业类型和行业性质。它可以运行于单机环境及局域网环境下。用友 ERP-U8V10.1 软件以全面会计核算和企业级财务管理为基础，实现了购销存业务处理、会计核算和财务监控一体化管理，为企业经营决策提供了预测、控制和分析的手段，并能有效控制企业的成本和经营风险。

二、总体结构

用友 ERP-U8V10.1 软件由财务会计、管理会计、供应链管理、人力资源管理和集团应用等多个部分组成，本书选择其中的财务会计和供应链管理子系统作为学习对象。财务会计部分包括总账管理、UFO 报表、薪资管理、固定资产管理、应收款管理、应付款管理、成本核算管理等主要子系统；供应链管理部分包括采购管理、销售管理、库存管理、存货核算等主要子系统。它们之间的数据传递关系如图 1-1-1 所示。

三、用友 ERP-U8V10.1 软件的运行次序

用友 ERP-U8V10.1 软件的各功能模块有机地结合为一体，可以从整体上满足用户的经营管理要求。由于各模块间存在着复杂的数据传递关系，因此，无论是系统启用还是月末结账都需要遵从一定的次序。

（一）系统启用次序

如果在同一月份启用所有的子系统，建议采用以下的启用顺序：

（1）先启用采购管理和销售管理子系统，再启用库存管理和存货核算子系统。

（2）启用供应链管理各子系统和总账管理子系统后，再启用应收款管理和应付款管理子系统。

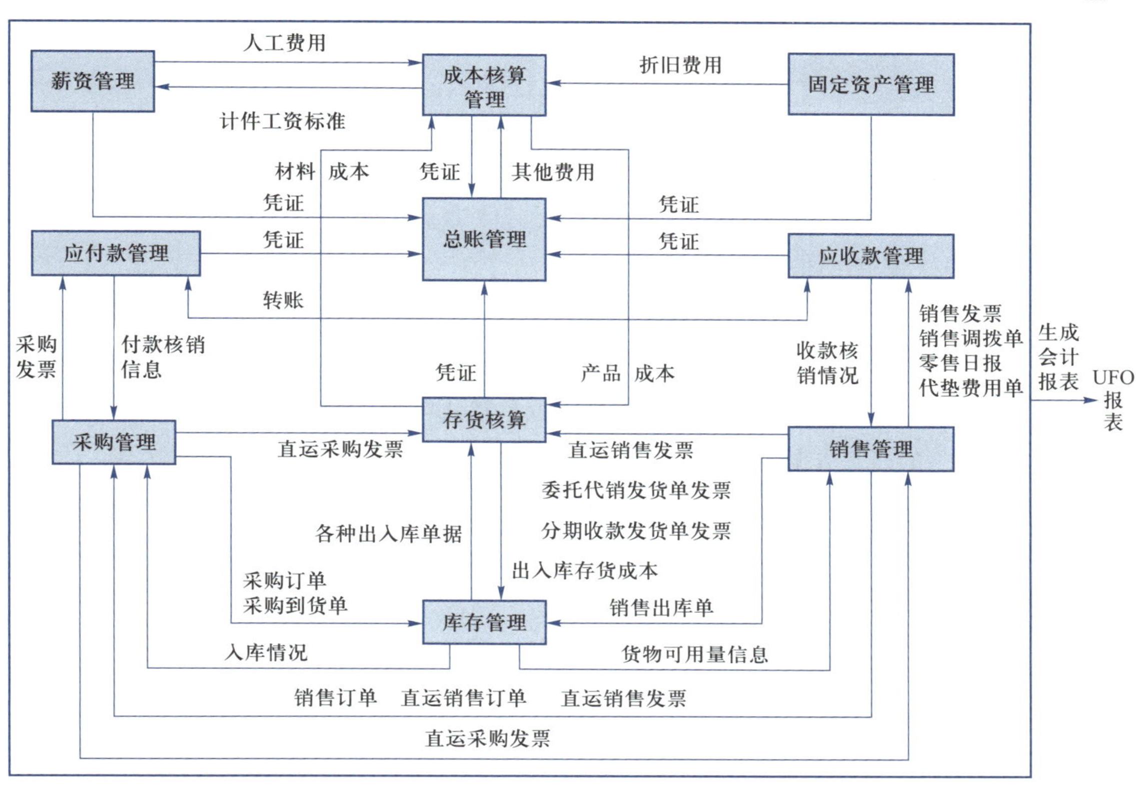

图 1-1-1　用友 ERP-U8V10.1 软件财务会计与供应链管理子系统的数据传递关系

（3）启用总账管理子系统后，就可以启用薪资管理和固定资产管理子系统，二者不分先后顺序。

（4）最后启用成本核算管理子系统。

（二）月末结账次序

如果所有的子系统均已启用，在月末结账时，应遵循以下顺序：

（1）薪资管理、固定资产管理、采购管理、销售管理子系统先进行月末结账，且不分先后顺序。

（2）库存管理、存货核算、应收款管理、应付款管理子系统进行月末结账。

（3）只有除总账管理子系统外的各个子系统均完成月末结账后，成本核算管理子系统才能进行月末结账。

（4）只有各个子系统均月末结账后，总账管理子系统才能结账。

第二节　实验环节注意事项

一、账套的备份和引入

很多学校将计算机的 C 盘用保护卡加以保护，D 盘或 E 盘则是开放的，可供学生自由存取文件，而用友软件的账套数据是默认存放在 C 盘上的。这样，只要一关机，学生的账套数据将不予保留。针对这种情况，本实验教程的解决方案是：

（1）每次下机之前将账套数据备份到 D 盘或 E 盘上（D 盘或 E 盘应是未保护的）。

（2）每次上机之前将账套数据由 D 盘或 E 盘引入到系统中，继续实验内容。关于账套的备份和引入操作参见实验一。

二、关于标准实验账套的引入

在本书的配套资源中，针对每个实验都准备了一个备份实验账套，学生上机实验时如果丢失了自己备份的实验账套数据，可按实验中“实验准备”一项引入标准账套，继续进行后面的实验。

三、关于账套号重名问题

在上机实验时，可能会出现若干名学生共用一台机器的情况，为了保证每个学生的账套数据的独立性，在建立账套时不能都使用实验资料中给出的“666”账套号，学生应设置自己的账套号。账套号不能相同。

另外，如果学生自己的实验账套数据丢失了，需要引入本书配套教学资源中的备份实验账套时，备份账套的账套号是 666。如何将备份的账套号改为学生自己的账套号并将其引入系统中呢？解决方法如下：

（1）用“记事本”打开引入账套文件夹下的 UfErpAct.lst 文件。

（2）将文档中四处出现 666 的地方改为学生自己的账套号，保存此文件。

（3）将该账套引入系统中。

第三节　用友 ERP-U8V10.1 软件安装

一、安装数据库

这里选用“Microsoft SQL 2008R2 Express SP2”的安装来进行说明。

（1）选择 SQLEXPR_x64_CHS.exe，单击右键，选择“以管理员身份运行”，进入后选择“安装”。

（2）选择“全新或向现有安装添加功能”，进入许可条款。

（3）选择接受许可条款。进入下一步，安装程序支持文件，完成后进入功能选择，单击“全选”。

（4）进入下一步“实例配置”，选择“默认实例”。

（5）进入下一步“服务器配置”，账户名选择“NETWORK SERVICE”，密码为空（不输入）。

（6）进入下一步“数据库引擎配置”，身份认证模式选择“混合模式”，密码设置为空，指定 SQL Server 管理员，单击“添加当前用户”。

（7）进入下一步，在“错误报告”选择“下一步”，按步骤进行安装，直至安装完成，然后重新启动系统。

（8）重新启动后，选择 Windows 应用中的“Microsoft SQL Server 2008R2 → SQL Server 配置管理器”，单击“SQL Server 配置管理器”，选择“SQL Server 服务”后，可以看到该服务已运行。

二、安装用友 ERP-U8V10.1 软件

安装前请检查您的计算机名称，确保计算机名中没有“-”等特殊字符。在 Windows 系统中，右键单击“此电脑”图标，选择“属性”。在系统窗口中，单击“计算机名”选项卡，可以看到计算机的名称。

（1）双击“用友 ERP-U8V10.1 安装程序 \SetupShell.exe”文件，运行安装程序，打开如图 1-1-2 所示的界面，选择“安装 U8V10.1”。

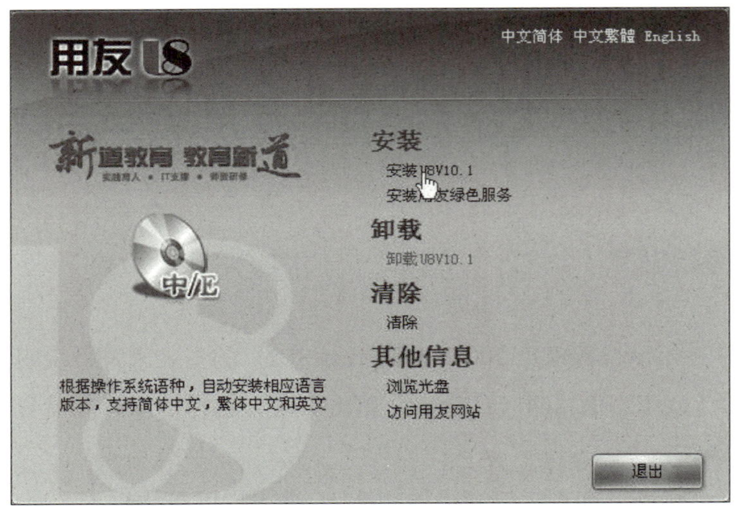

图 1-1-2　安装界面

（2）选中“我接受许可证协议中的条款”，单击“下一步”按钮，如图 1-1-3 所示。

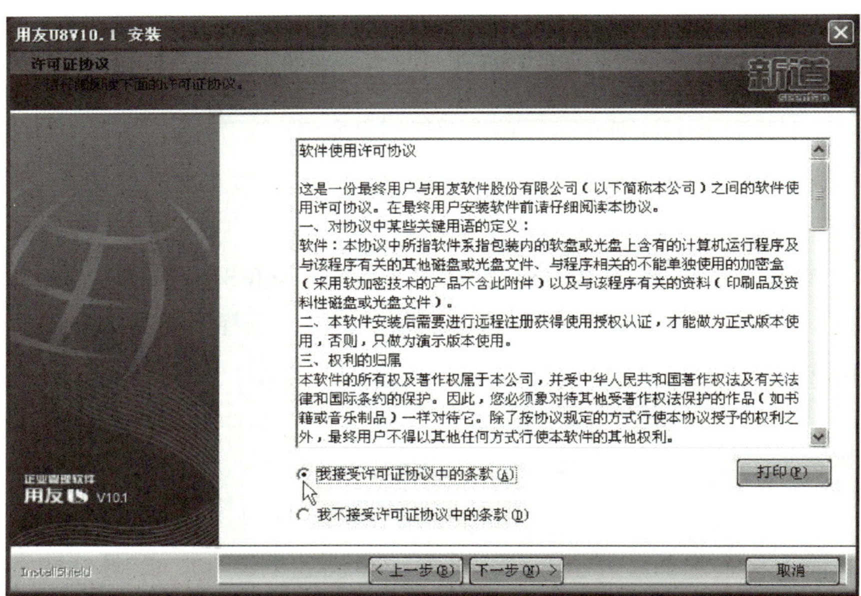

图 1-1-3　许可证协议

（3）用友 ERP-U8V10.1 软件自动检测历史版本，如有旧版本则需要清除，然后出现如图 1-1-4 所示的界面，输入相应用户名和公司名称，单击“下一步”按钮。

（4）选择安装路径，单击“下一步”按钮，如图 1-1-5 所示。

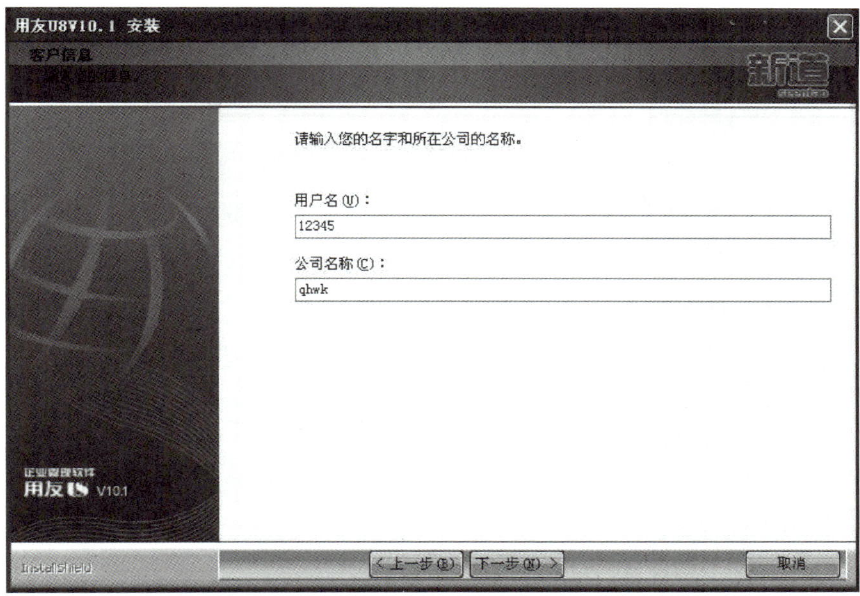

图 1-1-4　输入用户名和公司名称

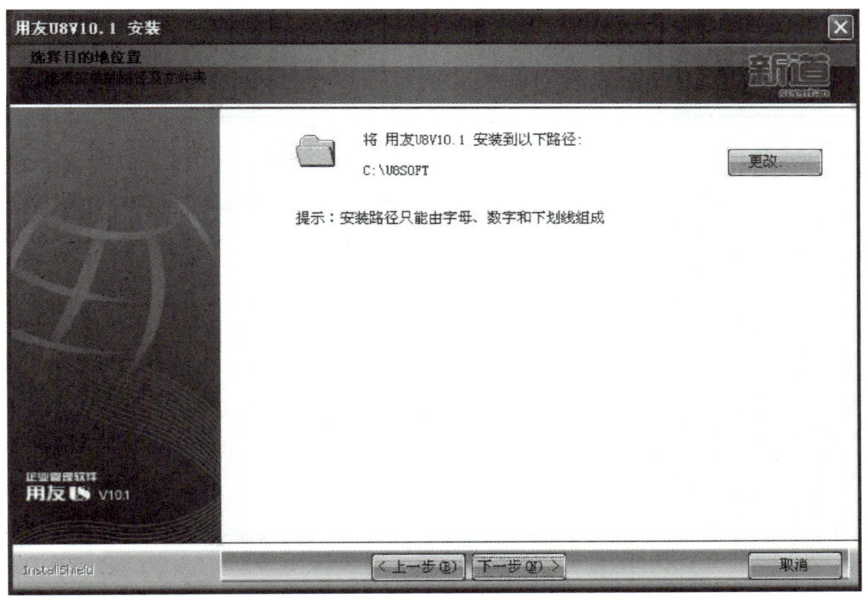

图 1-1-5　选择安装路径

（5）选择“全产品”安装（简体中文版），单击“下一步”按钮，如图 1-1-6 所示。

（6）单击“检测”按钮，可以进行用友 ERP-U8V10.1 软件安装环境的检测，如图 1-1-7 所示。

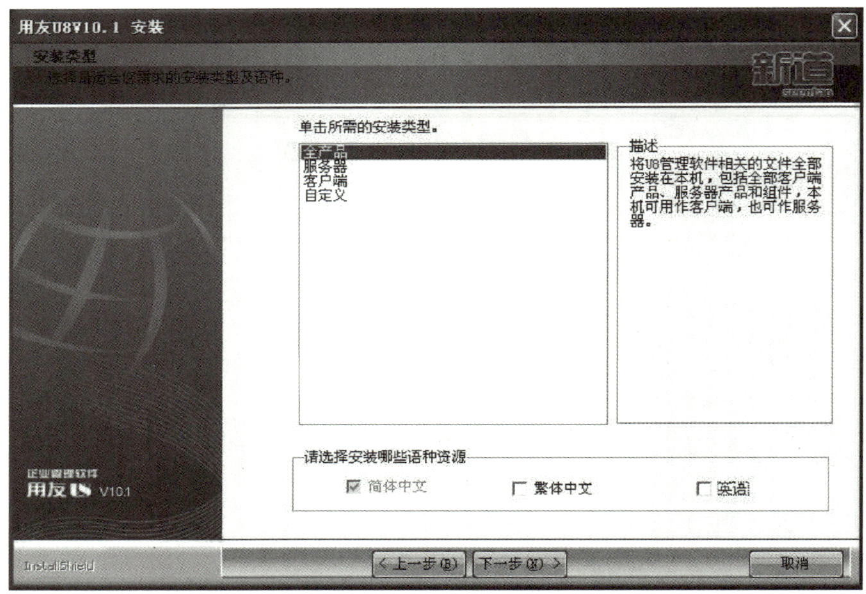

图 1-1-6　选择安装类型

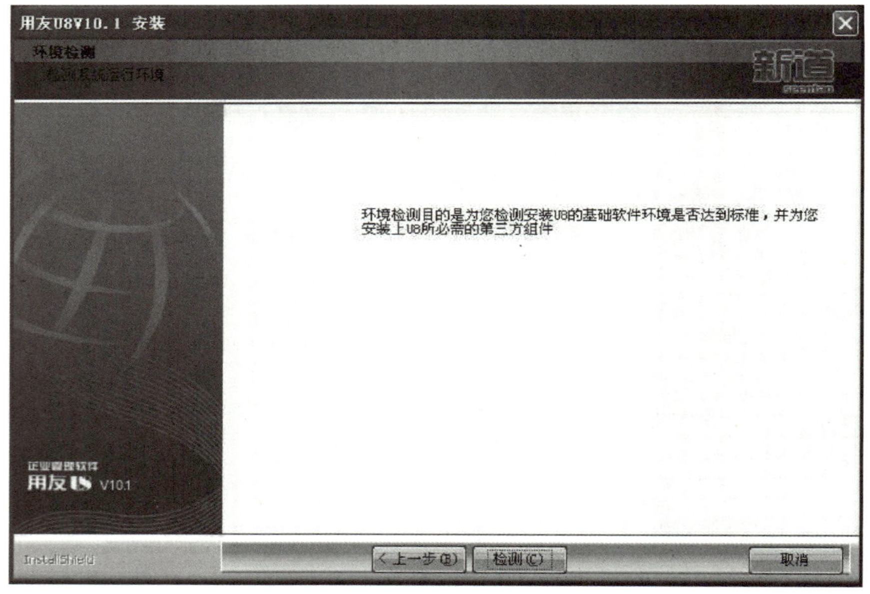

图 1-1-7　安装环境检测

说明：用友 ERP-U8V10.1 软件会自动提示未满足安装环境的条目，用户可逐个检查。如果有未安装的缺省组件，也可单击该组件条目，用友 ERP-U8V10.1 软件会自动定位到该组件所在的安装位置（如图 1-1-8 所示）。读者可通过双击该组件安装程序进行安装。

（7）单击安装缺省组件，如图 1-1-9 所示。

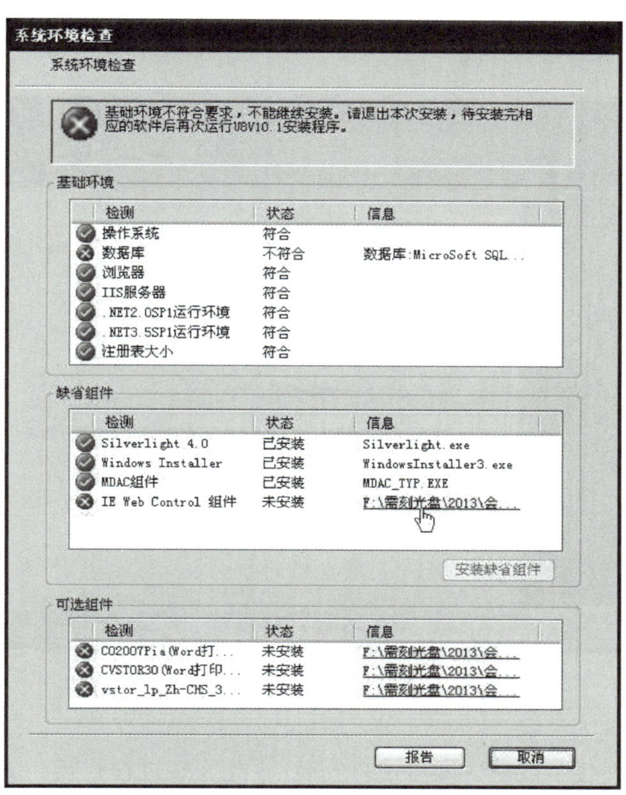

图 1-1-8　系统环境检查

文件　主页　共享　查看　应用程序工具

← → ˅ ↑ › 此电脑 › 本地磁盘 (D:) › 用友新道教育U8AllinOne (G) › 用友新道教育U8AllinOne (G) › 3rdProgram

快速访问：桌面、下载、文档、图片；OneDrive - Persona；此电脑：3D 对象、视频、图片

名称	修改日期	类型	大小
IA64	2016-12-16 8:54	文件夹	
KB835732	2016-12-16 8:54	文件夹	
X64	2016-12-16 8:54	文件夹	
DhtmlEd	2007-12-21 16:32	Windows Install...	346 KB
dotnetfx35	2009-3-25 10:52	应用程序	237,054 KB
iewebcontrols	2006-8-18 16:36	Windows Install...	649 KB
langpacktw	2011-2-14 11:12	应用程序	1,750 KB
langpackzh	2011-2-14 11:12	应用程序	1,753 KB
MDAC_TYP	2011-2-14 11:12	应用程序	5,412 KB
msizap	2011-2-14 11:12	应用程序	93 KB
NetFx20SP1_x86	2008-1-14 14:59	应用程序	24,179 KB
o2007pia	2011-8-4 15:54	Windows Install...	6,993 KB

图 1-1-9　安装缺省组件

说明：见图 1-1-8，如果在“基础环境”和“缺省组件”部分有未满足的条件，则安装不能向下进行；“可选组件”则可以不安装。

（8）环境检测全部通过后，单击“确定”按钮，返回安装界面，如图 1-1-10

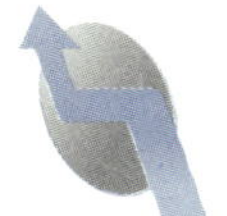

所示，就可以进行后续的安装了。

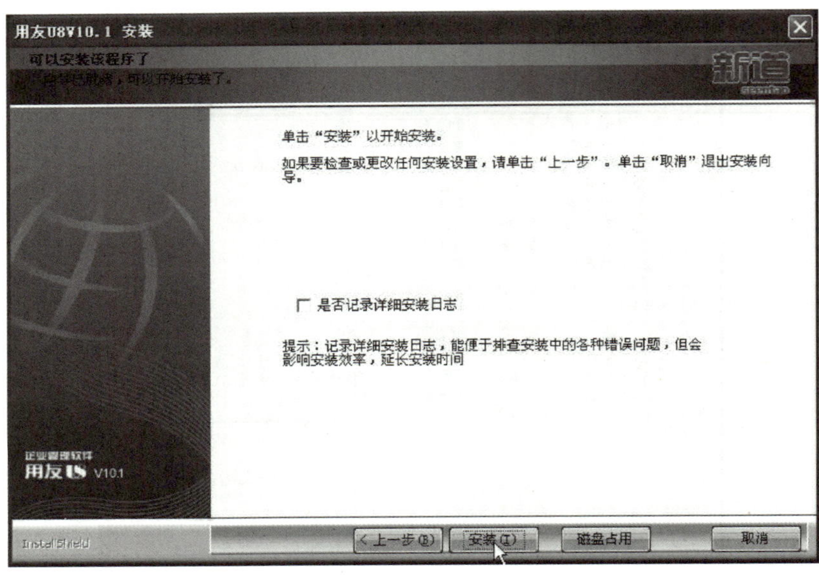

图 1-1-10　向导已就绪

（9）单击“安装”按钮，即可进行安装。（此安装过程较长，请耐心等待，如图 1-1-11 所示。）

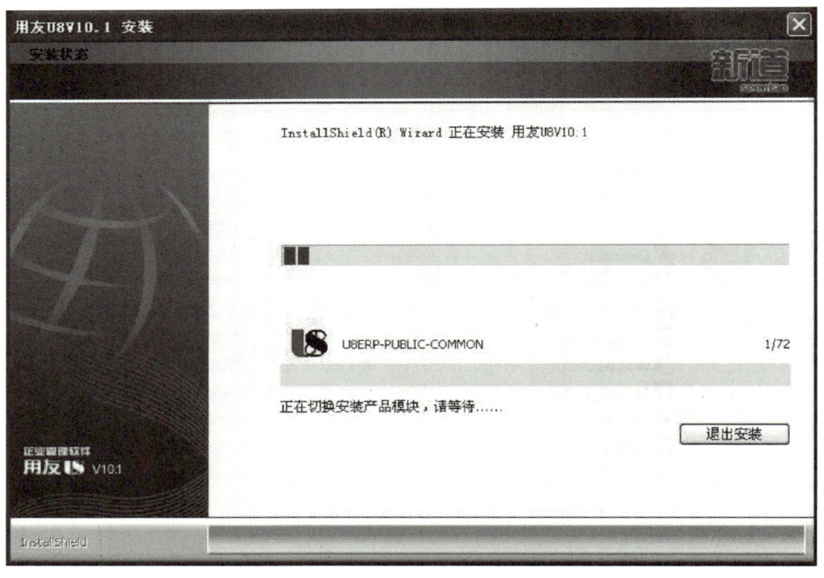

图 1-1-11　正在安装

（10）安装完成后，单击“完成”按钮，重新启动计算机，如图 1-1-12 所示。

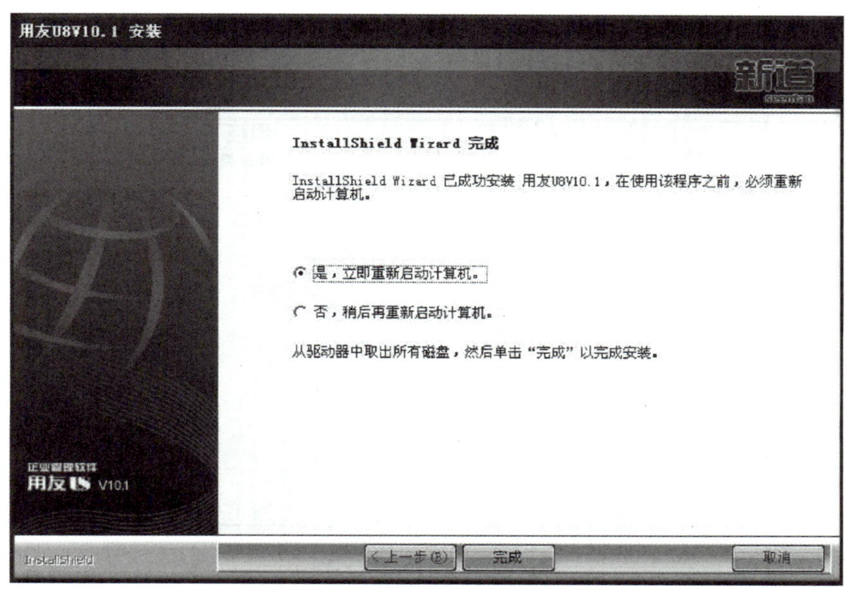

图 1-1-12　安装完成

（11）系统重启后，出现“正在完成最后的配置”提示信息，如图 1-1-13 所示。在其中输入数据库名称（即本地计算机名称，可通过“我的电脑→系统属性”中的计算机名查看），SA 口令为空（安装 SQL Server 时设置为空），单击“测试连接”按钮，测试数据库连接。若一切正常，则会出现连接成功的提示信息。

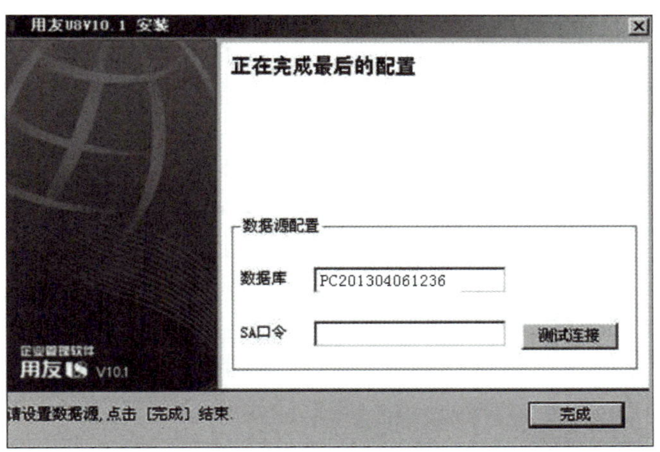

图 1-1-13　测试连接

说明：若数据库连接测试不成功，可先忽略，然后参考本章后面“三、问题解决方法”所介绍的方法进行测试。

（12）连接测试成功后，单击“完成”按钮，接下来系统会提示“是否初始化数据库”，单击“是”按钮，系统会提示“正在初始化数据库实例，请稍候……”。数据库初始化完成后，出现如图 1-1-14 所示的“登录”窗口。

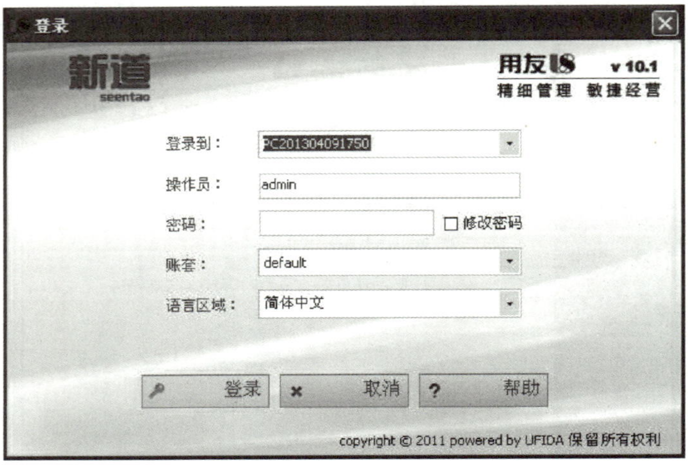

图 1-1-14　“登录”窗口

说明：这里若未出现 default 账套，可以参考本章后面章节“三、问题解决方法”所介绍的方法添加该账套。

（13）在“登录”窗口中，依次在“登录到”文本框选择本地计算机名称，在“操作员”文本框输入“admin”，密码为空，账套选择“default”（用友 ERP-U8V10.1 软件默认），单击“登录”按钮。

（14）系统提示创建账套，如图 1-1-15 所示。

图 1-1-15　创建账套

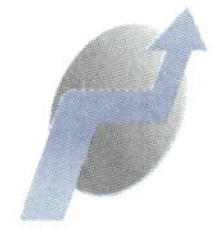

（15）根据提示创建账套完成后，会出现如图 1-1-16 所示的信息，询问是否“现在进行系统启用的设置”。

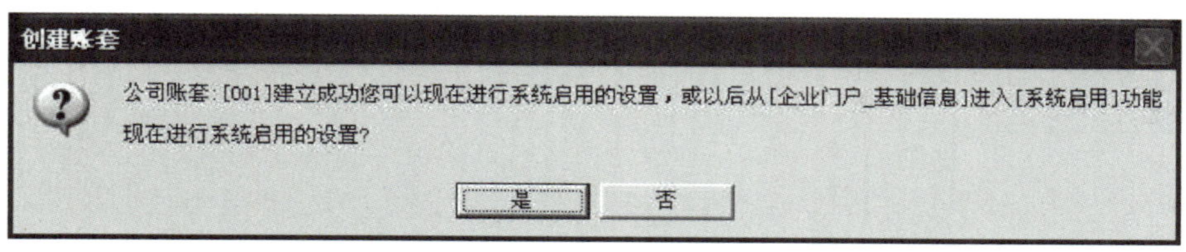

图 1-1-16　系统启用提示

（16）若单击“是”按钮，在进行系统启用设置后，会出现如图 1-1-17 所示的“新道教育 用友 U8［系统管理］窗口。

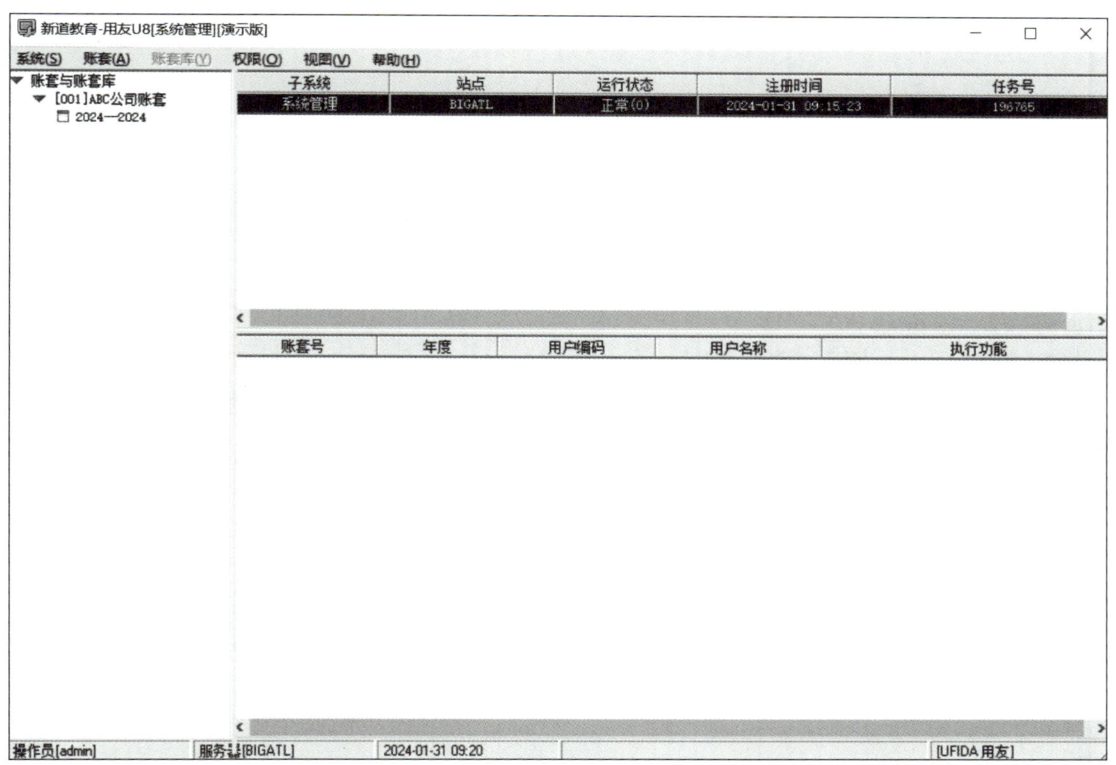

图 1-1-17　系统管理窗口

（17）用户可建立账套，也可以选择“账套→引入”命令，引入实验账套数据，如图 1-1-18 所示。

（18）用户还可新建“角色”与“用户”及设置权限，如图 1-1-19 所示。

（19）建立了账套、角色、用户及权限后，就可以登录用友 ERP-U8V10.1 软件，进行实务操作了，如图 1-1-20~图 1-1-22 所示。

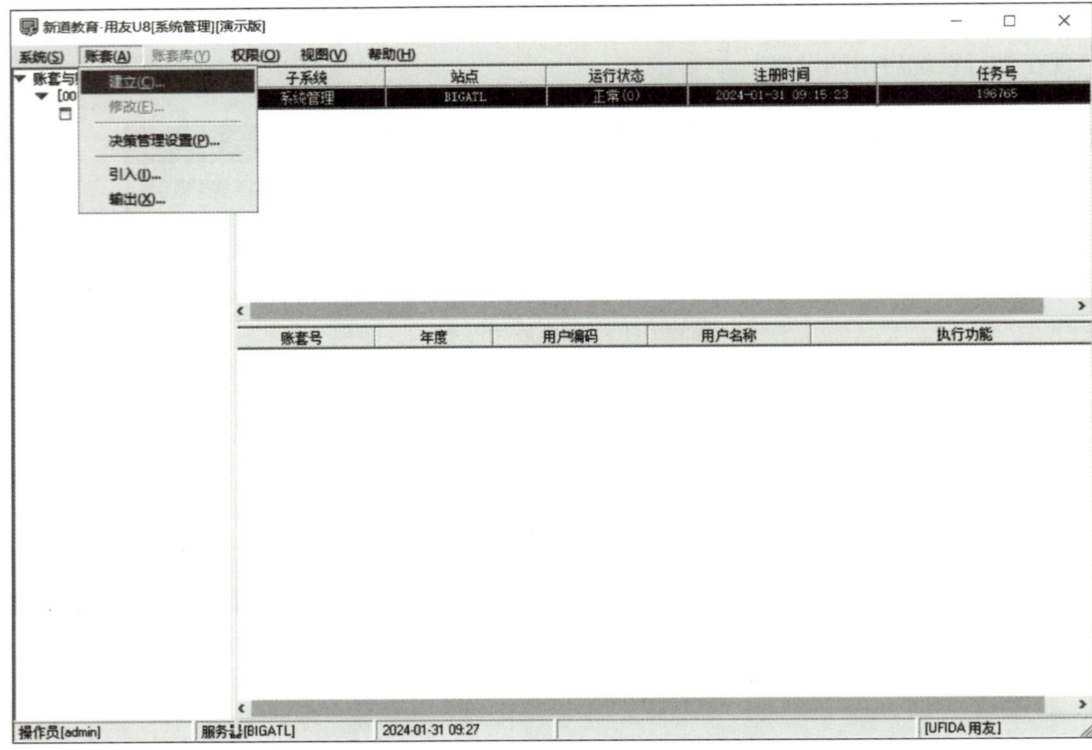

图 1-1-18　新建账套

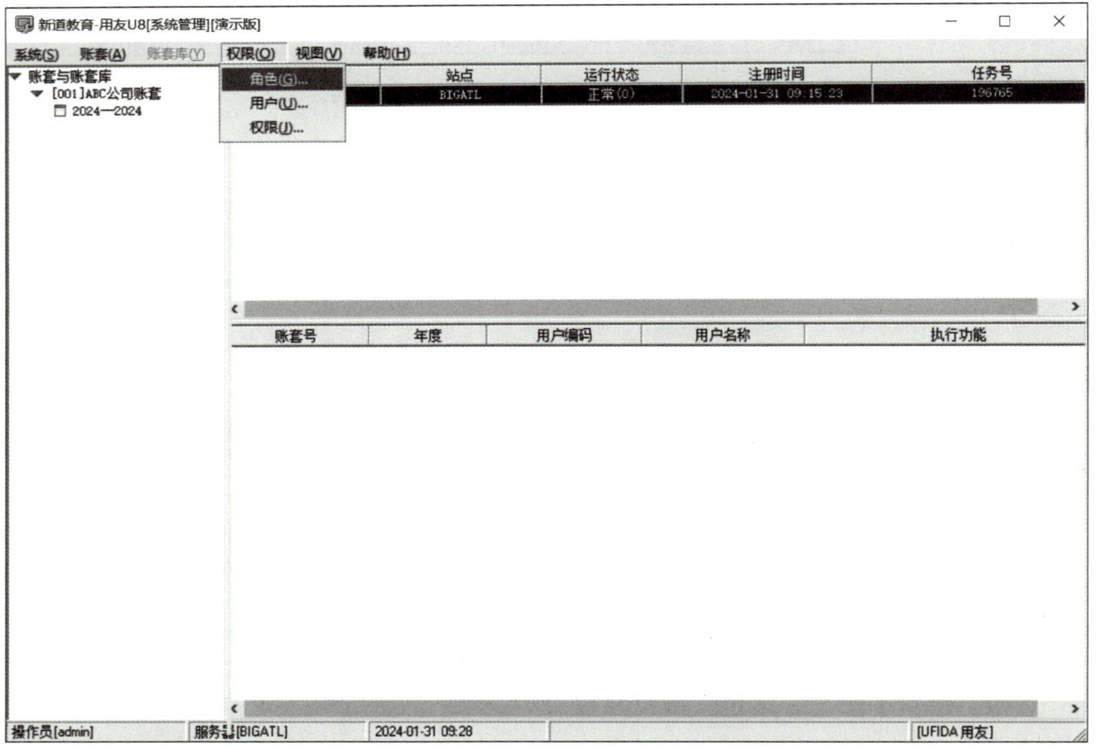

图 1-1-19　新建“角色”与“用户”及设置权限

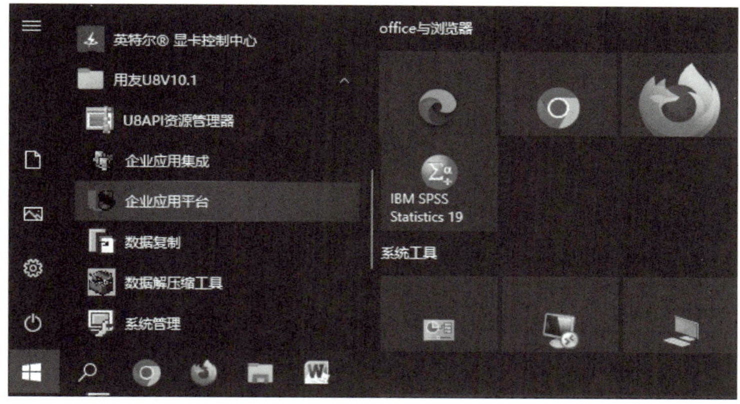

图 1-1-20　登录用友 U8V10.1 软件

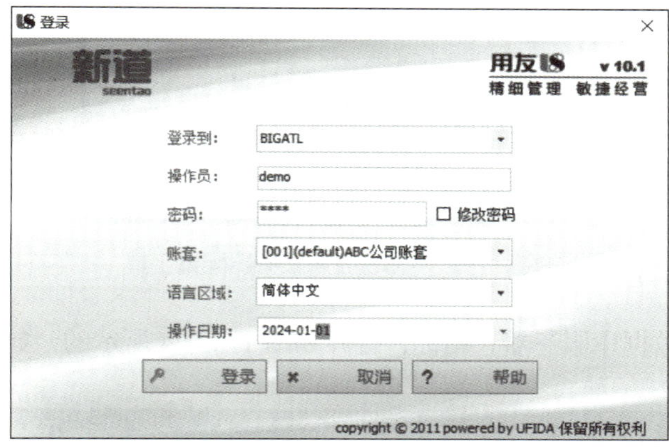

图 1-1-21　登录信息输入

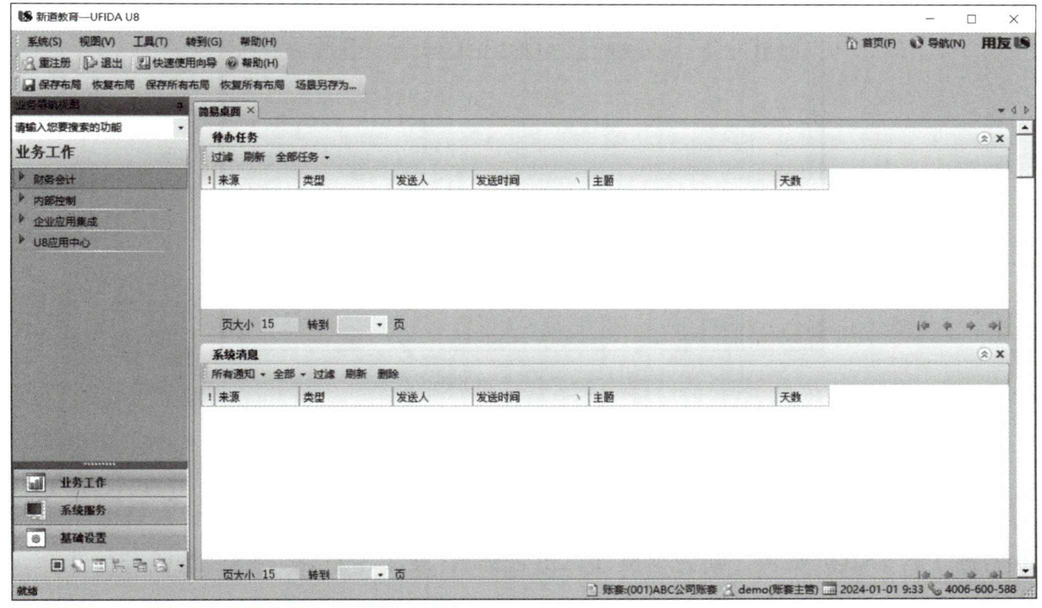

图 1-1-22　软件主界面

三、问题解决办法

在“登录”窗口中未出现登录到的服务器名称和账套 default 的解决方法。

（1）依次选择“开始→程序→用友 U8 V10.1→系统服务→应用服务器配置”，打开如图 1-1-23 所示的窗口。

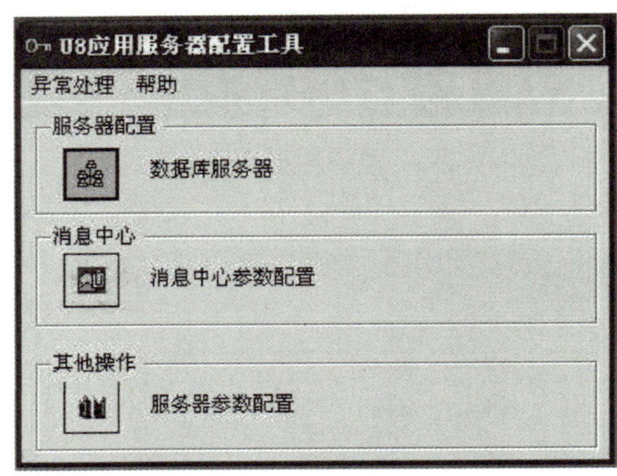

图 1-1-23　U8 应用服务器配置工具

（2）单击“数据库服务器”图标，打开如图 1-1-24 所示的“数据源配置”窗口。

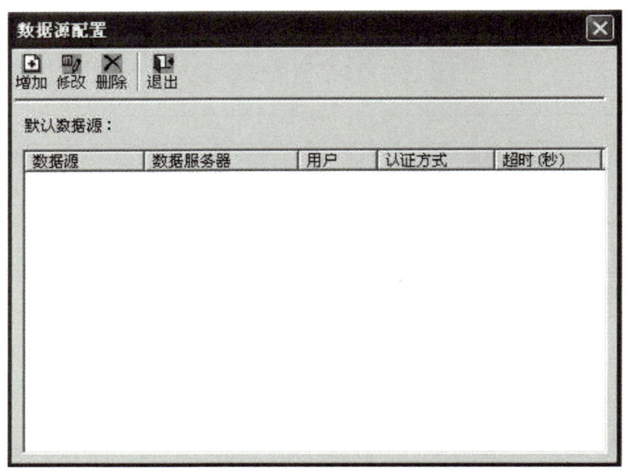

图 1-1-24　数据源配置

（3）单击“增加”按钮，打开如图 1-1-25 所示的“增加数据源”窗口。在“数据源”文本框中输入“default”，在“数据库服务器”文本框中输入数据库服务器名称（若为单机安装，则为本机计算机名称），或单击右侧“ ”按钮进行选择。

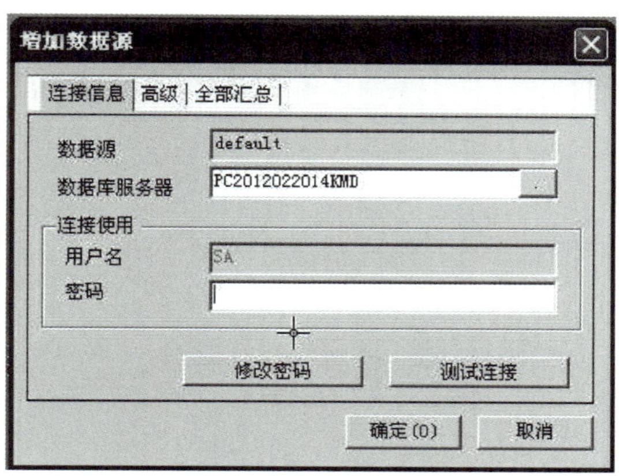

图 1-1-25　增加数据源

（4）保持密码为空，单击“测试连接”按钮，如果提示“连接串测试成功”，则表示成功配置数据源。然后连续单击“确定”按钮即可。

（5）选择“开始→程序→用友 U8V10.1→系统服务→系统管理”菜单，打开“系统管理”界面，然后选择“系统→注册”菜单，打开“登录”窗口，登录系统。

第二章

简道云低代码开发平台

第一节 软件简介

简道云是帆软软件有限公司旗下的基于 SaaS（Software as a Service，软件即服务）的零代码应用搭建平台，于 2015 年正式上线，主要面向业务人员，帮助他们以零代码的方式开发出符合业务需求的各类管理应用。随着近年来越来越多的企业进行数字化转型升级，简道云也逐渐在这波数字化浪潮中成长为零代码开发领域的 SaaS 领军企业。

简道云作为一个零代码轻量级应用搭建平台，旨在满足企业或部门的个性化管理需求。简道云拥有在线表单、流程引擎（业务流程）、仪表盘、知识库等核心功能，通过拖曳的操作方式，可以让企业快速搭建出符合自身需求的管理应用。简道云的灵活使用有助于企业规范业务流程、促进团队协作、实现数据追踪。

简道云搭建的应用系统既适用于制造、房地产、贸易、零售等行业，也适用于财务管理、采购管理、销售管理、库存管理、人事管理等多种应用场景。

第二节 软件功能简介

简道云的核心功能包括在线表单、流程引擎（业务流程）、仪表盘和知识库。企业用户通过使用在线表单、流程引擎（业务流程）、仪表盘三个功能，即可方便灵活地搭建应用系统。同时，简道云也提供了数据工厂、智能助手等高级功能来构建逻辑较为复杂的应用系统。此外，简道云还提供了工作台、通讯录等功能，工作台可以实现应用系统的搭建、管理和发布等操作；通讯录可以实现内部组织、互联组织中成员以及管理员的设置、沟通与管理等功能。

简道云既可以在 PC 端也可以在移动端管理数据、处理流程，还可以在钉钉、企业微信等第三方平台上进行集成。

第三节　软件应用

简道云是一款 SaaS 软件，在线应用，不需要安装。应用前需要用手机号在简道云网站上进行注册并登录。

第二部分
实验指导篇

实验一
系统管理

实验目的

1. 掌握用友 ERP-U8V10.1 软件中有关系统管理的相关内容
2. 理解系统管理在整个软件系统中的作用及重要性，充分理解权限分配的意义

实验内容

1. 建立核算单位账套
2. 增加操作员
3. 进行权限分配
4. 输出、引入和修改账套数据

实验准备

1. 已正确安装用友 ERP-U8V10.1 软件
2. 设置系统日期格式

（1）执行“开始→设置→控制面板”命令，进入“控制面板”窗口。

（2）双击“区域选项”图标，进入“区域选项”属性窗口。

（3）单击“日期”选项卡。

（4）单击“短日期样式”下拉列表框，选择下拉列表中的“yyyy-MM-dd”选项。

（5）单击“确定”按钮返回。

实验资料

一、账套资料

（一）账套信息

账套号：666；账套名称：北京明达公司账套；账套路径：默认；启用会计期：2024 年 1 月；会计期间设置：1 月 1 日至 12 月 31 日。

（二）单位信息

单位名称：北京明达科技有限责任公司；单位简称：明达科技；单位地址：北京市海淀区中关村路 6 号；法人代表：张同；邮政编码：100085；联系电话及传真：

66886688；电子邮件：zht@sohu.com；税号：111112222233333①。

（三）核算类型

记账本位币：人民币（RMB）；企业类型：工业；行业性质：2007 年新会计制度科目；账套主管：刘宁；要求：按行业性质预置会计科目。

（四）基础信息

该企业有外币核算，进行经济业务处理时，需要对存货、客户、供应商进行分类。

（五）分类编码方案

科目编码级次：4-2-2-2。

其他编码级次设置采用默认值。

（六）数据精度

采用系统默认值。

（七）系统启用

总账管理子系统启用日期为“2024 年 1 月 1 日”。

二、操作员资料

操作员资料如表 2-1-1 所示。

表 2-1-1　操作员资料

编号	姓名	口令	所属部门
11	刘宁	1	财务部
22	李芳	2	财务部
33	王强	3	财务部
44	周伟	4	采购中心
55	赵红	5	销售中心

① 全书的企业、个人信息皆为虚构的仿真资料。

三、权限分配

（一）刘宁——账套主管

负责财务软件运行环境的建立，以及各项初始设置工作；负责财务软件的日常运行管理工作，监督并保证软件系统有效、安全、正常运行；负责总账管理子系统的凭证审核、记账、账簿查询、月末结账工作；负责报表管理及财务分析工作。

具有所有子系统的全部操作权限。

（二）李芳——出纳

负责现金、银行账管理工作。

具有“总账—凭证—出纳签字”权限，具有“出纳”的全部操作权限。

（三）王强——会计

负责总账管理子系统的凭证管理工作，以及工资和固定资产的管理工作。

具有“基本信息”和“总账”“薪资管理”“计件工资管理”“固定资产”子系统的全部操作权限。

（四）周伟、赵红——业务员

负责购销存业务。

具有“基本信息”和“总账”“应收款管理”“应付款管理”“采购管理”“销售管理”“库存管理”“存货核算”子系统的全部操作权限。

实验要求

以系统管理员 admin 的身份登录系统管理。

操作步骤

一、启动系统管理

执行“开始→程序→用友 U8V10.1 →系统服务→系统管理”命令或双击桌面图标，启动系统管理，如图 2-1-1 所示。

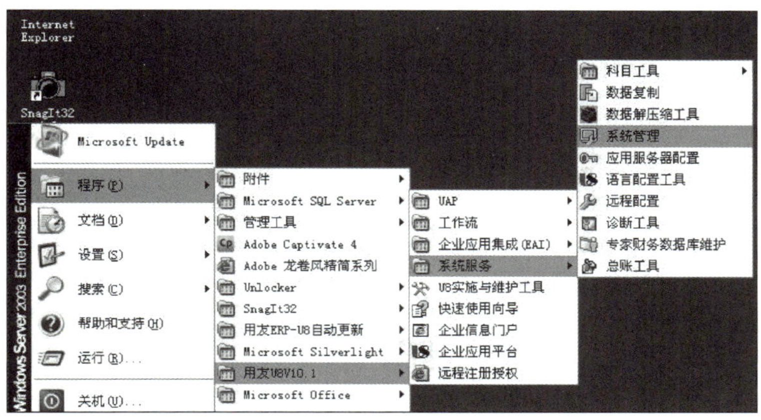

图 2-1-1　启动系统管理

二、登录系统管理

（1）在“新道教育－用友 U8［系统管理］”窗口中，执行“系统→登录”命令，打开“登录”对话框。

（2）输入操作员：admin；密码：（空）；选择账套：default，如图 2-1-2 所示。

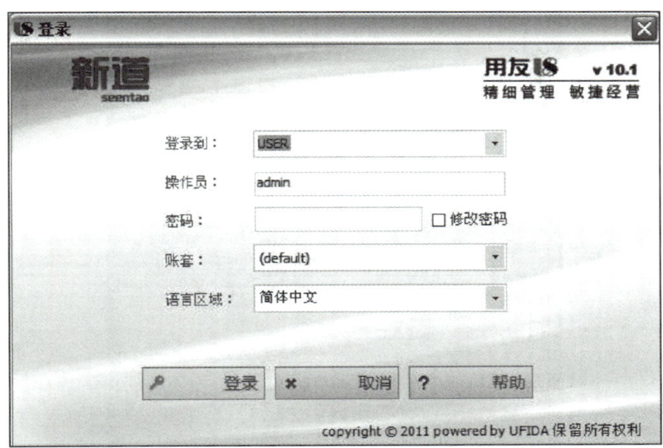

图 2-1-2　登录系统管理

（3）单击“登录”按钮，以系统管理员身份登录进入系统管理。

提示

- 为了保证系统运行的安全性，在系统管理员“登录”对话框中，可以设置或

更改系统管理员的密码。单击“修改密码”选项，可设置新密码。

- 一定要牢记重新设置的系统管理员密码，否则无法以系统管理员的身份进入系统管理，也就不能执行账套数据的输出和引入。
- 考虑实际教学环境，建议不要设置系统管理员密码。

三、增加操作员

（1）执行“权限→用户”命令，进入“用户管理”窗口，窗口中显示系统预设的几位操作员：demo、SYSTEM 和 UFSOFT 等。

（2）单击工具栏中的“增加”按钮，打开“增加用户”窗口。

（3）在“操作员详细情况”对话框中输入数据。编号：11；姓名：刘宁；口令：1；确认口令：1；所属部门：财务部，如图 2-1-3 所示。

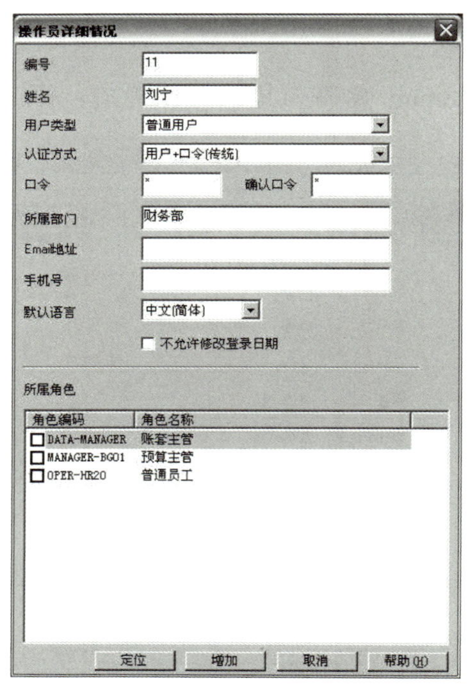

图 2-1-3　增加操作员

（4）单击“增加”按钮，逐一输入其他操作员资料。最后单击“退出”按钮。

提示

- 只有系统管理员才有权限设置操作员。
- 操作员编号在系统中必须唯一，即使是不同的账套，操作员编号也不能重复。
- 设置操作员口令时，为保密起见，输入的口令字以“*”号在屏幕上显示。
- 所设置的操作员用户一旦被引用，便不能再被修改和删除。

四、建立账套

建立账套

（1）执行“账套→建立”命令，打开“创建账套”对话框。选择建账方式，如图 2-1-4 所示。

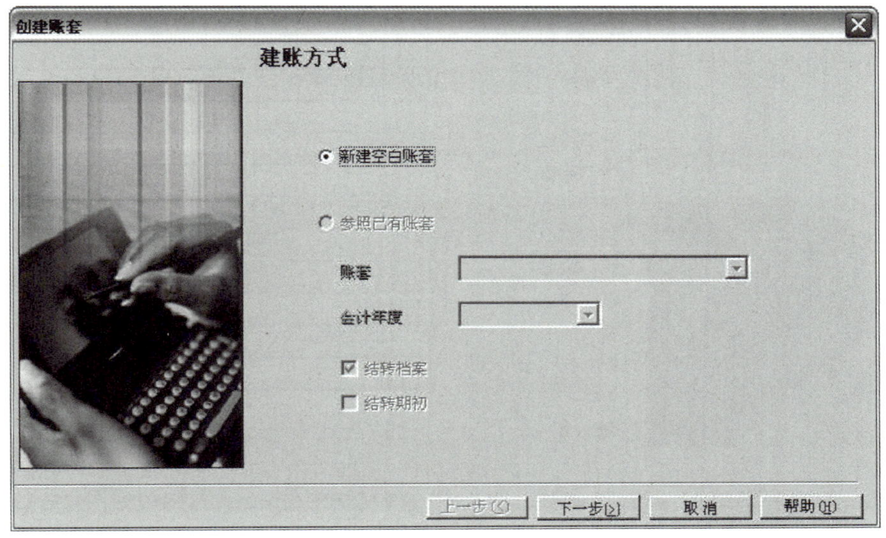

图 2-1-4　创建账套——选择建账方式

（2）单击“下一步”按钮，输入账套信息。

账套号：666；账套名称：北京明达公司账套；账套路径：(默认)；启用会计期：2024 年 1 月，如图 2-1-5 所示。

（3）单击“下一步”按钮，输入单位信息，如图 2-1-6 所示。

单位名称：北京明达科技有限责任公司；单位简称：明达科技。其他栏目信息参照实验资料输入。

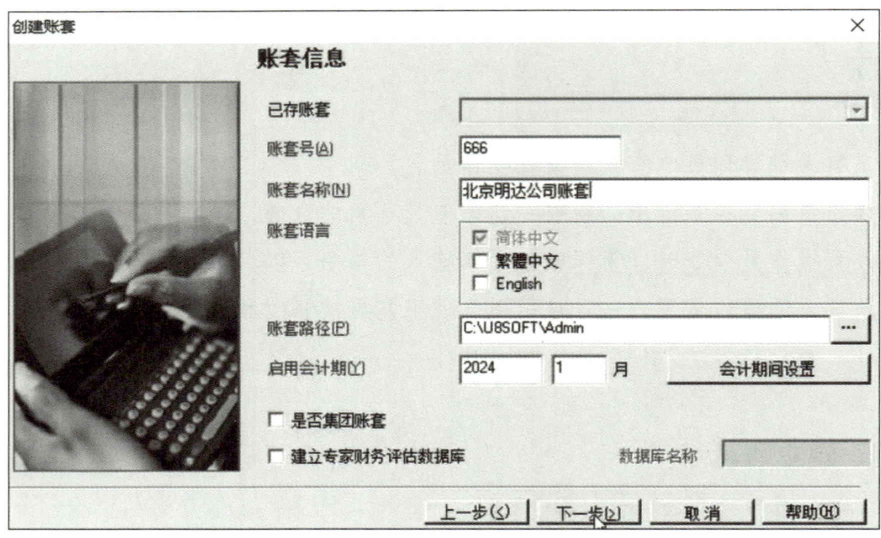

图 2-1-5　创建账套——设置账套信息

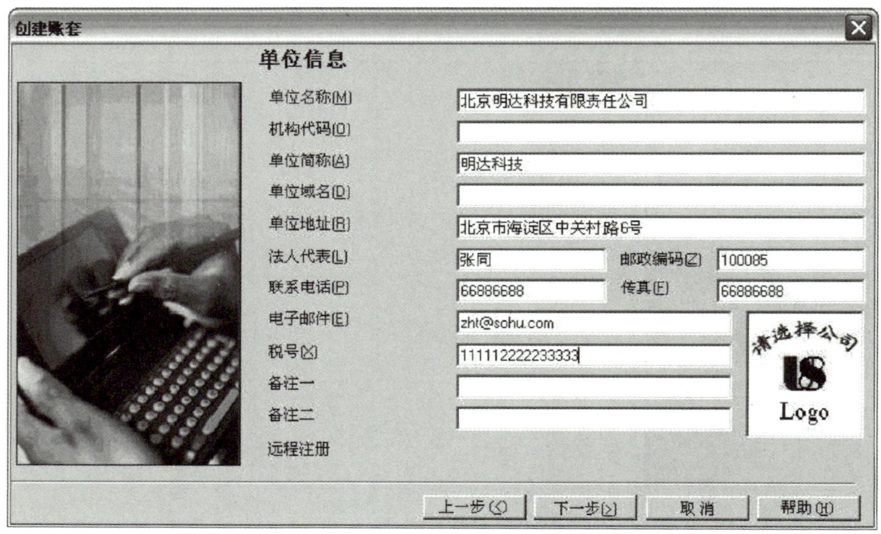

图 2-1-6　创建账套——设置单位信息

（4）单击“下一步”按钮，输入核算类型，如图 2-1-7 所示。

本币代码：RMB；本币名称：人民币；企业类型：工业；行业性质：2007 年新会计制度科目；账套主管：[11] 刘宁；单击选择“按行业性质预置科目”。

（5）单击“下一步”按钮，确定基础信息，如图 2-1-8 所示。

单击选中“存货是否分类”“客户是否分类”“供应商是否分类”“有无外币核算”四个复选框。

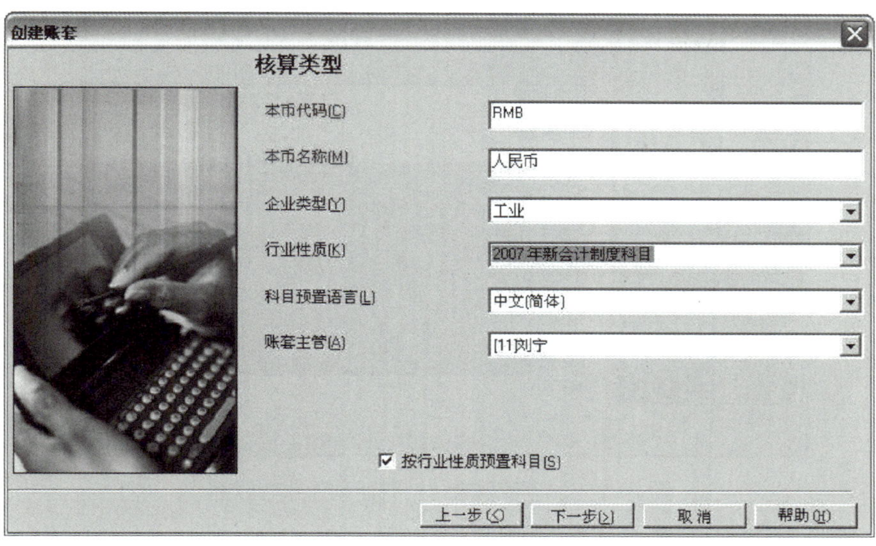

图 2-1-7　创建账套——设置核算类型

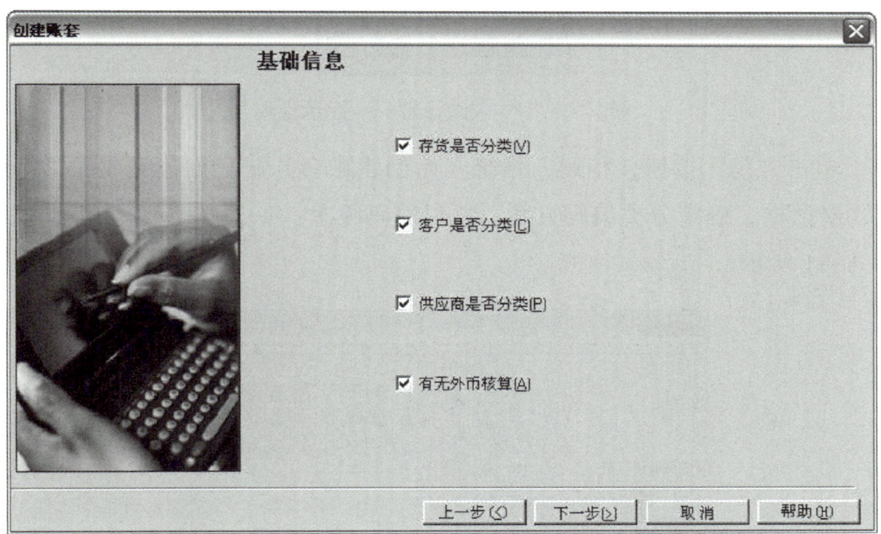

图 2-1-8　创建账套——设置基础信息

（6）单击“下一步”按钮，进入开始创建账套窗口，如图 2-1-9 所示。

（7）单击“完成”按钮，系统提示是否可以创建账套，如图 2-1-10 所示。

提示

- 创建账套时间较长，请耐心等待。

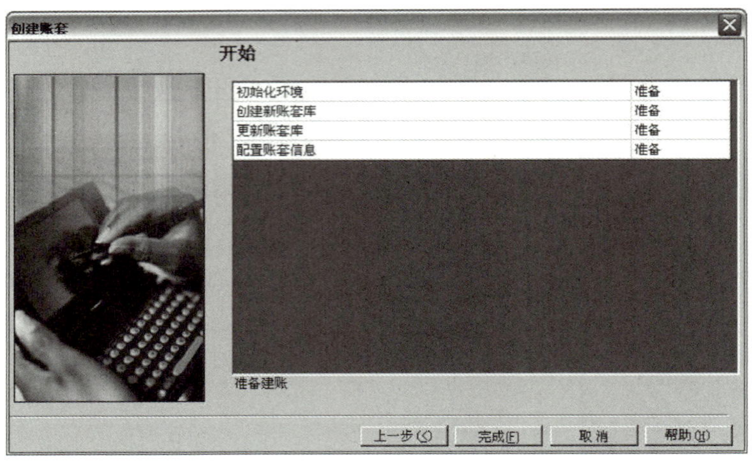

图 2-1-9　创建账套——开始创建账套界面

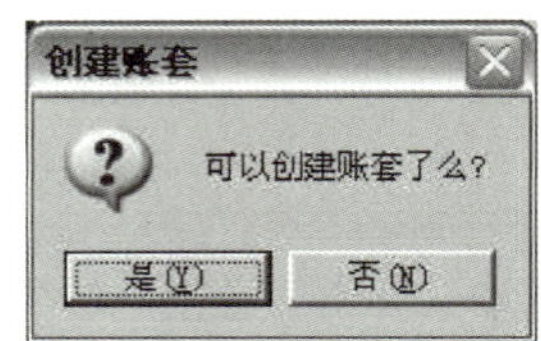

图 2-1-10　创建账套——提示创建

（8）单击“是”按钮，稍候，系统开始创建账套。账套创建完成后，打开“编码方案”对话框，确定分类编码方案。科目编码级次：4-2-2-2；其他采用默认值，如图 2-1-11 所示。

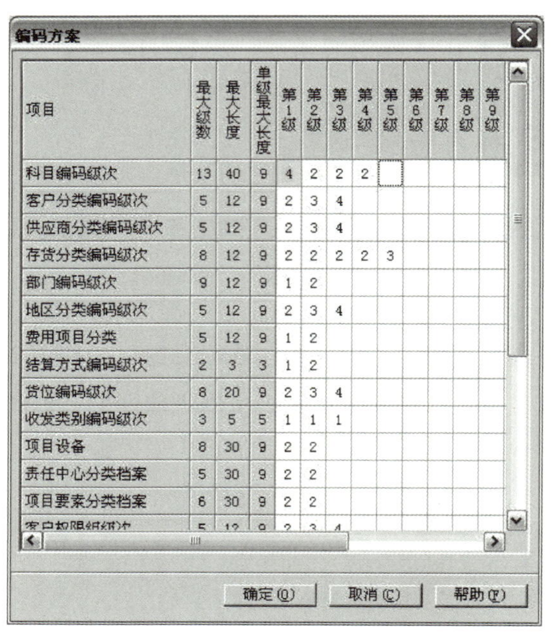

图 2-1-11　创建账套——确定分类编码方案

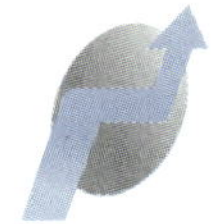

（9）单击“确定”按钮，再单击“取消”按钮，打开“数据精度”对话框，进行数据精度定义，所有小数位数均默认为 2 位，如图 2-1-12 所示。

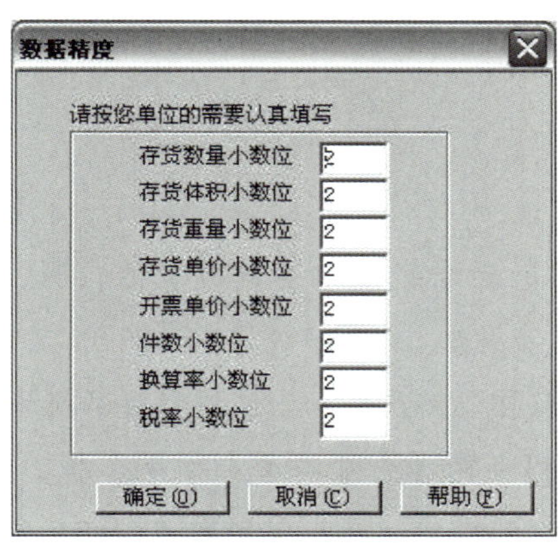

图 2-1-12　创建账套——设置数据精度

（10）单击“确定”按钮，系统创建账套成功。系统提示是否“现在进行系统启用的设置”，如图 2-1-13 所示。

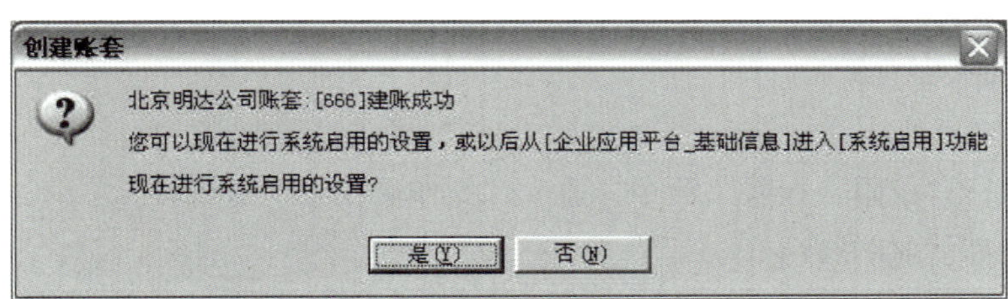

图 2-1-13　创建账套——提示系统启用

（11）单击“是”按钮，选中“GL——总账”复选框，弹出“日历”对话框，选择日期“2024 年 1 月 1 日”，如图 2-1-14 所示。

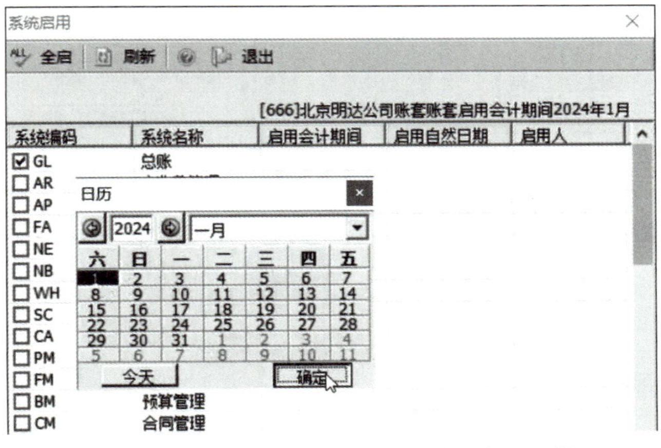

图 2-1-14　创建账套——设置总账启用日期

（12）单击“确定”按钮。系统提示是否“确实要启用当前系统”。

（13）单击“是”按钮。单击“退出”按钮。单击“确定”按钮。最后单击“退出”按钮。

提示

- 账套路径是用来确定新建账套将要被放置的位置，系统默认的路径为“E:\U8SOFT\Admin”，用户可以更改。
- 单位信息中“单位名称”必须输入。其他栏目都属于任选项。
- 系统提供了工业、商业两种企业类型。如果选择工业模式，则系统不能处理受托代销业务；如果选择商业模式，委托代销业务和受托代销业务都能处理。
- 在建立账套后，可以立即启用要使用的子系统，也可以不启用，当需要使用某个子系统时，可以在企业应用平台启用该子系统。

权限分配

五、权限分配

（1）执行“权限→权限”命令，进入“操作员权限”窗口。

（2）选择“666”账套。

（3）单击选择“李芳”。单击工具栏中的“修改”按钮。

（4）单击选择“总账—凭证—出纳签字”和“出纳”权限，如图 2-1-15 所示。单击“”按钮。

（5）同理，根据实验资料设置操作员“王强”“周伟”和“赵红”的操作权限。

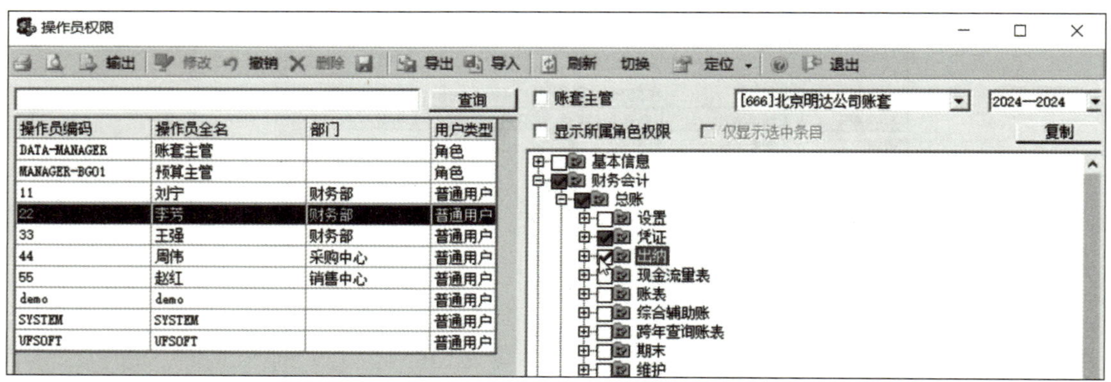

图 2-1-15　分配权限

提示

- 一个账套可以设定多个账套主管。账套主管自动拥有该账套的所有权限。
- 拥有不同权限的操作员进入系统，所看到的系统界面及可操作的功能是不同的。

六、输出账套数据

输出账套

（1）执行“账套→输出”命令，打开“账套输出”对话框。

（2）选择需要输出的账套 666，并选择账套输出位置，如图 2-1-16 所示。

（3）单击“确认”按钮，开始进行账套备份。

（4）稍后，系统弹出提示“输出成功”，单击“确定”按钮。

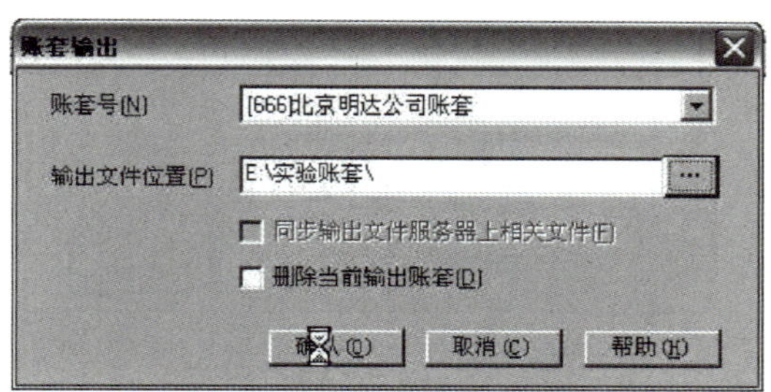

图 2-1-16　输出账套

提示

- 只有系统管理员（admin）才能备份账套数据。备份的账套数据名为“UFDATA.BAK”。
- 在备份账套数据时，需要一段时间。根据机器运行的快慢和数据量的大小，备份需要的时间不确定。因此，在上机实验时，要耐心等待。
- 若要删除账套，在“账套输出”对话框中，选择“删除当前输出账套”选项。但正在使用的账套不能删除。
- 账套数据必须先备份输出到本地硬盘上（由于备份的账套数据较大，请留有足够的磁盘空间），再根据需要复制到 U 盘或移动硬盘上，以便妥善保存。

引入账套

七、引入账套数据

（1）执行“账套→引入”命令，打开“引入账套数据”对话框。

（2）打开相应的账套路径，选择要引入账套索引文件“UfErpAct.Lst”，如图 2-1-17 所示。

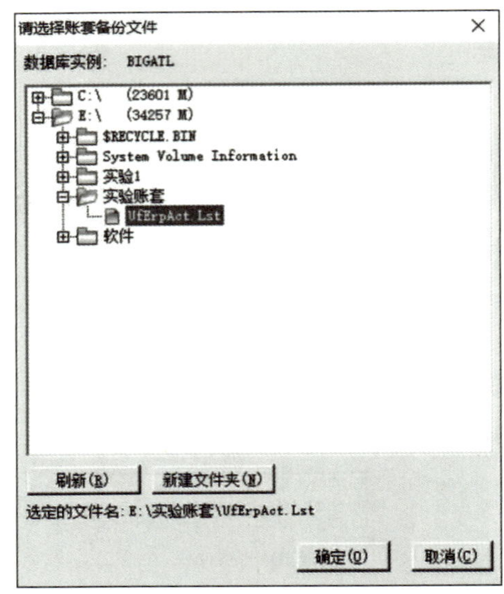

图 2-1-17　引入账套

（3）单击“确定”按钮。系统提示“请选择账套引入的目录”，单击“确定”按钮。

（4）选择账套需要引入的目录（一般选择默认路径）。单击“确定”按钮。

（5）系统会提示“正在引入账套，请等待……”，直至提示“账套引入成功”后，可单击“确定”按钮，完成账套数据引入。

提示

- 只有系统管理员（admin）才能引入账套。
- 引入账套时，若系统中存在的账套号与引入的账套号相同，系统会提示是否覆盖系统中的账套。

八、修改账套数据

如果账套启用后需要修改建账参数，则需要以账套主管的身份登录进入系统管理。

（1）在“系统管理”窗口，执行“系统→登录”命令，打开“登录”对话框。

提示

● 如果此前是以系统管理员的身份登录进入系统管理，那么需要先执行“系统→注销”命令，注销当前系统操作员，再以账套主管的身份登录。

（2）输入数据：用户“11”；密码“1”。选择账套“[666]北京明达公司账套”；操作日期“2024-01-01”。

（3）单击“登录”按钮，进入“系统管理”窗口，菜单中显示为黑色字体的部分为账套主管可以操作的内容。

（4）执行“账套→修改”命令，打开“修改账套”对话框，可修改的账套信息以白色显示，不可修改的账套信息以灰色显示。

（5）修改完成后，单击“完成”按钮，系统弹出提示信息“确认修改账套了么”？单击“是”按钮，确定“分类编码方案”和“数据精度定义”，单击“确定”按钮，系统弹出“修改账套成功”的提示。

提示

● 只有账套主管才能修改账套。

● 修改账套时，很多参数不能修改，对于不能修改的账套参数，只能将账套删除并重新建立账套。因此，在建立账套时要先确定好各参数并谨慎输入。

实 验 报 告

班级：　　　　　　姓名：　　　　　　学号：　　　　　　成绩：

实验题目：实验一　系统管理

实验目的：

实验内容：

实验体会：

（一）填空

1.（　　）有权在系统中建立企业账套。

2.（　　）可以作为区分不同账套数据的唯一标识。

3. 用友 ERP-U8V10.1 软件最多可建立（　　）套账。

4. 对所管辖的账套来说，（　　）是级别最高的，拥有所有模块的操作权限。

5. 操作员一旦被引用，将不能（　　）。

（二）判断

1. 企业一套完整的账簿体系在计算机系统中称为一个账套。（　　）

2. 账套主管自动拥有所管辖账套所有模块的操作权限。（　　）

3. 账套路径一般由系统默认，用户不能修改。（　　）

4. 建立账套时，如果选择“按行业性质预置科目”，则系统会自动建立企业所需的所有会计科目。（　　）

5. 一个账套可以设定多个账套主管。（　　）

（三）思考

1. 登录进入系统管理的身份有哪几个？区别是什么？

2. 建立账套时忘记了启用总账管理子系统，以后应如何启用呢？请写出简要步骤。

3. 账套引入功能通常在什么情况下使用？账套输出功能的意义是什么？删除账套应如何进行？

4. 本实验中会计科目编码方案为“4-2-2-2”，请解释其含义并举例说明。

5. 建立账套时，行业性质的选择非常重要，此选择对后面的操作有哪些影响？

6. 请写出建立账套的简要步骤。

7. 根据实验资料要求，请写出给操作员“王强”分配权限的具体步骤。

实验二

基础档案设置

实验目的

1. 掌握用友 ERP-U8V10.1 软件中有关基础档案设置的相关内容
2. 理解基础档案设置在整个系统中的作用
3. 理解基础档案设置的数据对日常业务处理的影响

实验内容

设置基础档案。包括部门档案、人员类别、职员档案、客户分类、供应商分类、地区分类、客户档案、供应商档案、外币及汇率和结算方式。

实验准备

引入“实验账套\实验一”下的账套数据。

实验资料

北京明达科技有限责任公司基础档案资料如表 2-2-1～表 2-2-9 所示。

一、部门档案

部门档案如表 2-2-1 所示。

表 2-2-1　部门档案

部门编码	部门名称	部门属性	部门编码	部门名称	部门属性
1	管理中心	行政管理	203	销售三部	售配套用品
101	综合管理部	综合管理	3	采购中心	采购供应
102	财务部	财务管理	4	生产中心	管理包装
2	销售中心	市场营销	401	生产管理部	生产管理
201	销售一部	专售软件	402	生产包装部	生产包装
202	销售二部	专售硬件	5	仓储中心	仓储管理

二、人员类别

人员类别如表 2-2-2 所示。

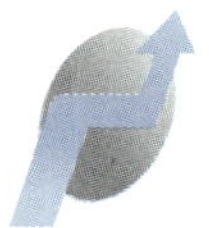

表 2-2-2　人员类别

人员类别编码	人员类别名称
1011	管理人员
1012	销售人员
1013	生产人员

三、职员档案

职员档案如表 2-2-3 所示。

表 2-2-3　职员档案

人员编码	人员姓名	性别	人员类别	行政部门业务或费用部门	雇佣状态	是否业务员
101	张同	男	管理人员	综合管理部	在职	是
102	刘宁	女	管理人员	财务部	在职	是
103	李芳	女	管理人员	财务部	在职	是
104	王强	男	管理人员	财务部	在职	是
201	赵红	女	销售人员	销售一部	在职	是
202	宋瑞	女	销售人员	销售二部	在职	是
203	孙明	男	销售人员	销售三部	在职	是
301	周伟	男	管理人员	采购中心	在职	是
401	马慧	女	管理人员	生产管理部	在职	是
402	王佳	女	生产人员	生产包装部	在职	是
403	李刚	男	生产人员	生产包装部	在职	是
501	辛非	男	管理人员	仓储中心	在职	是

四、客户分类

客户分类如表 2-2-4 所示。

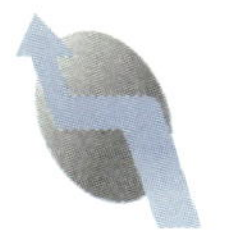

表 2-2-4　客 户 分 类

分类编码	分类名称
01	长期客户
02	短期客户
03	其他

五、供应商分类

供应商分类如表 2-2-5 所示。

表 2-2-5　供应商分类

分类编码	分类名称
01	硬件供应商
02	软件供应商
03	材料供应商
04	其他

六、地区分类

地区分类如表 2-2-6 所示。

表 2-2-6　地 区 分 类

分类编码	分类名称
01	东部地区
02	西部地区
03	南部地区
04	北部地区

七、客户档案

客户档案如表 2-2-7 所示。

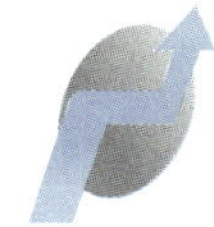

表 2-2-7　客户档案

客户编码	客户名称	客户简称	所属分类码	所属地区	税号	开户银行	银行账号	地址	邮政编码
001	北京飞宇中学	飞宇中学	01	04	11111	工行	73853654	北京市朝阳区开拓路 1 号	100011
002	广州智宏公司	智宏公司	01	03	22222	工行	69326681	广州市和平区胜利路 2 号	200022
003	上海人民保险公司	人民保险	02	01	33333	工行	36542234	上海市徐汇区天平路 3 号	300033
004	长春客车厂	长春客车	02	04	44444	中行	43810587	长春市平安区红旗路 4 号	400044

说明：所有客户默认为国内客户。

八、供应商档案

供应商档案如表 2-2-8 所示。

表 2-2-8　供应商档案

供应商编码	供应商名称	供应商简称	所属分类码	所属地区	税号	开户银行	银行账号	地址	邮编
001	北京万科有限公司	北京万科	02	04	55555	中行	48723367	北京市昌平区东关路 5 号	100022
002	北京方正公司	北京方正	01	04	66666	中行	76473293	北京市海淀区小营路 6 号	100033
003	深圳兴盛软件公司	深圳兴盛	02	03	77777	工行	55561275	深圳市新华区湖北路 7 号	500055
004	上海光明有限公司	上海光明	03	01	88888	工行	85115076	上海市浦东区东方路 8 号	200033

九、外币及汇率

（1）币符：USD。

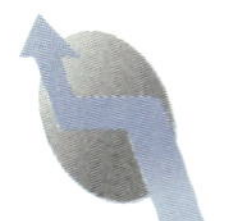

（2）币名：美元。

（3）汇率：固定汇率（1∶6.5）。

十、结算方式

结算方式如表 2-2-9 所示。

表 2-2-9　结 算 方 式

结算方式编码	结算方式名称	票据管理
1	现金结算	否
2	支票	否
201	现金支票	是
202	转账支票	是
3	银行汇票	是
4	其他	否

实验要求

以账套主管“11 刘宁”的身份登录企业应用平台。操作日期：2024 年 1 月 1 日。

操作步骤

一、登录企业应用平台

（1）执行“开始→程序→用友 U8V10.1→企业应用平台”命令或双击桌面的图标，打开“登录”对话框。

（2）输入或选择数据，如图 2-2-1 所示。

操作员“11”；密码“1”；账套“[666]（default）北京明达公司账套”；操作日期“2024-01-01”。

（3）单击“登录”按钮。单击“基础设置”菜单。

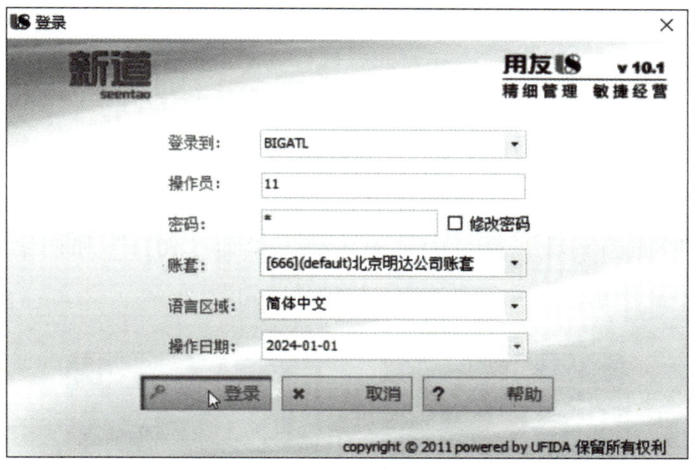

图 2-2-1　登录企业应用平台

二、设置部门档案

设置部门档案

（1）执行“基础档案→机构人员→部门档案”命令，打开“部门档案”窗口。

（2）在“部门档案”窗口中，单击“增加”按钮。

（3）输入数据，如图 2-2-2 所示。

部门编码“1”；部门名称“管理中心”；部门属性“行政管理”。

（4）单击“💾”按钮。

（5）根据实验资料，输入其他部门档案信息。

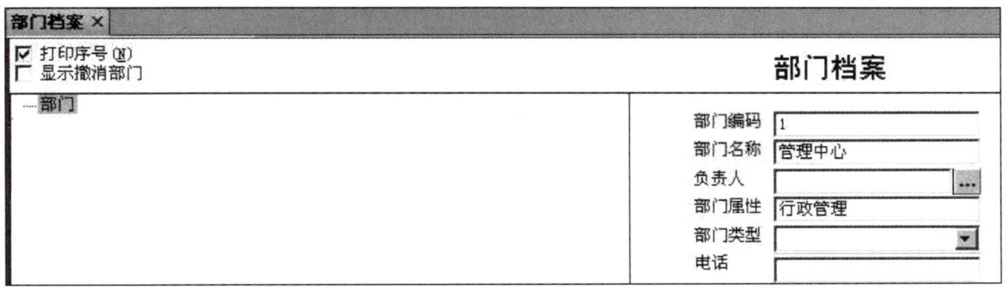

图 2-2-2　设置部门档案

提示

- 部门编码应符合部门编码级次原则。
- 部门编码和名称必须具有唯一性，不能重复。

三、设置人员类别

（1）执行“基础档案→机构人员→人员类别”命令，打开“人员类别”窗口。

（2）单击选择“正式工”，单击“增加”按钮。

（3）在“增加档案项”窗口中，输入档案编码“1011”和档案名称“管理人员”，如图 2-2-3 所示。

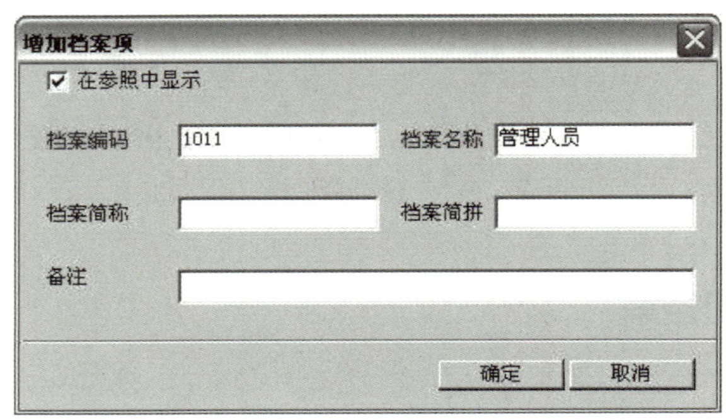

图 2-2-3　设置人员类别

（4）单击“确定”按钮，继续输入其他人员类别信息。

设置职员档案

四、设置职员档案

（1）执行“基础档案→机构人员→人员档案”命令，打开“人员档案”窗口。

（2）单击“增加”按钮，在“人员档案”窗口中，输入或选择如图 2-2-4 所示的数据。人员编码“101”；人员姓名“张同”；性别“男”；雇佣状态“在职”；人员类别“管理人员”；行政部门“综合管理部”；选中“是否业务员”复选框。

（3）单击“▣”按钮，继续输入其他人员档案信息。

提示

● 若所需部门的档案参照不出来，应先删除原档案内容，再重新单击“参照”按钮。

图 2-2-4　设置职员档案

五、设置客户分类

（1）执行“基础档案→客商信息→客户分类”命令，打开“客户分类”窗口。

（2）在“客户分类”窗口中单击“增加”按钮。

（3）输入分类编码“01”和分类名称“长期客户”，如图 2-2-5 所示。

图 2-2-5　设置客户分类

（4）单击“▣”按钮。同理，按实验资料继续增加其他客户分类信息。

提示

● 在建立账套时如果选中了“客户是否分类”复选框（见实验一的图 2-1-8），就必须进行客户分类，否则将不能输入客户档案。

六、设置供应商分类

（1）执行“基础档案→客商信息→供应商分类”命令，打开“供应商分类”窗口。

（2）在“供应商分类”窗口中，单击“增加”按钮。

（3）输入分类编码“01”和分类名称“硬件供应商”，如图 2-2-6 所示。

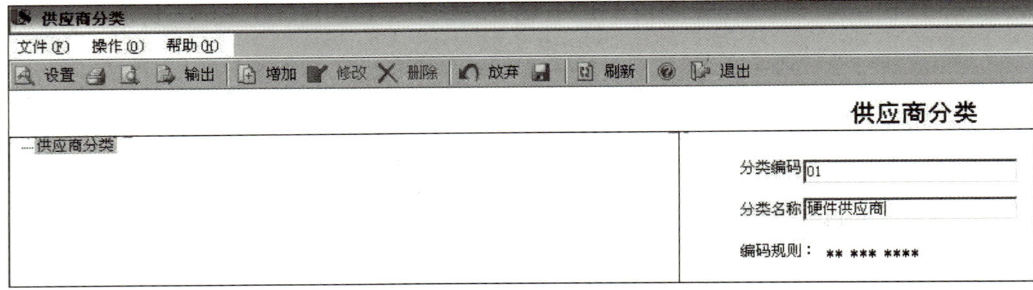

图 2-2-6　设置供应商分类

（4）单击“💾”按钮。同理，按实验资料继续增加其他供应商分类信息。

七、设置地区分类

（1）执行“基础档案→客商信息→地区分类”命令，打开“地区分类”窗口。

（2）在“地区分类”窗口中，单击“增加”按钮。

（3）输入分类编码“01”；分类名称“东部地区”。如图 2-2-7 所示。

（4）单击“💾”按钮。同理，按实验资料继续增加其他地区分类信息。

图 2-2-7　设置地区分类

八、设置客户档案

设置客户档案

（1）执行“基础档案→客商信息→客户档案”命令，打开“客户档案”窗口。

（2）在“客户档案”窗口中单击选中“（01）长期客户”。

（3）单击“增加”按钮，打开“增加客户档案”对话框。

（4）分别单击“基本”和“联系”页签，输入如图 2-2-8 所示的数据。客户编码“001”；客户名称“北京飞宇中学”；客户简称“飞宇中学”；所属地区“04- 北部地区”；税号“11111”；地址“北京市朝阳区开拓路 1 号”；邮政编码“100011”。

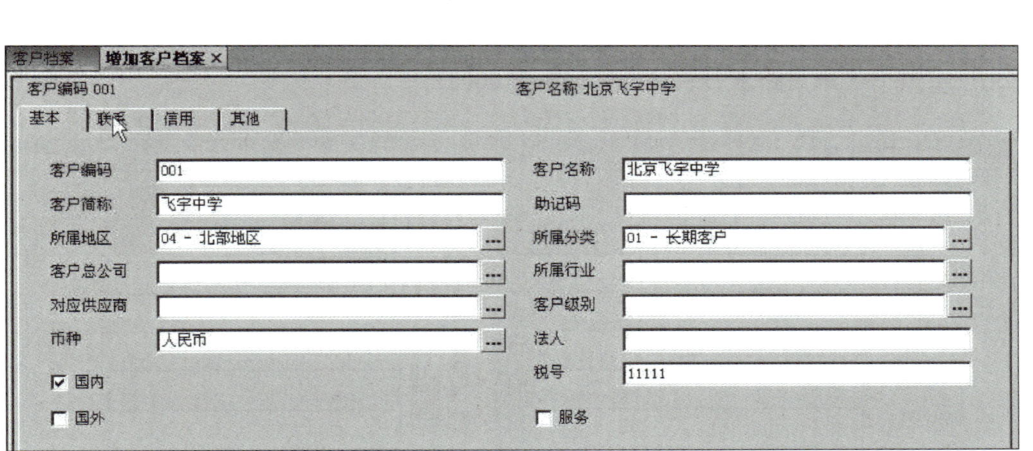

图 2-2-8　设置客户档案

（5）单击“银行”按钮，输入银行信息，再单击“▣”按钮，如图 2-2-9 所示。单击“退出”按钮。

（6）单击“▣”按钮，单击“退出”按钮。同理，按实验资料继续增加其他客户档案信息。

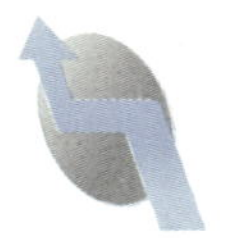

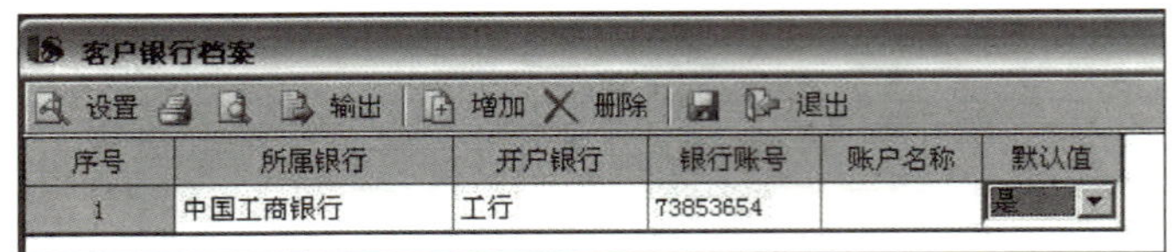

图 2-2-9　设置客户银行档案

提示

- 客户档案必须建立在最末级分类下。

九、设置供应商档案

（1）执行“基础档案→客商信息→供应商档案”命令，打开“供应商档案”窗口。

（2）在“供应商档案”窗口中，单击选中“（02）软件供应商”。

（3）单击“增加”按钮，打开“增加供应商档案”对话框。

（4）分别单击“基本”“联系”页签，输入如图 2-2-10 所示的数据。供应商编码“001”；供应商名称“北京万科有限公司”；供应商简称“北京万科”；所属地区“04- 北部地区”；税号“55555”；开户银行“中行”；银行账号“48723367”；地址“北京市昌平区东关路 5 号”；邮政编码“100022”。

供应商档案　增加供应商档案 ×

供应商编码 001　　供应商名称 北京万科有限公司

基本　联系　信用　其他

供应商编码	001	供应商名称	北京万科有限公司
供应商简称	北京万科	助记码	
所属地区	04 - 北部地区	所属分类	02 - 软件供应商
供应商总公司		员工人数	
对应客户		所属行业	
税号	55555	币种	人民币
开户银行	中行	注册资金	
法人		银行账号	48723367
税率%		所属银行	
☑ 采购		☐ 委外	
☐ 服务		☐ 国外	

图 2-2-10　设置供应商档案

（5）单击“💾”按钮，单击“退出”按钮。同理，按实验资料继续增加其他供应商档案信息。

十、设置外币及汇率

（1）执行“基础档案→财务→外币设置”命令，打开“外币设置”窗口。

（2）在“外币设置”窗口中，输入数据。币符：USD；币名：美元。

（3）单击“确认”按钮。在2024年1月的“记账汇率”栏中输入“6.5”，单击回车键确认，如图2-2-11所示。

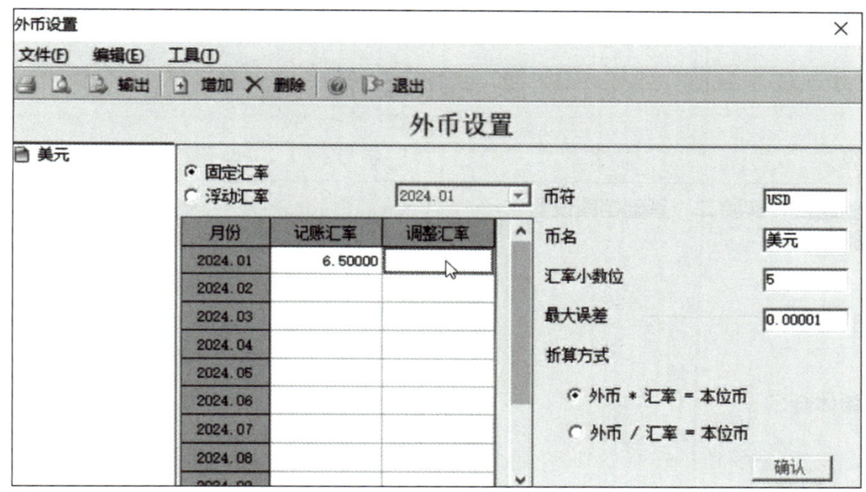

图2-2-11 设置外币及汇率

提示

- 输入汇率时，小数点必须采用英文方式，否则将不能输入。

十一、设置结算方式

（1）执行“基础档案→收付结算→结算方式”命令，打开“结算方式”窗口。

（2）在“结算方式”窗口中，单击“增加”按钮。

（3）输入结算方式编码“1”；结算方式名称“现金结算”。如图2-2-12所示。

（4）单击“💾”按钮。同理，按实验资料增加其他结算方式信息。

图 2-2-12　设置结算方式

实 验 报 告

班级：　　　　　　姓名：　　　　　　学号：　　　　　　成绩：

实验题目：实验二　基础档案设置

实验目的：

实验内容：

实验体会：

（一）填空

1.（　　）档案主要用于设置本单位职员个人信息资料。

2. 客户和供应商档案必须建立在（　　）下。

3. 在建立档案类信息时，大部分遵循三个步骤，即（　　）、（　　）、（　　）。

（二）判断

1. 在设置供应商分类的前提下，只有先设置供应商分类才能建立供应商档案。（　　）

2. 企业基础档案信息设置应遵从一定的顺序。（　　）

（三）思考

1. 输入职员档案时应注意什么问题？

2. 想一想，部门档案和职员档案在什么情况下被使用？请举例说明。

3. 在进行基础设置时遇到下列问题，应如何处理？

（1）在设置部门档案时不能设置部门负责人。

（2）在设置职员档案时，其所属部门选错了，在重新选择时只显示这个错误的部门。

（3）在设置客户和供应商分类时，发现了编码规则错误。

（4）在设置客户和供应商分类时，发现系统不允许设置。

（5）输入外币汇率时，发现小数点无法输入。

4. 请写出建立某客户档案的具体步骤。

实验三

总账管理子系统初始设置

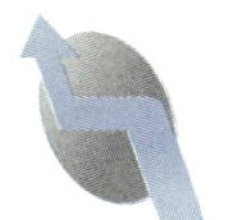

实验目的

1. 掌握用友 ERP-U8V10.1 软件中总账管理子系统初始设置的相关内容
2. 理解总账管理子系统初始设置的意义
3. 掌握总账管理子系统初始设置的操作方法

实验内容

1. 总账管理子系统控制参数设置
2. 基础档案设置

基础档案设置包括会计科目、凭证类别、项目目录设置（由于此三项与总账管理子系统联系较紧密，故在此设置）。

3. 期初余额录入

实验准备

引入“实验账套\实验二”下的账套数据。

实验资料

一、总账控制参数

总账控制参数（部分）如表 2-3-1 所示。

表 2-3-1　总账控制参数

选项卡	参数设置
凭证	制单序时控制、支票控制 可以使用应收受控科目、应付受控科目和存货受控科目 凭证编号方式为系统编号
权限	出纳凭证必须经由出纳签字
其他	外币核算采用固定汇率

二、基础数据

（一）会计科目及期初余额表

会计科目及期初余额表如表 2-3-2 所示。

表 2-3-2　会计科目及期初余额表

单位：元

科目名称	辅助核算	方向	币别计量	期初余额
库存现金（1001）	日记账	借		6 200
银行存款（1002）		借		1 320 200
工行存款（100201）	银行账、日记账	借		1 222 700
中行存款（100202）	银行账、日记账	借	美元	（外币：15000）97 500
应收账款（1122）	客户往来（受控应收系统）	借		120 000
其他应收款（1221）	个人往来	借		6 000
原材料（1403）		借		36 000
空白光盘（140301）	数量核算	借	张	（数量：10 000）20 000
其他原料（140302）		借		16 000
库存商品（1405）		借		180 000
固定资产（1601）		借		750 000
累计折旧（1602）		贷		125 000
无形资产（1701）		借		250 000
短期借款（2001）		贷		100 000
应付账款（2202）	供应商往来（受控应付系统）	贷		67 800
预收账款（2203）	客户往来（受控应收系统）	贷		
应交税费（2221）		贷		
应交增值税（222101）		贷		

续表

科目名称	辅助核算	方向	币别计量	期初余额
进项税额（22210101）		贷		
销项税额（22210102）		贷		
其他应付款（2241）		贷		10 600
实收资本（4001）		贷		2 000 000
利润分配（4104）		贷		410 000
未分配利润（410401）		贷		410 000
生产成本（5001）		借		45 000
直接材料（500101）	项目核算	借		12 000
直接人工（500102）	项目核算	借		25 000
制造费用（500103）	项目核算	借		8 000
管理费用（6602）		借		
工资（660201）	部门核算	借		
福利费（660202）	部门核算	借		
办公费（660203）	部门核算	借		
差旅费（660204）	部门核算	借		
招待费（660205）	部门核算	借		
折旧费（660206）		借		
其他（660207）		借		
信用减值损失（6702）		借		

说明：

① 由于一级会计科目在建账时由系统预置，表中只列出了需要增加、修改或有余额的会计科目。

② 科目建立完后，指定“1001 库存现金”为现金科目；指定“1002 银行存款”为银行科目；指定“1001 库存现金、100201 工行存款、100202 中行存款”为现金流量科目。

（二）凭证类别

凭证类别如表 2-3-3 所示。

表 2-3-3　凭 证 类 别

凭证类别	限制类型	限制科目
收款凭证	借方必有	1001，1002
付款凭证	贷方必有	1001，1002
转账凭证	凭证必无	1001，1002

（三）项目目录

项目目录如表 2-3-4 所示。

表 2-3-4　项 目 目 录

项目设置步骤	设置内容
项目大类	产品
核算科目	直接材料（500101） 直接人工（500102） 制造费用（500103）
项目分类	1. 学习类软件 2. 游戏类软件
项目名称	101　A 软件（所属分类：1） 102　B 软件（所属分类：1）

三、期初余额

（一）总账期初余额表

总账期初余额表如表 2-3-2 所示。

（二）辅助账期初余额表

辅助账期初余额表如表 2-3-5 至表 2-3-8 所示。

表 2-3-5　其他应收款期初余额表

会计科目：1221 其他应收款　　余额：借 6 000 元

部门	个人	方向	期初余额 / 元
综合管理部	张同	借	4 000
销售一部	赵红	借	2 000

（明细数据：略）

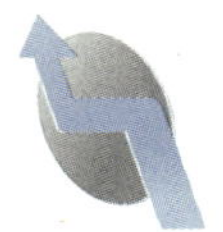

表 2-3-6　应收账款期初余额表

会计科目：1122 应收账款　　　　余额：借 120 000 元

客户	业务员	方向	金额 / 元
飞宇中学	赵红	借	74 800
智宏公司	赵红	借	45 200

（明细数据：略）

表 2-3-7　应付账款期初余额表

会计科目：2202 应付账款　　　　余额：贷 67 800 元

供应商	业务员	方向	金额 / 元
北京万科	周伟	贷	67 800

（明细数据：略）

表 2-3-8　生产成本期初余额表

会计科目：5001 生产成本　　　　余额：借 45 000 元

单位：元

科目名称	A 软件	B 软件	合计
直接材料（500101）	6 500	5 500	12 000
直接人工（500102）	15 000	10 000	25 000
制造费用（500103）	5 000	3 000	8 000
合计	26 500	18 500	45 000

实验要求

以账套主管“11 刘宁”的身份进行总账管理子系统初始设置。操作日期：2024 年 1 月 1 日。

操作步骤

一、登录企业应用平台

（1）执行“开始→程序→用友 U8V10.1→企业应用平台”命令或双击桌面的■图标，打开“登录”对话框。

（2）输入或选择数据，如图 2-3-1 所示。

操作员“11”；密码“1”；账套“[666]（default）北京明达公司账套”；操作日期“2024-01-01”。

（3）单击“登录”按钮。

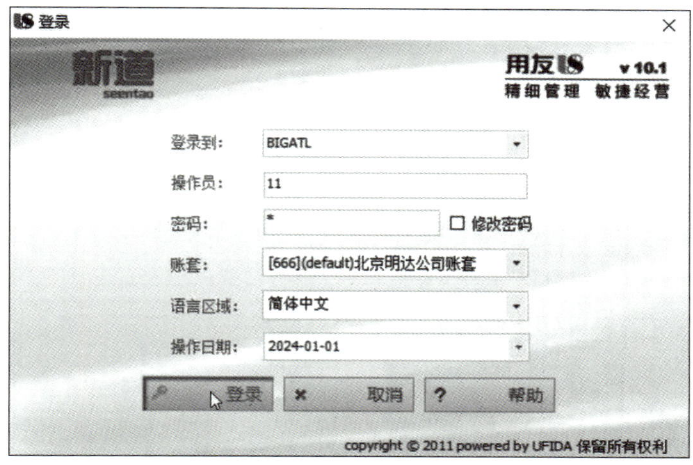

图 2-3-1　登录界面

二、设置总账控制参数

设置总账控制参数

（1）单击“业务工作→财务会计”菜单，执行“总账→设置→选项”命令，打开“选项”对话框。

（2）单击“编辑”按钮，依次单击“凭证”“账簿”“会计日历”“权限”“其他”选项卡，按照实验资料的要求完成相应设置，如图 2-3-2 所示。

（3）设置完成后，单击“确定”按钮。

三、设置基础数据

（一）建立会计科目——增加明细会计科目

增加明细会计科目

（1）单击“基础设置”菜单，执行“基础档案→财务→会计科目”命令，进入“会计科目”窗口，显示所有预置的一级会计科目。

（2）单击“增加”按钮，进入“新增会计科目”窗口。

（3）输入明细科目相关内容，如图 2-3-3 所示。输入科目编码“100201”和科目名称“工行存款”；选择“日记账”“银行账”。

（4）单击“确定”按钮。继续单击“增加”按钮，输入实验资料中其他明细科

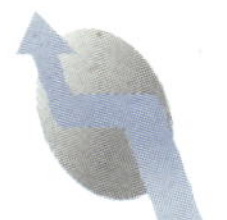

目相关内容。

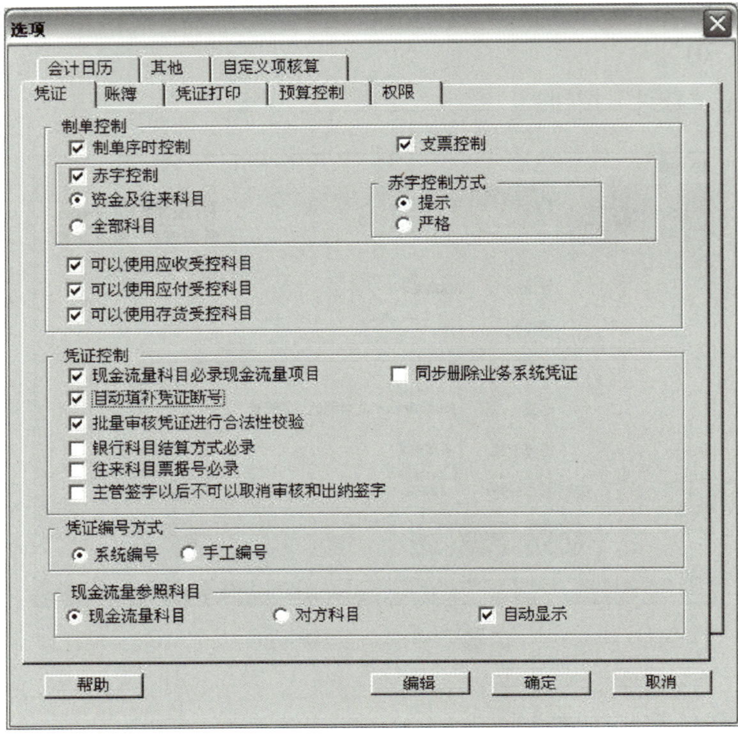

图 2-3-2 设置总账控制参数

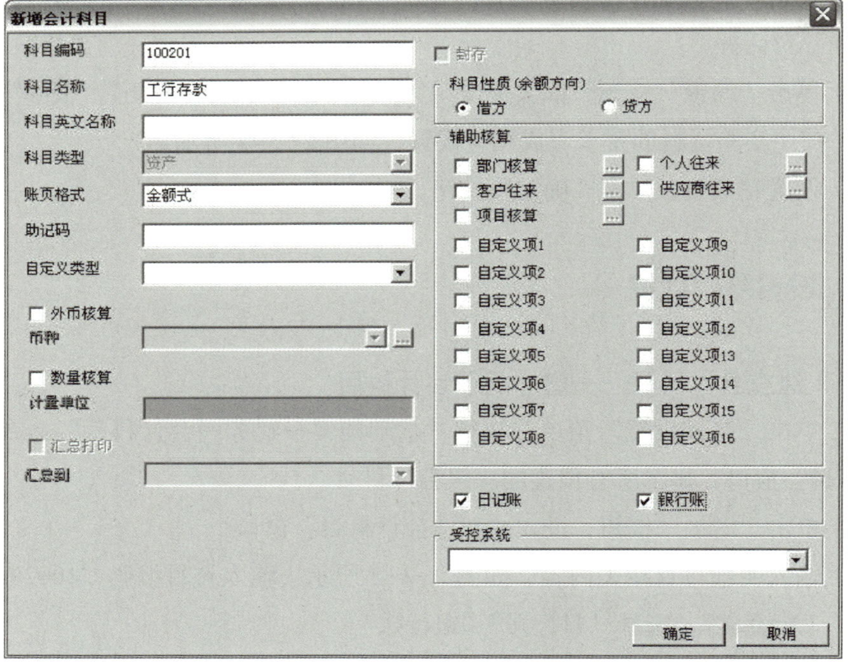

图 2-3-3 建立会计科目——增加明细会计科目

提示

- 增加的会计科目编码长度及每段位数要符合编码规则。
- 科目一经使用，就不能再增设下级科目，只能增加同级科目。
- 由于建立会计科目的内容较多，很多辅助核算内容会对后面的凭证输入操作产生影响。因此，在建立会计科目时，要仔细地反复检查。

（二）建立会计科目——修改会计科目

（1）在“会计科目”窗口中，单击要修改的会计科目“1001 库存现金”。

（2）单击“修改”按钮或双击该科目，进入“会计科目 _ 修改”窗口。

（3）选中“日记账”复选框，如图 2-3-4 所示。单击“确定”按钮。

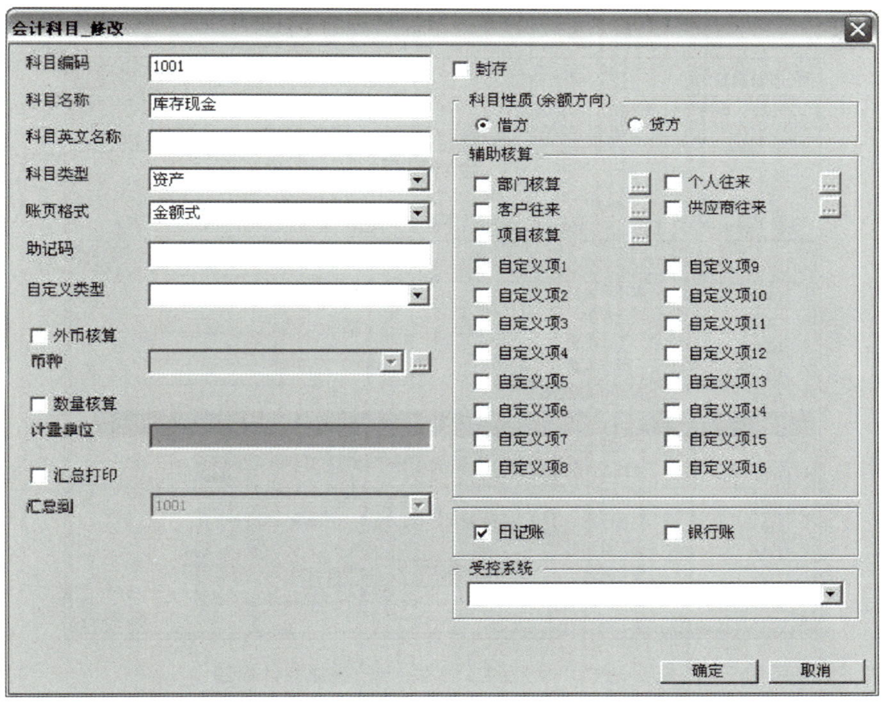

图 2-3-4　建立会计科目——修改会计科目

（4）按实验资料内容修改其他科目的辅助核算属性，修改完成后，单击“返回”按钮。

提示

● 在“会计科目_修改”窗口中，“修改”和“确定”按钮是同一个，当处于编辑状态时，显示为“确定”按钮。

● 已有数据的科目不能修改科目性质。

● 被封存的科目在制单时不可以使用。

● 只有处于修改状态时，才能设置“汇总打印”和“封存”。

（三）建立会计科目——删除会计科目

（1）在“会计科目”窗口中，选择要删除的会计科目“1011 存放同业”。

（2）单击“删除”按钮，弹出删除记录提示框，如图 2-3-5 所示。

（3）单击“确定”按钮，即可删除该科目。

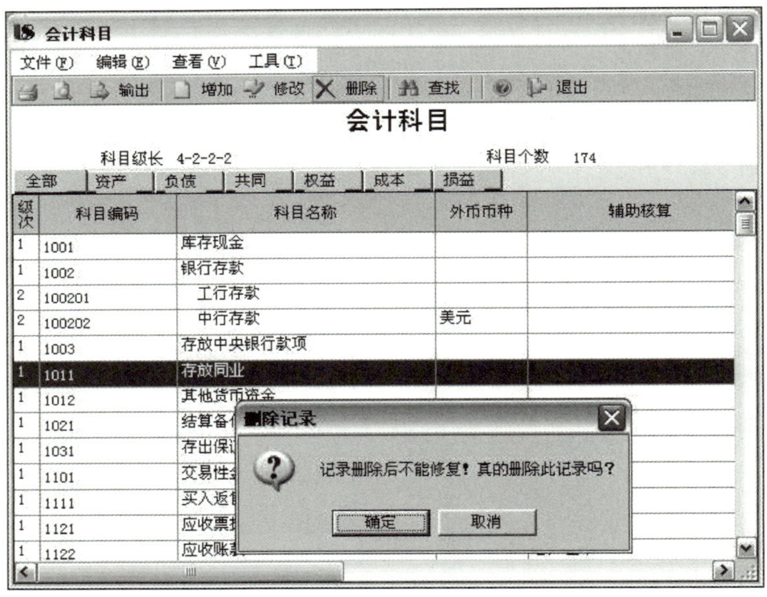

图 2-3-5　建立会计科目——删除会计科目

提示

● 如果会计科目已录入期初余额或已制单，则不能删除。

● 非末级会计科目不能删除。

● 被指定为“现金科目”“银行科目”的会计科目不能删除；如想删除，必须先取消指定。

（四）建立会计科目——指定会计科目

指定会计科目

（1）在“会计科目”窗口中，执行“编辑→指定科目”命令，进入“指定科目”窗口。

（2）单击“现金科目”单选按钮。单击选中“1001 库存现金”科目。

（3）单击“>”按钮，将“1001 库存现金”科目由待选科目选入已选科目，如图 2-3-6 所示。

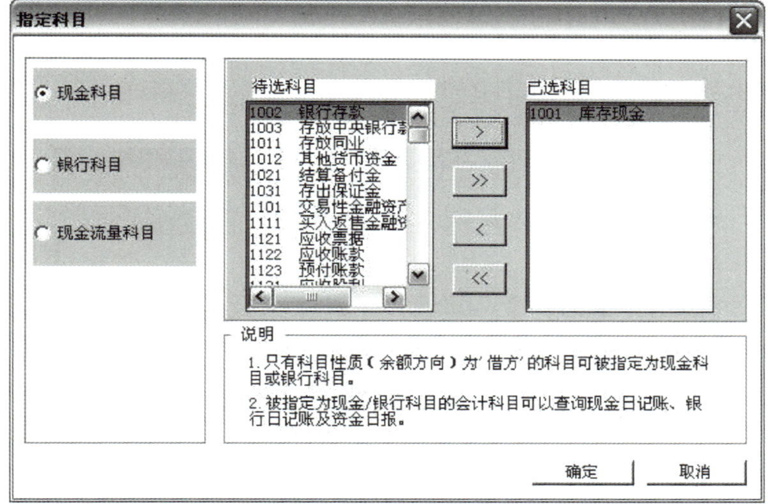

图 2-3-6　建立会计科目——指定会计科目

（4）单击“银行科目”单选按钮，将“1002 银行存款”由待选科目选入已选科目。

（5）单击“现金流量科目”单选按钮，将“1001 库存现金”“100201 工行存款”“100202 中行存款”由待选科目选入已选科目。

（6）单击“确定”按钮。

提示

● 指定会计科目是指定出纳的专管科目。只有指定科目后，才能执行出纳签字，从而确保现金和银行存款管理的保密性，才能查看现金日记账和银行存款日记账。

● 在指定“现金科目”“银行科目”之前，应在建立“库存现金”“银行存款”会计科目时选中“日记账”复选框。

● 指定的现金流量科目，在填制凭证时提示输入现金流量项目。

设置凭证类别

（五）设置凭证类别

（1）执行“基础档案→财务→凭证类别”命令，打开“凭证类别预制”对话框。

（2）单击“收款凭证”“付款凭证”“转账凭证”单选按钮。

（3）单击“确定”按钮，进入“凭证类别”窗口。

（4）单击“修改”按钮，单击收款凭证“限制类型”的下三角按钮，选择“借方必有”；在“限制科目”栏输入“1001，1002”。同理，设置付款凭证的限制类型为“贷方必有”，限制科目“1001，1002”；转账凭证的限制类型为“凭证必无”，限制科目“1001，1002”。结果如图 2-3-7 所示。

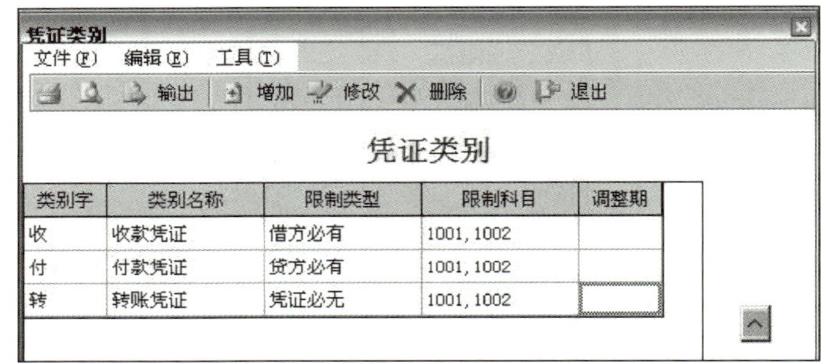

类别字	类别名称	限制类型	限制科目	调整期
收	收款凭证	借方必有	1001, 1002	
付	付款凭证	贷方必有	1001, 1002	
转	转账凭证	凭证必无	1001, 1002	

图 2-3-7　设置凭证类别

（5）设置完成后，单击“退出”按钮。

（六）设置项目目录——定义项目大类

（1）执行“基础档案→财务→项目目录”命令，进入“项目档案”窗口。

（2）单击“增加”按钮，打开“项目大类定义 _ 增加”对话框。

（3）输入新项目大类名称“产品”，如图 2-3-8 所示。

（4）单击“下一步”按钮，其他设置均采用系统默认值。

（5）最后单击“完成”按钮，返回“项目档案”窗口。

图 2-3-8　设置项目目录——定义项目大类

提示

- 项目大类的名称是该类项目的总称，而不是会计科目名称。例如，在建工程按具体工程项目核算，其项目大类名称应为“工程项目”而不是“在建工程”。

（七）设置项目目录——指定核算科目

（1）在“项目档案”窗口中，选择“核算科目”页签。

（2）选择项目大类“产品”。

（3）分别选择要参加核算的科目：“500101 直接材料”“500102 直接人工”“500103 制造费用”，将它们由待选科目选入已选科目。

（4）单击“确定”按钮，如图 2-3-9 所示。

提示

- 一个项目大类可指定多个科目，一个科目只能指定一个项目大类。

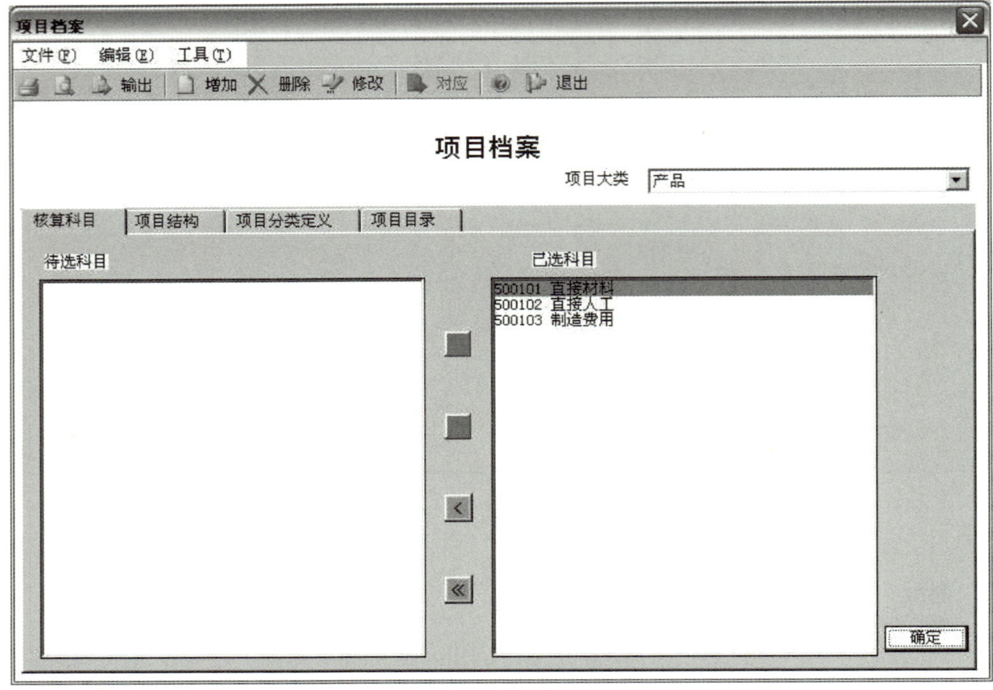

图 2-3-9　设置项目目录——指定核算科目

（八）设置项目目录——定义项目分类

（1）在“项目档案”窗口中的“产品”项目大类下，选择“项目分类定义”页签。

（2）单击右下角的“增加”按钮。

（3）输入分类编码“1”和分类名称“学习类软件”，单击“确定”按钮，如图 2-3-10 所示。

（4）同理，定义“2 游戏类软件”项目分类。

提示

- 为了便于统计，可对同一项目大类下的项目进行进一步划分，即定义项目分类。
- 如果无分类，则必须定义项目分类为“无分类”。

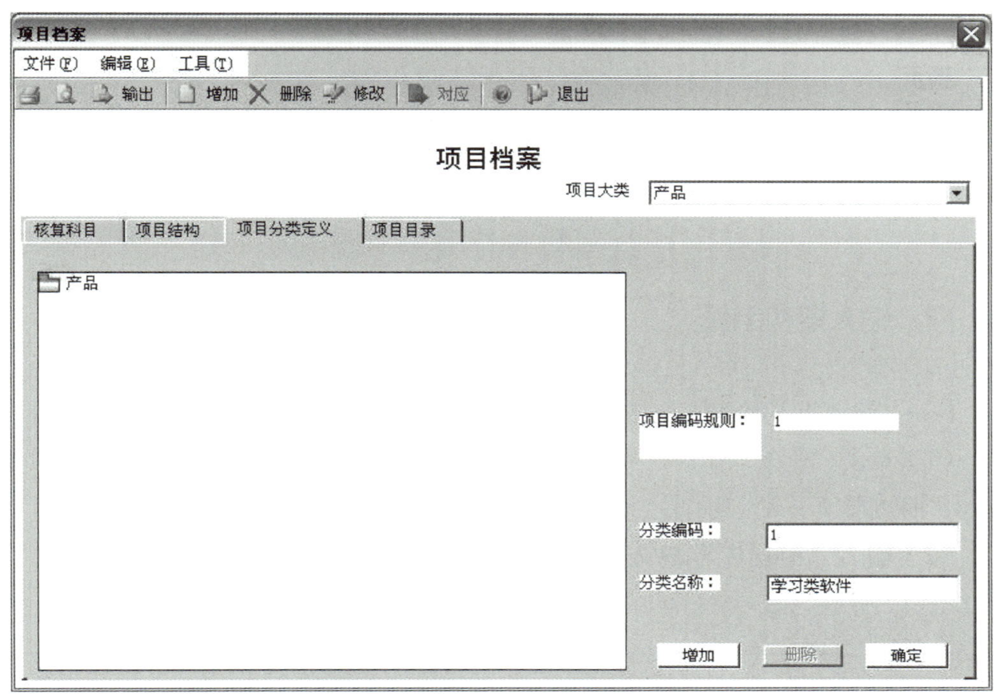

图 2-3-10　设置项目目录——定义项目分类

（九）设置项目目录——定义项目目录

（1）在“项目档案”窗口中，“产品”项目大类下，选择“项目目录”页签。

（2）单击“维护”按钮，进入“项目目录维护”窗口。

（3）单击“增加”按钮。输入项目编号“101”和项目名称“A 软件”；选择所属分类码“1”。

（4）同理，继续增加“102 B 软件”项目档案。结果如图 2-3-11 所示。

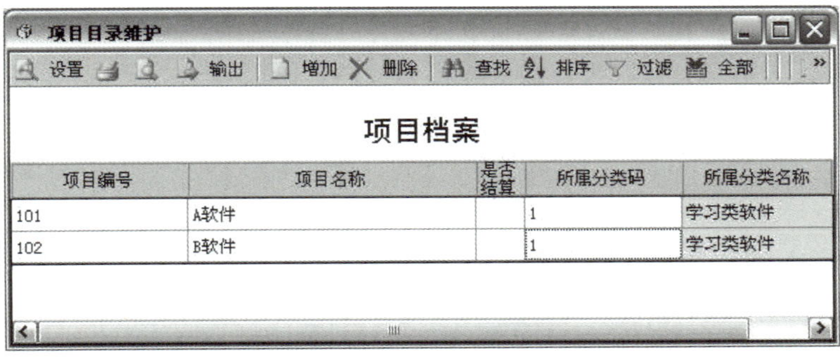

图 2-3-11　设置项目目录——定义项目目录

提示

- 标识结算后的项目将不能再使用。

四、输入期初余额

（一）输入期初余额——总账期初余额

输入总账期初余额

（1）单击“业务工作→财务会计”菜单，执行“总账→设置→期初余额”命令，进入“期初余额录入”窗口。

（2）输入“1001 库存现金”科目的期初余额 6 200 元，单击回车键确认，如图 2-3-12 所示。

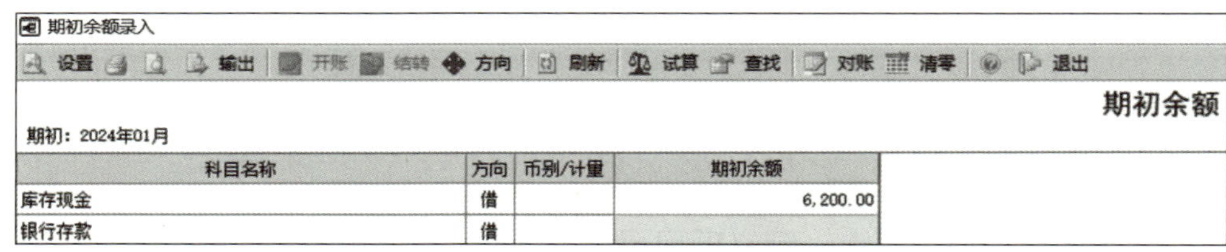

科目名称	方向	币别/计量	期初余额
库存现金	借		6,200.00
银行存款	借		

图 2-3-12　输入期初余额——总账期初余额

（3）同理，输入实验资料中其他总账科目的期初余额。

提示

- 这里提到的总账科目期初余额是指无辅助核算科目的期初余额。
- 期初余额只能在最末级明细科目上输入，上级科目的期初余额将自动计算并填列。

（二）输入期初余额——辅助账期初余额

输入辅助账期初余额

（1）执行“总账→设置→期初余额”命令，进入“期初余额录入”窗口。

（2）双击“其他应收款”的期初余额栏，进入“个人往来期初”窗口。

（3）单击“增行”按钮，进入“辅助期初余额”窗口，输入实验资料中的“其他应收款”的辅助核算信息，如图 2-3-13 所示。

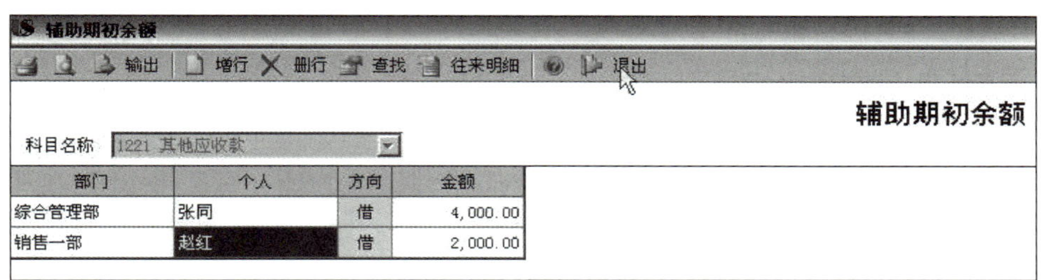

图 2-3-13　输入期初余额——辅助账期初余额

（4）同理，按实验资料输入其他辅助核算科目期初余额。

提示

- 当不想输入某项内容而系统又提示必须输入时，可按 Esc 键取消输入。此操作在本软件的很多地方都适用。

（三）输入期初余额——试算平衡

（1）录入所有科目期初余额后，在“期初余额录入”窗口单击“试算”按钮，打开“期初试算平衡表”对话框，如图 2-3-14 所示。

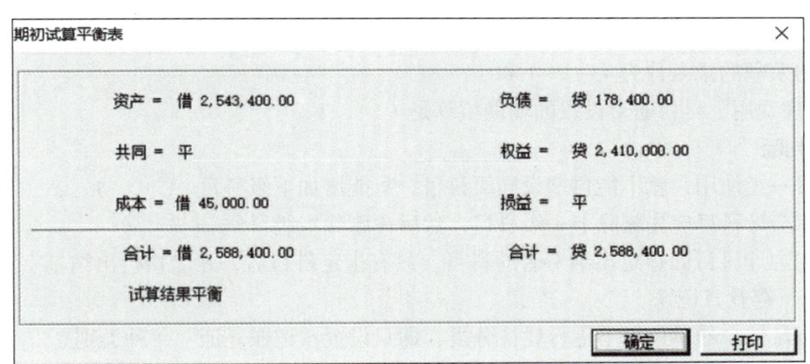

图 2-3-14　输入期初余额——试算平衡

（2）单击“确定”按钮。若期初余额试算平衡，则完成此项操作；若不平衡，则修改期初余额直到平衡为止。

提示

- 期初余额试算不平衡，将不能记账，但可以填制凭证。

● 如果已经记过账，则不能再输入、修改期初余额，也不能执行“结转上年余额”功能。

实验报告

班级：　　　　　　姓名：　　　　　　学号：　　　　　　成绩：

实验题目：实验三　总账管理子系统初始设置

实验目的：

实验内容：

实验体会：

（一）填空

1. 2007 年新会计制度科目一级编码为（　　）位。以 3 开头的编码表示（　　）类科目，以 6 开头的编码表示（　　）类科目。

2. 对于收款凭证，通常设置（　　）限制类型。

3. 填制凭证时，输入的会计科目编码应当是（　　）科目编码。

4. 期初余额的录入分为（　　）和（　　）。

5. “管理费用”科目通常设置的辅助核算是（　　）。

（二）判断

1. 科目一经使用，就不能再增设同级科目，只能增加下级科目。（　　）

2. 删除会计科目应先删除上一级科目，然后再删除本级科目。（　　）

3. 指定会计科目即指定出纳专管的科目。只有指定科目后，才能执行出纳签字，也才能查看现金或银行存款日记账。（　　）

4. 业务量较少的单位可不进行凭证分类，即只设置“记账凭证”一种类别。（　　）

5. 输入期初余额时，上级科目的余额和累计发生数据都需要手工输入。（　　）

（三）思考

1. 解释下列参数设置的含义。

（1）制单序时控制。

（2）支票控制。

（3）可以使用应收、应付或存货受控科目。

（4）打印凭证页脚姓名。

（5）出纳凭证必须经由出纳签字。

（6）凭证编号方式为系统编号。

续表

2. 用友 ERP-U8V10.1 软件在设置会计科目时的五大辅助核算是什么？请分别指出哪些会计科目会用到这些辅助核算。

3. 软件中凭证类别设置分为哪几类？收款凭证、付款凭证、转账凭证通常设置的限制类型及限制科目是什么？

4. 写出设置项目目录的简要步骤。

5. 银行科目的期初余额如下：

银行存款（1002）　　70 000

工行存款（100201）　　40 000

中行存款（100202）　　30 000

现要删除银行科目，请写出简要步骤。

6. 某企业生产并销售 A、B 两种产品，企业在核算销售收入时，既要核算不同产品的销售收入情况，又要核算每次销售收入的数量和单价。如果要求既能实现上述核算要求，又能优化会计科目的设置，请问应该如何利用软件的功能？

实验四

总账管理子系统日常业务处理

实验目的

1. 掌握用友 ERP-U8V10.1 软件中总账管理子系统日常业务处理的相关内容
2. 熟悉总账管理子系统日常业务处理的各种操作
3. 掌握凭证管理、出纳管理和账簿管理的具体内容和操作方法

实验内容

1. 凭证管理：填制凭证、审核凭证、凭证记账
2. 出纳管理：日记账查询、银行对账
3. 账簿管理：总账、科目余额表、明细账、辅助账

实验准备

引入“实验账套\实验三”下的账套数据。

实验资料

一、凭证管理

2024 年 1 月份的经济业务如下所示：

（1）2 日，销售一部赵红购买了 500 元的礼品，以现金支付。（附单据一张）

（付款凭证）摘要：购礼品

借：销售费用（6601）　　500

　　贷：库存现金（1001）　　500

（现金流量：07 支付的与其他经营活动有关的现金）

（2）4 日，财务部李芳从工行提取现金 8 000 元，作为备用金。（现金支票号 83750564）

（付款凭证）摘要：提现

借：库存现金（1001）　　8 000

　　贷：银行存款——工行存款（100201）　　8 000

（3）6 日，收到太平洋集团投资资金 20 000 美元，汇率 1 ： 6.5。（转账支票号 67890316）

（收款凭证）摘要：收到投资

借：银行存款——中行存款（100202）　　130 000

　　贷：实收资本（4001）　　130 000

（现金流量：17 吸收投资所收到的现金）

（4）7 日，采购中心周伟采购空白光盘 1 000 张，每张 2 元，收到增值税专用发票，材料验收入库，货款以银行存款支付。（转账支票号 23096451）

（付款凭证）摘要：购空白光盘

借：原材料——空白光盘（140301）　　2 000

　　应交税费——应交增值税（进项税额）（22210101）　　260

　　贷：银行存款——工行存款（100201）　　2 260

（现金流量：04 购买商品、接受劳务支付的现金）

（5）11 日，销售一部赵红收到北京飞宇中学转来一张转账支票，金额 74 800 元，用以偿还前欠货款。（转账支票号 22187653）

（收款凭证）摘要：收到货款

借：银行存款——工行存款（100201）　　74 800

　　贷：应收账款（1122）　　74 800

（现金流量：01 销售商品、提供劳务收到的现金）

（6）12 日，采购中心周伟从深圳兴盛软件公司购入“学习革命”光盘 100 张，单价 60 元，收到增值税专用发票，货税款暂欠，商品已验收入库。

（转账凭证）摘要：购软件

借：库存商品（1405）　　6 000

　　应交税费——应交增值税（进项税额）（22210101）　　780

　　贷：应付账款（2202）　　6 780

（7）14 日，综合管理部支付业务招待费 3 000 元。（转账支票号 55450921）

（付款凭证）摘要：支付招待费

借：管理费用——招待费（660205）　　3 000

　　贷：银行存款——工行存款（100201）　　3 000

（现金流量：07 支付的与其他经营活动有关的现金）

（8）16 日，综合管理部张同出差归来，报销差旅费 4 000 元。

（转账凭证）摘要：报销差旅费

借：管理费用——差旅费（660204）　　4 000

　　贷：其他应收款（1221）　　4 000

（9）18 日，生产包装部领用光盘 500 张，单价 2 元，用于生产 A 软件。

（转账凭证）摘要：领用空白光盘

借：生产成本——直接材料（500101）　　1 000

　　贷：原材料——空白光盘（140301）　　1 000

（10）20 日，财务部王强报销医药费 200 元。

（付款凭证）摘要：报销医药费

借：管理费用——福利费（660202）　　200

　　贷：库存现金（1001）　　200

（现金流量：07 支付的与其他经营活动有关的现金）

（11）23 日，销售一部赵红售给广州智宏公司 A 软件 100 套，每套 200 元，货款未收，开出增值税专用发票。

（转账凭证）摘要：售 A 软件，款未收

借：应收账款（1122）　　22 600

　　贷：主营业务收入（6001）　　20 000

　　　　应交税费——应交增值税（销项税额）（22210102）　　2 600

（12）25 日，A 软件产品完工入库。

（转账凭证）摘要：A 软件完工入库

借：库存商品（1405）　　12 000

　　贷：生产成本——直接材料（500101）　　1 000

　　　　生产成本——直接人工（500102）　　8 000

　　　　生产成本——制造费用（500103）　　3 000

（13）31 日，结转 A 软件产品销售成本。数量：100 套，单价：80 元。

（转账凭证）摘要：结转 A 软件销售成本

借：主营业务成本（6401）　　8 000

　　贷：库存商品（1405）　　8 000

（14）31 日，计提本月短期借款利息。

（15）31 日，结转期间损益。

说明：业务 14 与业务 15 要设置自动转账凭证，在实验五中完成。

二、出纳管理

2024 年 1 月 26 日，销售二部宋瑞借转账支票一张，转账支票票号 33221956，限额 5 000 元。

实验要求

（1）以“33 王强”的身份进行填制凭证、凭证查询操作。

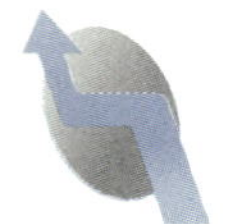

（2）以“22 李芳”的身份进行出纳签字，现金、银行存款日记账和资金日报表的查询，支票登记操作。

（3）以“11 刘宁”的身份进行审核、记账、账簿查询操作。

操作日期：2024 年 1 月 31 日。

操作步骤

以“33 王强”的身份登录进入企业应用平台。

操作员：33；密码：3；账套：666；会计年度：2024；操作日期：2024-01-31。

提示

● 因为每张凭证的制单日期不一样，所以登录企业应用平台时要把操作日期设置为 2024-01-31。这样，在填制凭证时只需要登录一次，就可以输入不同的凭证日期了。

一、凭证管理

（一）填制凭证

1. 增加凭证——输入一张完整的凭证（业务 1）

增加凭证－业务 1

（1）单击“业务工作”菜单项，再单击“财务会计”菜单项，执行“总账→凭证→填制凭证”命令，进入“填制凭证”窗口。

（2）单击“增加”按钮，增加一张空白凭证。

（3）选择凭证类型“付款凭证”；输入制单日期“2024.01.02”；输入附单据数“1”。

（4）输入摘要“购礼品”，科目名称“6601”，借方金额“500”，回车；摘要自动带到下一行，输入科目名称“1001”，贷方金额“500”，如图 2-4-1 所示。

（5）单击“流量”按钮，选择相应的现金流量项目。

（6）单击“”按钮，弹出“凭证已成功保存”提示框。

（7）单击“确定”按钮。

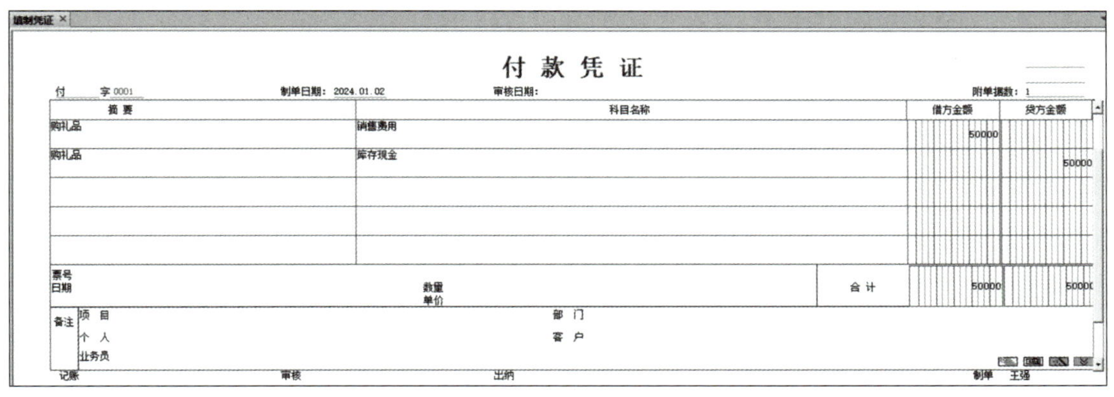

图 2-4-1 增加凭证——输入一张完整的凭证

提示

- 采用序时控制时，凭证日期应大于等于启用日期，但不能超过业务日期。
- 凭证一旦保存，其凭证类别、凭证编号不能修改。
- 正文中不同行的摘要可以相同也可以不同，但不能为空。每行摘要将随相应的会计科目在明细账、日记账中出现。
- 科目编码必须是末级的科目编码。科目编码既可以手工直接输入，也可利用右边的放大镜按钮选择输入。
- 金额不能为“零”；红字以“-”号表示。
- 可按“=”键，取当前凭证借贷方金额的差额到光标所在位置。

2. 增加凭证——输入凭证的辅助核算信息（业务 2～业务 9）

在凭证填制过程中，若某科目为“银行科目”“外币科目”“数量科目”“辅助核算科目”，输完科目名称后，则需继续输入该科目的辅助核算信息。

增加凭证-业务2

（1）银行科目（业务 2）。

① 在填制凭证过程中，输完银行科目“100201”，弹出“辅助项”对话框。

② 输入结算方式“201”，票号“83750564”，发生日期“2024-01-04”，如图 2-4-2 所示。

③ 单击“确定”按钮。

④ 凭证输完后，单击“💾”按钮。

⑤ 单击“确定”按钮。

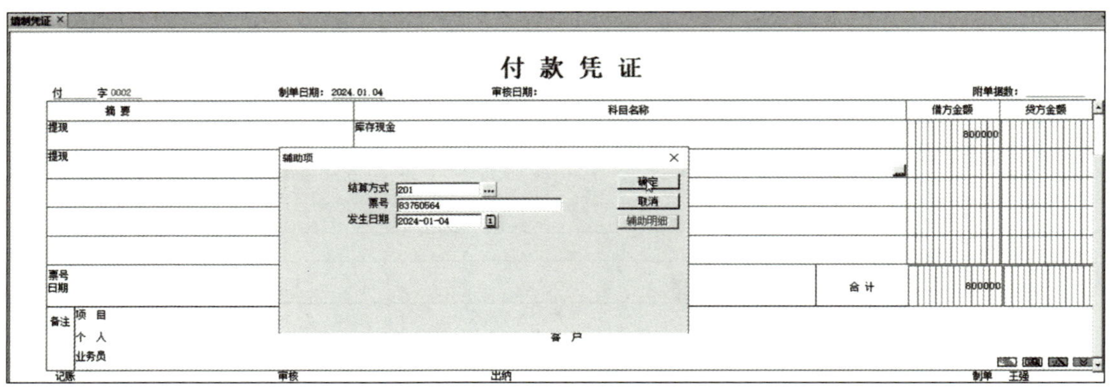

图 2-4-2　输入银行科目辅助项

提示

● 选择支票控制，即该结算方式设为支票管理，银行科目辅助信息不能为空，而且该方式的票号应在支票登记簿中有记录。

● 库存现金和银行存款之间的划转业务可以不输入现金流量。

（2）外币科目（业务 3）。

① 在填制凭证过程中，输完外币科目“100202”。

② 输入外币金额“20 000”，根据自动显示的外币汇率“6.5”，自动算出并显示本币金额“130 000”，如图 2-4-3 所示。

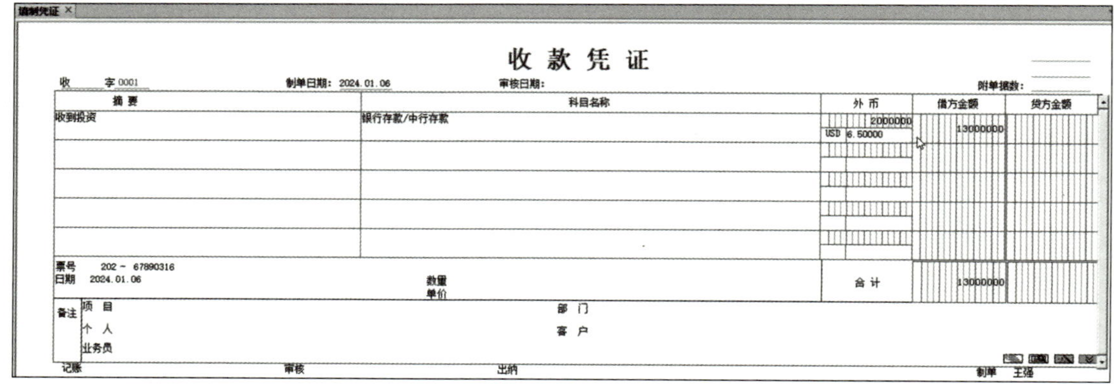

图 2-4-3　输入外币金额

提示

• 汇率栏中的内容是固定的，不能输入或修改。如果使用变动汇率，汇率栏中会显示最近一次的汇率，可以直接在汇率栏中修改。

（3）数量科目（业务 4）。

① 在填制凭证过程中，输入数量科目“140301”，弹出“辅助项”对话框。

② 输入数量“1 000”，单价“2”。如图 2-4-4 所示。单击“确定”按钮。

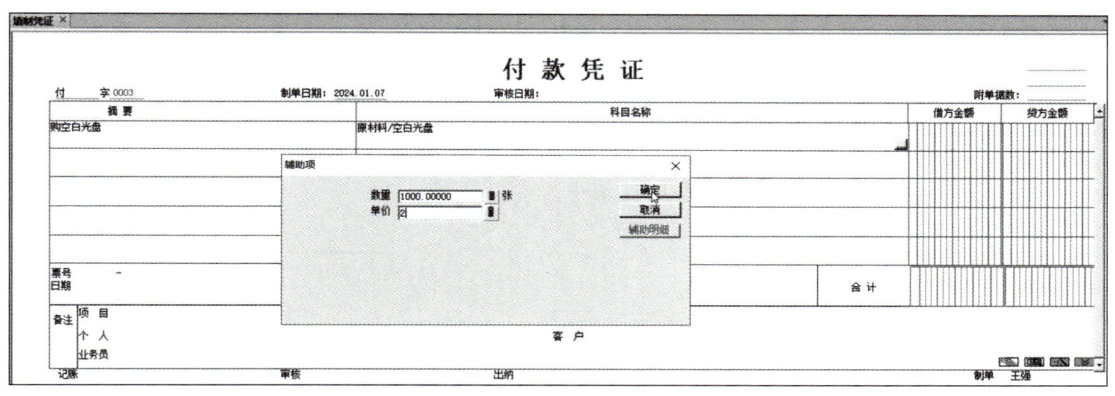

图 2-4-4　输入数量科目辅助项

提示

• 此张凭证的转账支票暂不登记支票簿。

（4）辅助核算科目——客户往来（业务 5）。

① 在填制凭证过程中，输完客户往来科目“1122”，弹出“辅助项”对话框。

② 选择客户“飞宇中学”，业务员“赵红”，发生日期“2024-01-11”，如图 2-4-5 所示。

③ 单击“确定”按钮。

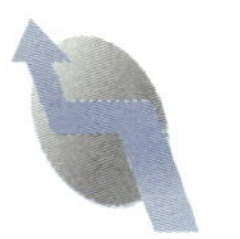

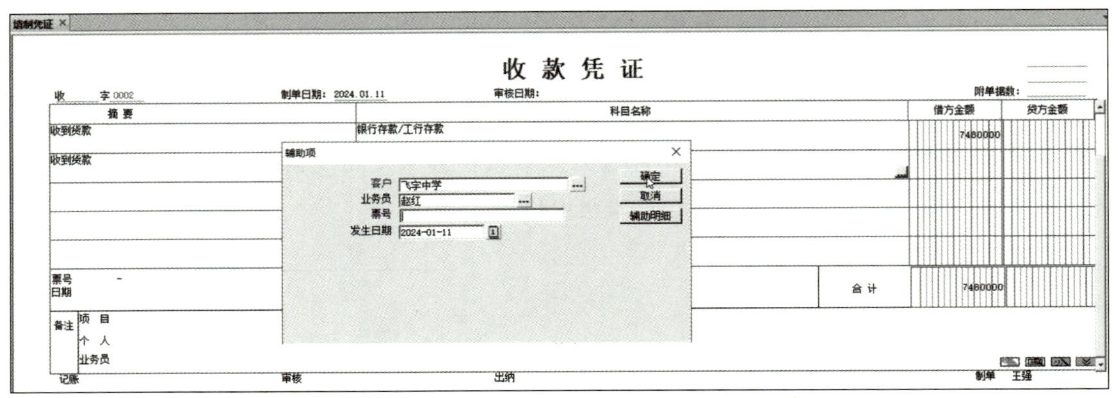

图 2-4-5　输入客户往来科目辅助项

● 如果往来客户不属于已定义的往来客户，则要正确输入新往来客户的辅助信息，系统会自动追加到往来客户目录中。

(5) 辅助核算科目——供应商往来（业务 6）。

① 在填制凭证过程中，输完供应商往来科目“2202”，弹出“辅助项”对话框。

② 选择供应商“深圳兴盛”，业务员“周伟”，发生日期“2024-01-12”。如图 2-4-6 所示。

③ 单击“确定”按钮。

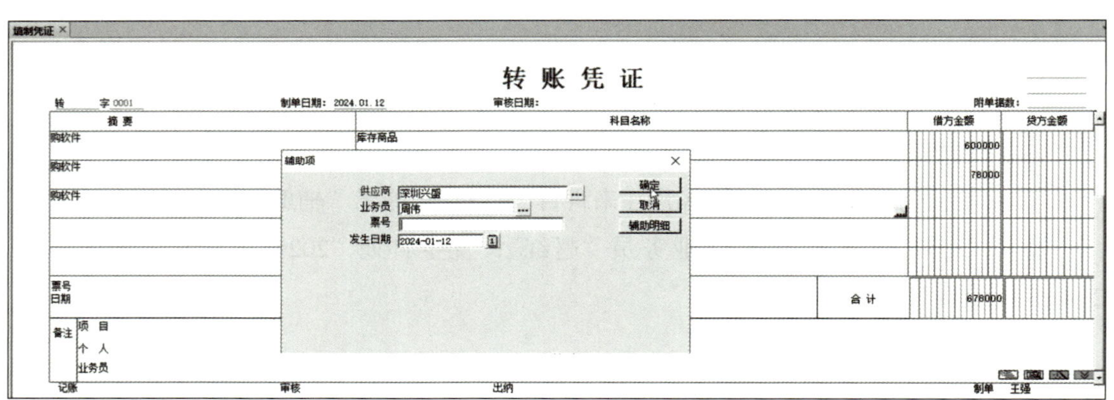

图 2-4-6　输入供应商往来科目辅助项

（6）辅助核算科目——部门核算（业务 7）。

① 在填制凭证过程中，输完部门核算科目“660205”，弹出“辅助项”对话框。

② 选择部门“综合管理部”，如图 2-4-7 所示。

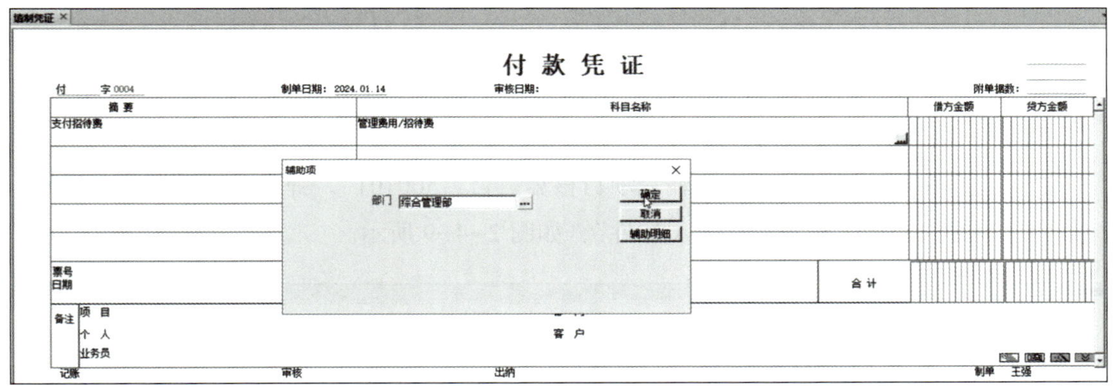

图 2-4-7　输入部门核算科目辅助项

③ 单击“确定”按钮。

（7）辅助核算科目——个人往来（业务 8）。

① 在填制凭证过程中，输完个人往来科目“1221”，弹出“辅助项”对话框。

② 选择部门“综合管理部”，个人“张同”，发生日期“2024-01-16”，如图 2-4-8 所示。

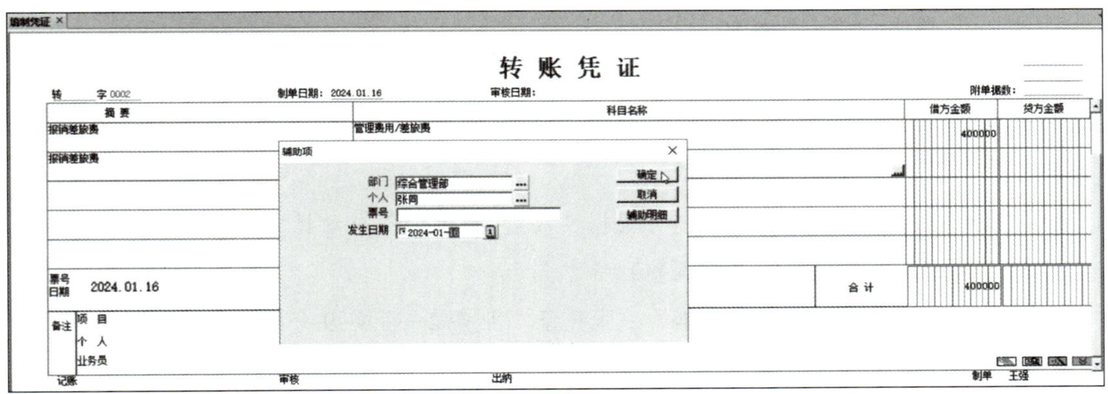

图 2-4-8　输入个人往来科目辅助项

③ 单击“确定”按钮。

提示

● 在输入个人信息时，如果不输入部门名称只输入个人名称，系统会根据所输入的个人名称自动输入其所属的部门。

（8）辅助核算科目——项目核算（业务 9）。

① 在填制凭证过程中，输完项目核算科目“500101”，弹出“辅助项”对话框。

② 选择输入项目名称“A 软件”，如图 2-4-9 所示。

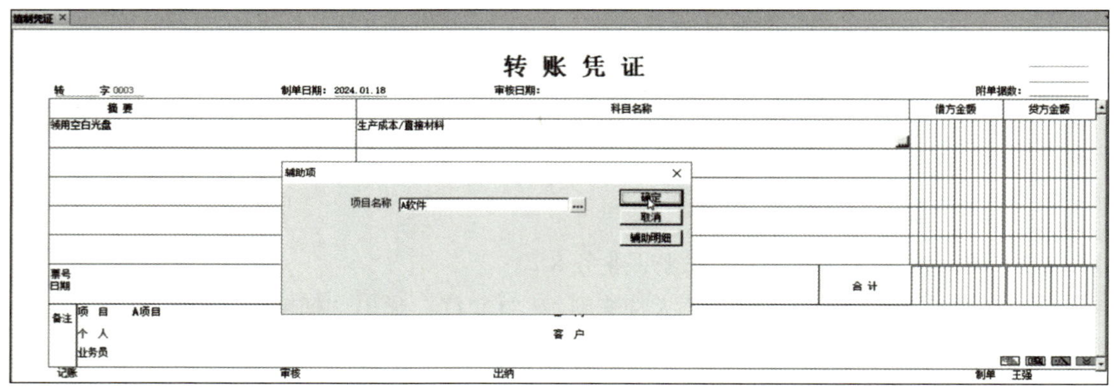

图 2-4-9　输入项目核算辅助项

③ 单击“确定”按钮。

提示

● 输入贷方科目时，系统可根据“数量 × 单价”自动计算出金额，并将金额先放在借方，可按空格键将其调整到贷方。

● 业务 1 输入的是最简单的一张凭证。业务 2—业务 9 分别输入了凭证的不同辅助核算信息。这部分操作在上机练习时，应多体会，重点把握。

● 业务 10—业务 13，可参照前面的操作由学员自行练习输入，在此不再重复。

3. 查询凭证

（1）执行“总账→凭证→查询凭证”命令，打开“凭证查询”对话框。

（2）选择输入查询条件“付款凭证”。单击“辅助条件”按钮，可输入更多查询条件。如图 2-4-10 所示。

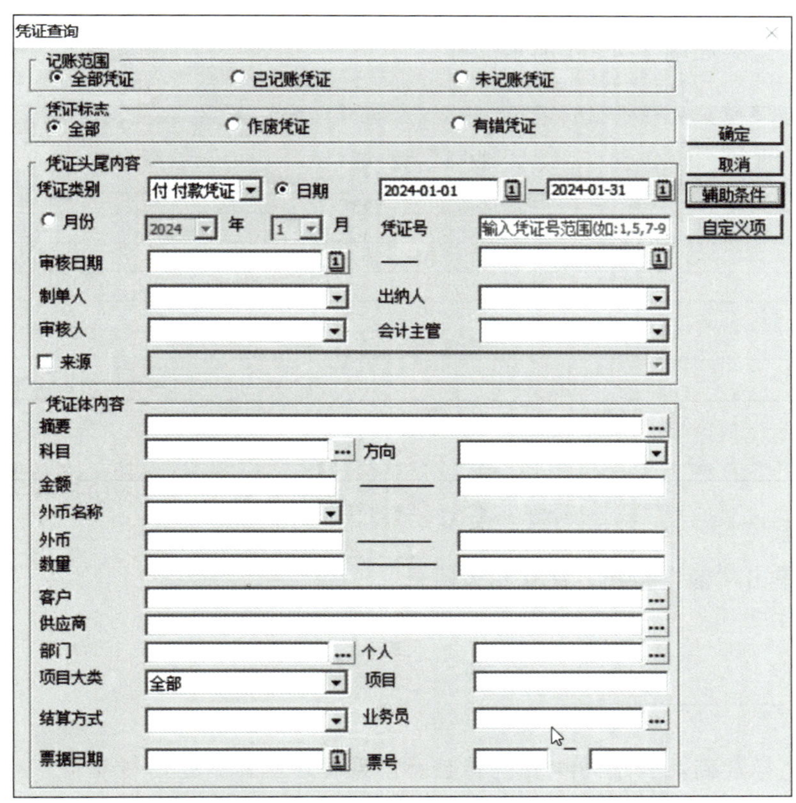

图 2-4-10　凭证查询

（3）单击“确定”按钮，进入“凭证查询”窗口。

（4）双击某一凭证行，则屏幕即可显示出此张凭证。

提示

● 在查询全部凭证时，按默认凭证类别显示凭证，若单击选择“制单日期排序选项”，可按制单日期顺序显示凭证。

4. 修改凭证

修改凭证

（1）执行“总账→凭证→填制凭证”命令，进入“填制凭证”窗口。

（2）单击“查询”按钮，输入查询条件，查找收款凭证 0002 号。

（3）对于凭证的一般信息，将光标放在要修改的地方，直接修改即可；如果要修改凭证的辅助项信息，首先应选中辅助核算科目行，然后将光标置于备注栏辅助项，待鼠标变成 时双击，弹出“辅助项”对话框，再在“辅助项”对话框中修改相关信息。结果如图 2-4-11 所示。

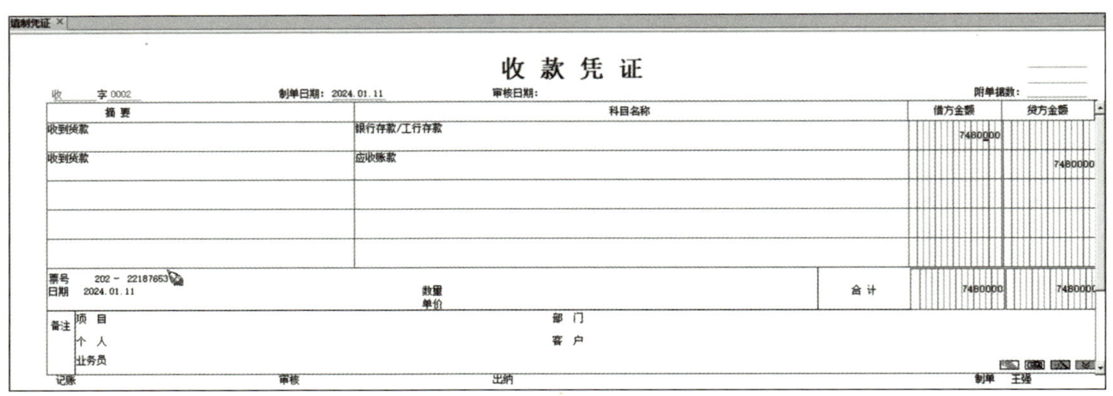

图 2-4-11　修改凭证

（4）单击“ ”按钮，保存相关信息。

提示

● 将光标放到具有辅助核算的科目行，再移动鼠标到辅助核算信息处，双击修改辅助核算信息。

● 将光标放到具有现金流量的科目行，单击“流量”按钮修改现金流量信息。

● 未经审核的错误凭证可通过“填制凭证”功能直接修改；已审核的凭证应先取消审核，再进行修改。

● 若已采用制单序时控制，则在修改制单日期时，不能早于上一张凭证的制单日期。

● 若选择“不允许修改或作废他人填制的凭证”权限控制，则不能修改或作废他人填制的凭证。

● 如果涉及银行科目的分录已录入支票信息，并对该支票做过报销处理，修改操作将不影响“支票登记簿”中的内容。

● 外部系统传过来的凭证不能在总账管理子系统中进行修改，只能在生成该凭证的系统中进行修改。

5. 冲销凭证（选做）

（1）在“填制凭证”窗口，执行“制单→冲销凭证”命令，打开“冲销凭证”对话框。

（2）输入条件：选择“月份”“凭证类别”；输入“凭证号”等信息。

（3）单击“确定”按钮，系统自动生成一张红字冲销凭证。

提示

- 只有已记账的凭证才能制作红字冲销凭证。
- 通过红字冲销法增加的凭证，应视同正常凭证进行保存和管理。
- 制作红字冲销凭证将错误凭证冲销后，需要再编制正确的蓝字凭证进行补充。

6. 删除凭证

删除凭证

（1）作废凭证。

① 在“填制凭证”窗口，先查询到要作废的凭证“付 -0005”。

② 执行“作废 / 恢复”命令。

③ 凭证的左上角显示“作废”，表示该凭证已作废。

提示

- 作废凭证仍保留凭证内容及编号，只显示“作废”字样。
- 作废凭证不能修改，不能审核。
- 在记账时，已作废的凭证应参与记账，否则月末无法结账，若不对作废凭证作数据处理，它相当于一张空凭证。
- 账簿查询时，查不到作废凭证的数据。
- 若当前凭证已作废，可执行“编辑→作废 / 恢复”命令，取消作废标志，并将当前凭证恢复为有效凭证。

（2）整理凭证。

① 在“填制凭证”窗口中，执行“凭证整理”命令，打开“选择凭证期间”对话框。

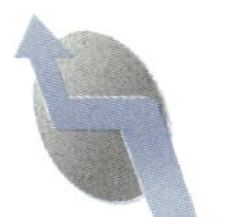

② 选择要整理的“月份”。

③ 单击“确定”按钮，打开“作废凭证表”对话框。

④ 选择真正要删除的作废凭证。

⑤ 单击“确定”按钮，系统会将这些凭证从数据库中删除并对剩下凭证重新排号。

提示

- 如果不想保留作废凭证，则可以通过“凭证删除”功能将其彻底删除，并对未记账凭证重新编号。
- 只能对未记账凭证作凭证整理。
- 已记账凭证作凭证整理，应先恢复到本月月初的记账前状态，再作凭证整理。

（二）出纳签字

1. 更换操作员

（1）在“新道教育－用友 U8”窗口中，执行“系统→重登录”命令，进入“登录”窗口。

（2）以“22 李芳”的身份重新登录总账管理子系统。如图 2-4-12 所示。

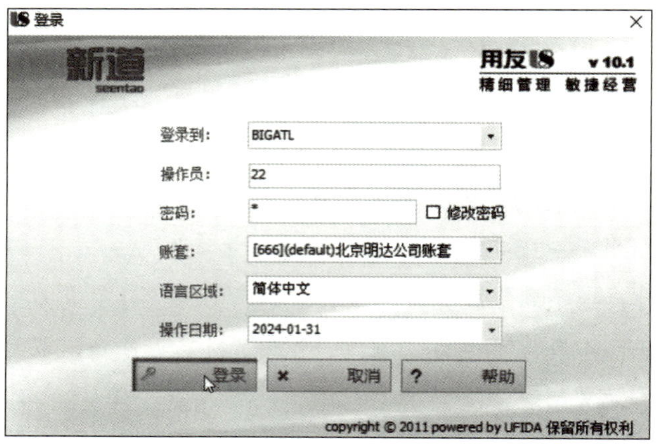

图 2-4-12　重新登录总账管理子系统

其中，操作员：22；密码：2；账套：666；操作日期：2024-01-31。

（3）单击“确定”按钮。

提示

- 凭证填制人和出纳签字人可以为不同的人，也可以为同一个人。
- 按照会计制度规定，凭证的填制与审核不能是同一个人。
- 在进行出纳签字和审核之前，通常需先更换操作员。

2. 出纳签字

出纳签字

（1）单击“业务工作”菜单项，再单击“财务会计”菜单项，执行“总账→凭证→出纳签字”命令，打开“出纳签字”查询条件对话框。

（2）输入查询条件：单击选中“全部”单选按钮，输入月份“2024.01”。

（3）单击“确定”按钮，进入“出纳签字”的凭证列表窗口。

（4）双击某一需要签字的凭证或者单击“确定”按钮，进入“出纳签字”窗口。

（5）单击“签字”按钮，凭证底部的“出纳”处自动签上出纳人姓名，如图2-4-13所示。

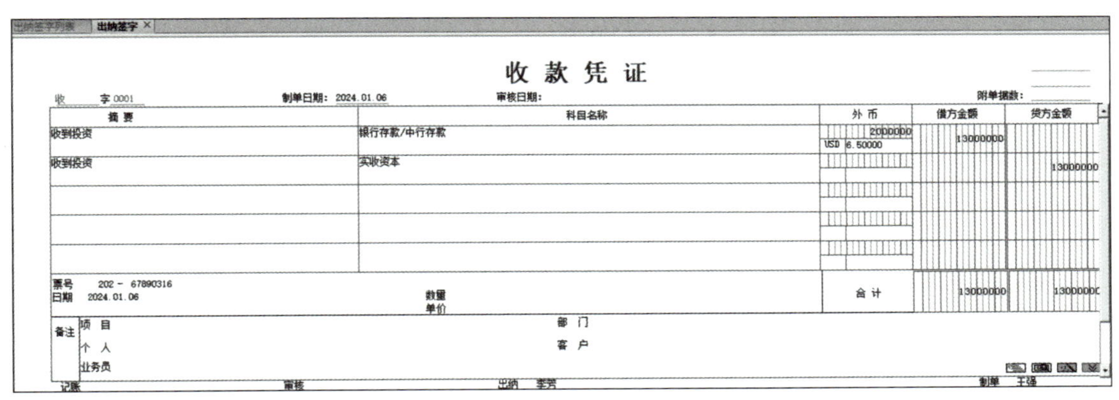

收款凭证

收　字 0001　　制单日期：2024.01.06　　审核日期：　　附单据数：

摘要	科目名称	外币	借方金额	贷方金额
收到投资	银行存款/中行存款	2000000 USD 6.50000	13000000	
收到投资	实收资本			13000000
票号 202 - 67890316 日期 2024.01.06	数量 单价	合计	13000000	13000000

备注　项目　　部门

个人　　客户

业务员

记账　　审核　　出纳 李芳　　制单 王强

图2-4-13　出纳签字

（6）单击“下一张”按钮，对其他凭证进行签字。最后单击“退出”按钮。

提示

- 只有指定为现金科目和银行科目的凭证才需要出纳签字。
- 凭证一经签字，就不能被修改、删除，只有取消签字后才可以修改或删除，取消签字只能由出纳本人自己进行操作。

● 凭证签字并非审核凭证的必要步骤。若在设置总账参数时，不选择“出纳凭证必须经由出纳签字”，则可以不执行“出纳签字”功能。

● 可以执行“批处理→成批出纳签字”功能，对凭证进行成批出纳签字。

（三）审核凭证

以“11 刘宁”的身份重新登录企业应用平台。

审核凭证

操作员：11；密码：1；账套：666；操作日期：2024-01-31。

（1）单击“业务工作”菜单项，再单击“财务会计”菜单项，执行“总账→凭证→审核凭证”命令，打开“审核凭证”查询条件对话框。

（2）输入查询条件，可采用默认值。

（3）单击“确定”按钮，进入“审核凭证”的凭证列表窗口。

（4）双击要审核的凭证或单击“确定”按钮，进入“审核凭证”的审核凭证窗口。

（5）检查要审核的凭证，检查无误后，单击“审核”按钮，凭证底部的“审核”处会自动签上审核人姓名。如图 2-4-14 所示。

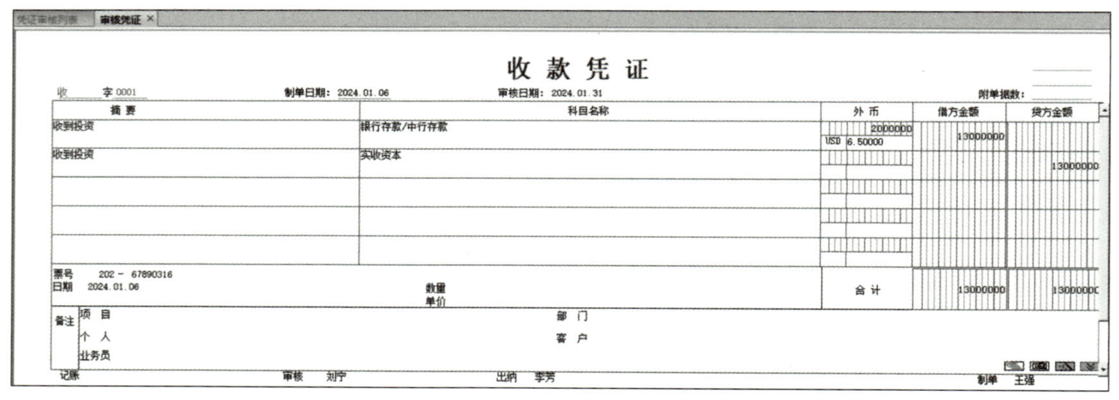

图 2-4-14　审核凭证

（6）单击“下一张”按钮，对其他凭证审核签字。最后单击“退出”按钮。

● 审核人必须具有审核权。当通过“凭证审核权限”设置了明细审核权限时，还需要有对制单人所制凭证的审核权。

● 作废凭证不能被审核，也不能被标错。

● 审核人和制单人不能是同一个人；凭证一经审核，不能被修改、删除，只有取消审核签字后才可修改或删除，已标记作废的凭证不能被审核，需要先取消作废标记后才能审核。

● 执行“批处理→成批审核凭证”按钮，可对凭证进行成批审核。

（四）记账

记账

（1）执行“总账→凭证→记账”命令，进入“记账”窗口。

（2）第一步，单击“全选”按钮，选择所有要记账的凭证，如图 2-4-15 所示。单击“记账”按钮。

记账

记账选择

2024.01月份凭证　　其他月份调整期凭证

期间	类别	未记账凭证	已审核凭证	记账范围
2024.01	收	1-2	1-2	1-2
2024.01	付	1-4	1-4	1-4
2024.01	转	1-6	1-6	1-6

全选　全消　记账　记账报告　退出

图 2-4-15　记账

（3）显示“期初试算平衡表”对话框。单击“确定”按钮，系统开始登录有关的总账和明细账、辅助账。登记完后，弹出“记账完毕”信息提示对话框。

（4）单击“确定”按钮，记账完毕。单击“退出”按钮。

提示

● 第一次记账时，若期初余额试算不平衡，则不能记账。

● 上月未记账，本月不能记账。

● 未审核凭证不能记账，记账范围应小于或等于已审核范围。

● 作废凭证不需审核可直接记账。

● 记账过程一旦断电或其他原因造成中断后，系统将自动调用“恢复记账前状态”恢复数据，然后再重新记账。

（五）取消记账（选做）

（1）激活“恢复记账前状态”菜单。

① 执行“总账→期末→对账”命令，进入“对账”窗口。

② 按“Ctrl+H”组合键，弹出“恢复记账前状态功能已被激活”提示框。

③ 依次单击“确定”按钮和“退出”按钮。

提示

● 如果退出系统后又重新进入系统或在“对账”中按“Ctrl+H”组合键，将重新隐藏“恢复记账前状态”功能。

（2）取消记账。

① 执行“总账→凭证→恢复记账前状态”命令，打开“恢复记账前状态”对话框。

② 单击“最近一次记账前状态”单选按钮。

③ 单击“确定”按钮，弹出“恢复记账完毕”信息提示对话框，单击“确定”按钮。

提示

● 已结账月份的数据不能取消记账。

● 取消记账后，一定要重新记账。

二、出纳管理

以“22 李芳”的身份重新登录企业应用平台。

操作员：22；密码：2；账套：666；操作日期：2024-01-31。

（一）查询现金日记账

（1）依次单击“业务工作”菜单项和“财务会计”菜单项，执行“总账→出纳→现金日记账”命令，打开“现金日记账查询条件”对话框。

（2）选择科目“1001 库存现金”，默认月份“2024.01”。

（3）单击“确定”按钮，进入“现金日记账”窗口，如图 2-4-16 所示。

现金日记账 ×

现金日记账

科目　1001 库存现金

2024年 月	日	凭证号数	摘要	对方科目	借方	贷方	方向	余额
			上年结转				借	6,200.00
01	02	付-0001	购礼品	6601		500.00	借	5,700.00
01	02		本日合计			500.00	借	5,700.00
01	04	付-0002	提现	100201	8,000.00		借	13,700.00
01	04		本日合计		8,000.00		借	13,700.00
01			当前合计		8,000.00	500.00	借	13,700.00
01			当前累计		8,000.00	500.00	借	13,700.00
			结转下年				借	13,700.00

图 2-4-16　查看现金日记账

（4）双击某行或将光标定位在某行再单击“凭证”按钮，可查看相应的凭证。单击“总账”按钮，可查看此科目的三栏式总账。

（5）单击“退出”按钮。

（二）查询银行存款日记账

银行存款日记账查询与现金日记账查询操作基本相同，所不同的只是银行存款日记账多一结算号栏，主要是对账时用。

执行“总账→出纳→银行日记账”命令，可查看银行存款日记账。

（三）资金日报表

（1）执行“总账→出纳→资金日报”命令，打开“资金日报表查询条件”对话框。

（2）输入查询日期“2024.01.04”。选择“有余额无发生也显示”复选框。

（3）单击“确定”按钮，进入“资金日报表”窗口，如图 2-4-17 所示。

（4）查看资金日报表，单击“关闭”按钮。

资金日报表 ×

资金日报表

科目编码	科目名称	币种	今日共借	今日共贷	方向	今日余额	借方笔数	贷方笔数
1001	库存现金		8,000.00		借	13,700.00	1	
1002	银行存款			8,000.00	借	1,312,200.00		1
合计			8,000.00	8,000.00	借	1,325,900.00	1	1
		美元			借	15,000.00		

图 2-4-17　查看资金日报表

（四）支票登记簿

（1）执行“总账→出纳→支票登记簿”命令，打开“银行科目选择”对话框。

（2）选择科目：工行存款“100201”。单击“确定”按钮，进入“支票登记簿”窗口。

（3）单击“增加”按钮。输入领用日期“2024.01.26”，领用部门“销售二部”，领用人“宋瑞”，支票号“33221956”，预计金额“5 000”，如图 2-4-18 所示。

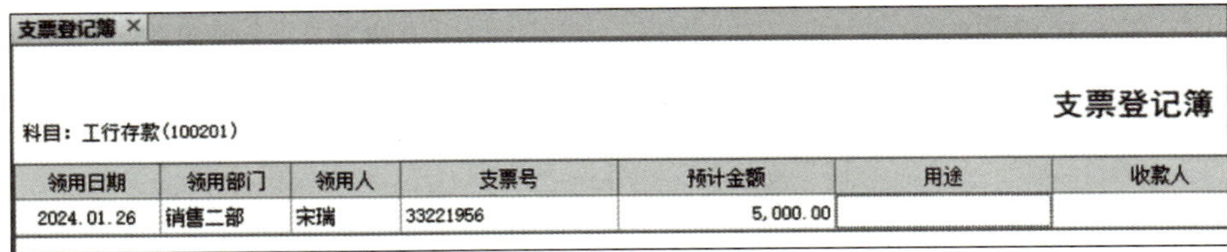

支票登记簿 ×

支票登记簿

科目：工行存款(100201)

领用日期	领用部门	领用人	支票号	预计金额	用途	收款人
2024.01.26	销售二部	宋瑞	33221956	5,000.00		

图 2-4-18　输入支票登记簿信息

（4）单击“▣”按钮，单击“关闭”按钮。

提示

- 只有在结算方式设置中选中“是否票据管理”功能，才能在此选择下登记。
- 领用日期和支票号必须输入，其他内容可填可不填。
- 报销日期不能在领用日期之前。
- 已报销的支票可成批删除。

三、账簿管理

以“11 刘宁”的身份重新登录企业应用平台。

操作员：11；密码：1；账套：666；操作日期：2024-01-31。

（一）查询基本会计核算账簿

（1）执行“总账→账表→科目账→总账”命令，查询总账。

（2）执行“总账→账表→科目账→余额表”命令，查询发生额及余额表。

（3）执行“总账→账表→科目账→明细账”命令，查询月份综合明细账。

（二）查询辅助账簿

辅助账簿的查询只介绍部门账，其他账簿查询同理。

1. 查询部门总账

（1）执行“总账→账表→部门辅助账→部门总账→部门三栏总账”命令，进入“部门三栏总账条件”窗口。

（2）输入查询条件：科目“660205 招待费”，部门“综合管理部”，如图 2-4-19 所示。

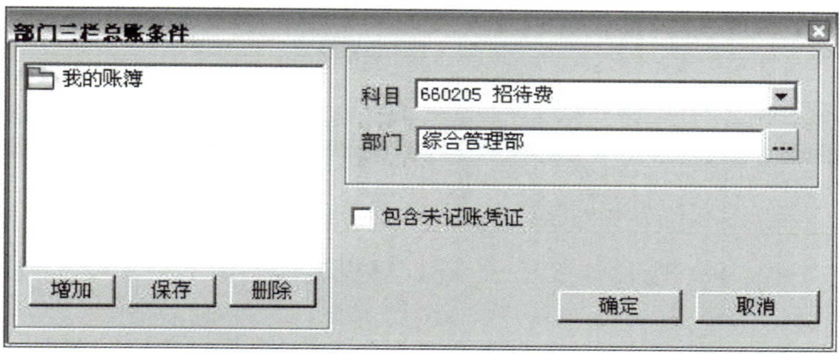

图 2-4-19　查询部门总账

（3）单击“确定”按钮，显示查询结果，如图 2-4-20 所示。

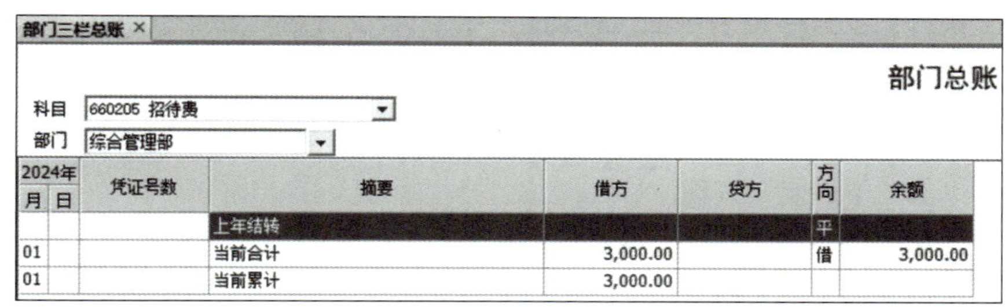

部门三栏总账

部门总账

科目 660205 招待费

部门 综合管理部

2024年 月	日	凭证号数	摘要	借方	贷方	方向	余额
			上年结转			平	
01			当前合计	3,000.00		借	3,000.00
01			当前累计	3,000.00			

图 2-4-20　显示部门总账

（4）将光标定位在当前合计行，单击“明细”按钮，可以联查部门明细账。

2. 查询部门多栏明细账

（1）执行“总账→账表→部门辅助账→部门明细账→部门多栏明细账”命令，

进入“部门多栏明细账条件”窗口。

（2）选择科目“6602 管理费用”，部门“综合管理部”，月份范围“2024.01—2024.01”，分析方式“金额分析”，如图 2-4-21 所示。

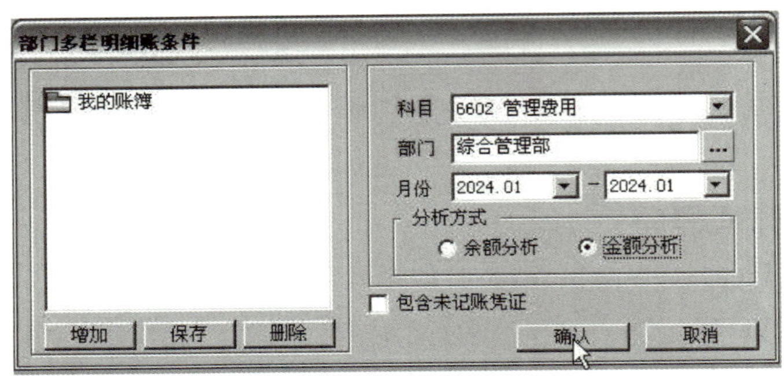

图 2-4-21　查询部门多栏明细账

（3）单击“确认”按钮，显示查询结果，如图 2-4-22 所示。

部门多栏明细账

部门多栏账

上级科目：6602 管理费用

部门 综合管理部

2024年 月	日	凭证号数	摘要	借方	贷方	方向	余额	工资(660201)	福利费(660202)	办公费(660203)	差旅费(660204)	招待费(660205)
01	14	付-0004	支付招待费	3,000.00		借	3,000.00					3,000.00
01	16	转-0002	报销差旅费	4,000.00		借	7,000.00				4,000.00	
01			当前合计	7,000.00		借	7,000.00				4,000.00	3,000.00
01			当前累计	7,000.00		借	7,000.00				4,000.00	3,000.00

图 2-4-22　显示部门多栏明细账

（4）将光标定位在多栏明细账的某笔业务上，单击“凭证”按钮，可以联查该笔业务的凭证。

3. 查询部门收支分析

（1）执行“总账→账表→部门辅助账→部门收支分析”命令，进入“部门收支分析条件”窗口。

（2）选择进行分析的科目：选择所有的部门核算科目，如图 2-4-23 所示。

（3）单击“下一步”按钮。

（4）选择进行分析的部门：选择所有的部门，如图 2-4-24 所示。

（5）单击“下一步”按钮。

（6）选择进行分析的月份：起、止月份均为“2024.01—2024.01”，如图 2-4-25 所示。

（7）单击“完成”按钮，显示查询结果，如图 2-4-26 所示。

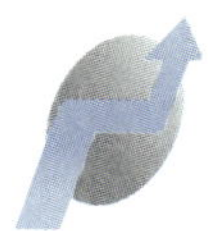

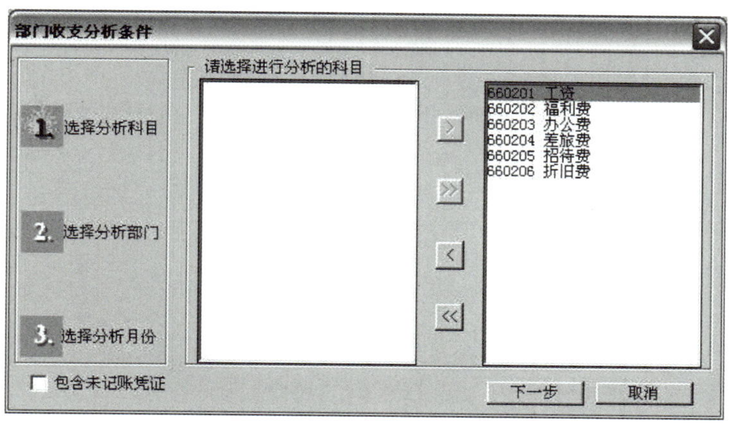

图 2-4-23　选择进行分析的科目

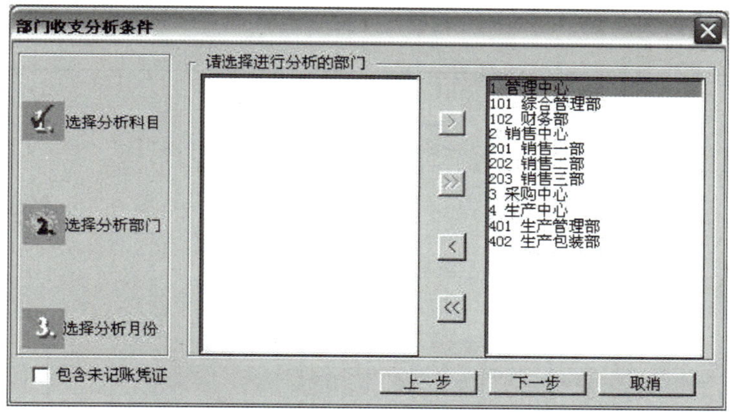

图 2-4-24　选择进行分析的部门

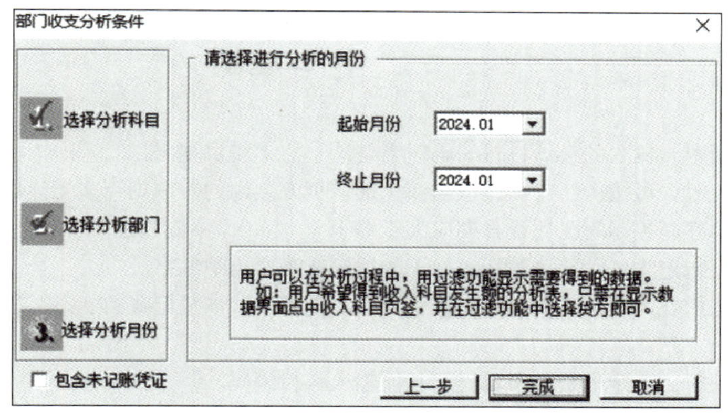

图 2-4-25　选择进行分析的月份

部门收支分析 ×

部门收支分析表

金额式

2024.01-2024.01

全部 | 收入科目 | 费用科目

科目编码	科目名称	统计方式	方向	合计	1 管理中心	101 综合管理部	102 财务部	2 销售中心	201 销售一部	202 销售二部	203 销售三部	3 采购中心	4 生产中心
				金额	金额	金额	金额	金额	金额	金额	金额	金额	金额
660202	福利费	期初	借										
		借方											
		贷方											
		期末	借										
660203	办公费	期初	借										
		借方											
		贷方											
		期末	借										
660204	差旅费	期初	借										
		借方		4,000.00	4,000.00	4,000.00							
		贷方											
		期末	借	4,000.00	4,000.00	4,000.00							
660205	招待费	期初	借										
		借方		3,000.00	3,000.00	3,000.00							
		贷方											
		期末	借	3,000.00	3,000.00	3,000.00							
费用科目	合计	期初	借										
		借方		7,000.00	7,000.00	7,000.00							
		贷方											
		期末	借	7,000.00	7,000.00	7,000.00							

图 2-4-26　显示部门收支分析表

实 验 报 告

班级：　　　　　　　姓名：　　　　　　　学号：　　　　　　　成绩：

实验题目：实验四　总账管理子系统日常业务处理

实验目的：

实验内容：

实验体会：

（一）填空

1. 填制凭证时，输入的会计科目编码应当是（　　）科目编码。
2. 填制凭证时，可按（　　）键取当前凭证借贷方金额的差额到当前光标位置。
3. 采用制单序时控制时，凭证日期应大于等于（　　），不能超过（　　）。
4. 只有涉及指定为（　　）和（　　）的凭证才需要出纳签字。
5. 取消记账应在（　　）窗口中，按（　　）键激活“恢复记账前状态”功能。

（二）判断

1. 填制凭证时，确定借贷方科目时，只能输入科目编码。（　　）
2. 填制凭证时，金额不能为“零”，红字以“-”号表示。（　　）
3. 会计制度规定，审核与制单不能为同一人。（　　）
4. 只有审核后的凭证才能执行记账操作。（　　）
5. 记账工作由计算机自动进行数据处理，每月可多次进行。（　　）

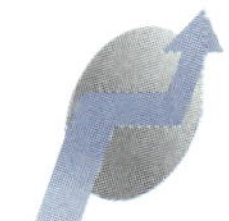

续表

（三）思考

1. 写出凭证填制的具体操作步骤。
2. 对于已保存、已审核、已记账的凭证应分别如何修改？
3. 凭证审核时注意的问题有哪些？
4. 凭证记账时应注意的问题有哪些？
5. 写出删除一张凭证的简要步骤。
6. 小王是某企业的账套主管，在审核凭证时他发现一张收款凭证有错，但该凭证已经记账。请帮小王给出将凭证修改或调整正确的方案。

说明：该凭证由小李填制，经出纳小张签字，小王审核记账。

实验五

总账管理子系统期末处理

实验目的

1. 掌握用友 ERP-U8V10.1 软件中总账管理子系统期末处理的相关内容
2. 熟悉总账管理子系统期末处理业务的各种操作
3. 掌握银行对账、自动转账设置与生成、对账和结账的操作方法

实验内容

1. 银行对账
2. 自动转账
3. 对账
4. 结账

实验准备

引入“实验账套\实验四”下的账套数据。

实验资料

一、银行对账

(一)银行对账期初

明达科技银行对账的启用日期为 2024-01-01，工行人民币户企业日记账调整前余额为 200 000 元，银行对账单调整前余额为 230 000 元，未达账项一笔，系银行已收企业未收款 30 000 元。

(二)银行对账单

明达科技 1 月份银行对账单参见表 2-5-1 所示。

表 2-5-1　1 月份银行对账单

单位：元

日期	结算方式	票号	借方金额	贷方金额
2024.01.04	201	83750564		8 000
2024.01.06				60 000
2024.01.07	202	23096451		2 260
2024.01.13	202	22187653	74 800	

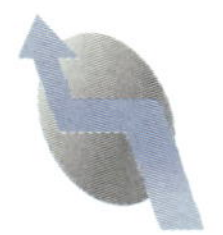

二、自动转账定义

（一）自定义结转

借：财务费用（6603）　　　　　　　　　　　　JG（　）

（取对方科目结果）

贷：应付利息（2231）　　　　QM（2001，月，贷）×0.09/12

（“短期借款”期末贷方余额 ×0.09/12）

（二）期间损益结转

依照本实验操作步骤中的相应步骤进行。

实验要求

（1）以“22 李芳”的身份进行银行对账操作。

（2）以“33 王强”的身份进行自动转账操作。

（3）以“11 刘宁”的身份进行审核、记账、对账和结账操作。

操作步骤

一、银行对账

以“22 李芳”的身份启动和登录企业应用平台。

操作员：22；密码：2；账套：666；操作日期：2024-01-31。

（一）输入银行对账期初数据

（1）单击“业务工作”菜单项，再单击“财务会计”菜单项，执行“总账→出纳→银行对账→银行对账期初录入”命令，打开“银行科目选择”对话框。

（2）选择科目“100201 工行存款”。单击“确定”按钮，进入“银行对账期初”窗口。

（3）确定启用日期“2024.01.01”。输入单位日记账的调整前余额“200 000”；输入银行对账单的调整前余额“230 000”，如图 2-5-1 所示。

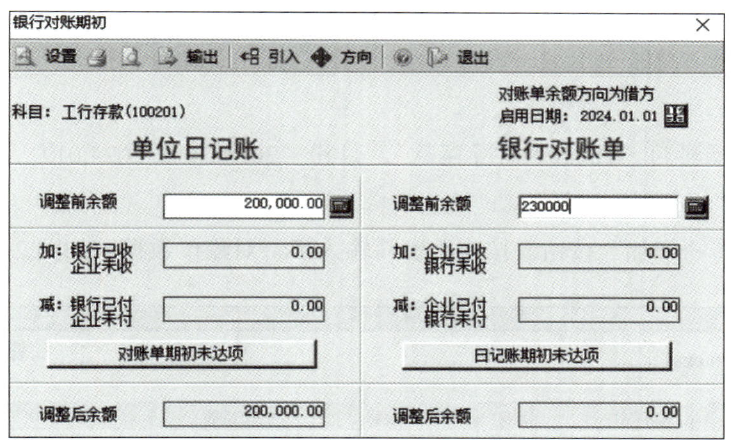

图 2-5-1　输入银行对账期初数据

（4）单击“对账单期初未达项”按钮，进入“银行方期初”窗口。

（5）单击“增加”按钮。输入日期“2023.12.31”，借方金额“30 000”，如图2-5-2所示。

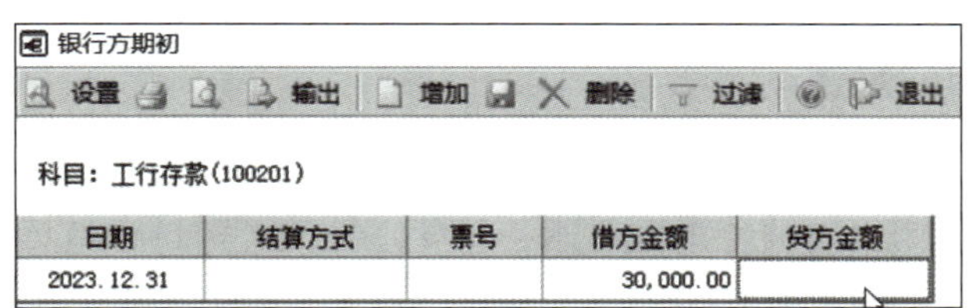

图 2-5-2　输入银行方期初数据

（6）单击“💾”按钮，单击“退出”按钮。

提示

● 第一次使用银行对账功能前，系统要求录入日记账及对账单未达账项，在开始使用银行对账之后不再录入。

● 银行对账期初数据的录入应在总账管理子系统初始化时进行，本实验将此功能放在银行对账功能中实现。

● 在录入完单位日记账、银行对账单期初未达账项后，请不要随意调整启用日期，尤其是向前调，这样可能会造成启用日期后的期初数不能再参与对账。

（二）录入银行对账单

（1）执行“总账→出纳→银行对账→银行对账单”命令，打开“银行科目选择”对话框。

（2）选择科目“100201 工行存款”，月份“2024.01 至 2024.01”。单击“确定”按钮，进入“银行对账单”窗口。

（3）单击“增加”按钮。按实验资料输入银行对账单数据，如图 2-5-3 所示。

银行对账单 ×

科目：工行存款(100201)　　　　银行对账单

日期	结算方式	票号	借方金额	贷方金额	余额
2024.01.04	201	83750564		8,000.00	222,000.00
2024.01.06				60,000.00	162,000.00
2024.01.07	202	23096451		2,260.00	159,740.00
2024.01.13	202	22187653	74,800.00		

图 2-5-3　输入银行对账单数据

（4）单击“”按钮。

（三）进行银行对账

1. 自动对账

（1）执行“总账→出纳→银行对账”命令，打开“银行科目选择”对话框。

（2）选择科目“100201 工行存款”。单击“确定”按钮，进入“银行对账”窗口。

（3）单击“对账”按钮，打开“自动对账”条件对话框。输入截止日期“2024-01-31”，默认系统提供的其他对账条件，如图 2-5-4 所示。

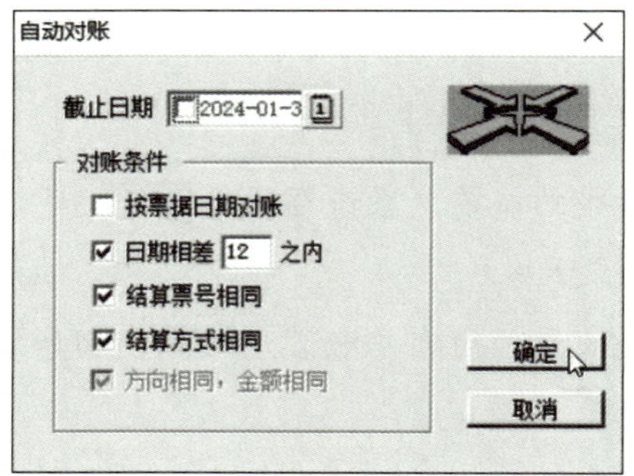

图 2-5-4　进行自动对账

（4）单击“确定”按钮，显示自动对账结果。如图 2-5-5 所示。单击“”按钮。

银行对账 ×

科目：100201（工行存款）

单位日记账

票据日期	结算方式	票号	方向	金额	两清	凭证号数	摘　要	对账序号
2024.01.11	202	22187653	借	74,800.00	○	收-0002	收到货款	20240131
2024.01.04	201	83750564	贷	8,000.00	○	付-0002	提现	20240131
2024.01.07	202	23096451	贷	2,260.00	○	付-0003	购空白光盘	20240131
2024.01.14	202	55450921	贷	3,000.00		付-0004	支付招待费	

银行对账单

日期	结算方式	票号	方向	金额	两清	对账序号
2023.12.31			借	30,000.00		
2024.01.04	201	83750564	贷	8,000.00	○	2024013100003
2024.01.06			贷	60,000.00		
2024.01.07	202	23096451	贷	2,260.00	○	2024013100002
2024.01.13	202	22187653	借	74,800.00	○	2024013100001

图 2-5-5　显示自动对账结果

提示

- 对账条件中的“方向相同，金额相同”是必选条件，对账截止日期可输入也可不输入。
- 对于已达账项，系统自动在单位日记账和银行对账单双方的“两清”栏打上圆圈标志。

2. 手工对账

（1）在自动对账窗口，对于一些应勾选但未勾选上的账项，可分别双击“两清”栏，直接进行手工调整。

（2）对账完毕，单击“检查”按钮，检查结果平衡，单击“确定”按钮。

提示

- 在自动对账不能完全对上的情况下，可采用手工对账。

（四）输出银行存款余额调节表

（1）执行“总账→出纳→银行对账→余额调节表查询”命令，进入“银行存款余额调节表”窗口。

（2）选中科目“100201 工行存款”。

（3）单击“查看”或双击该行，即显示该银行账户的银行存款余额调节表，如图 2-5-6 所示。

（4）单击“打印”按钮，可打印银行存款余额调节表。

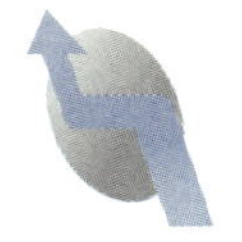

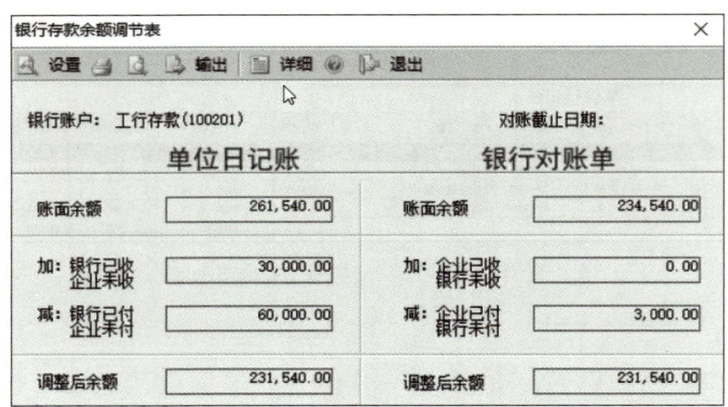

图 2-5-6 显示银行存款余额调节表

二、自动转账

以“33 王强”的身份重新登录企业应用平台。

操作员：33；密码：3；账套：666；会计年度：2024；操作日期：2024-01-31。

（一）转账定义

1. 自定义结转设置

自定义结转设置

（1）单击“业务工作”菜单项，再单击“财务会计”菜单项，执行“总账→期末→转账定义→自定义结转”命令，进入“自动转账设置”窗口。

（2）单击“增加”按钮，打开“转账目录”设置对话框。

（3）输入转账序号“0001”，转账说明“计提短期借款利息”；凭证类别选择“转 转账凭证”，如图 2-5-7 所示。

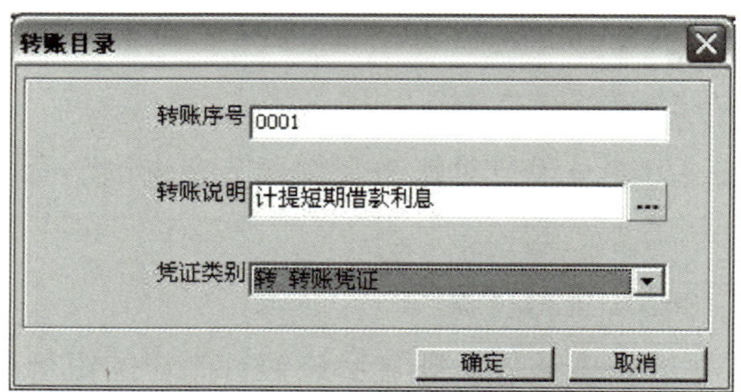

图 2-5-7 转账目录设置

（4）单击“确定”按钮，继续定义转账凭证分录信息。

（5）单击“增行”按钮，确定分录的借方信息。选择科目编码“6603”，方向“借”，输入金额公式“JG（　　）”。

（6）单击“增行”按钮，确定分录的贷方信息。选择科目编码“2231”，方向“贷”，输入金额公式“QM（2001，月，贷）*0.09/12”，如图 2-5-8 所示。

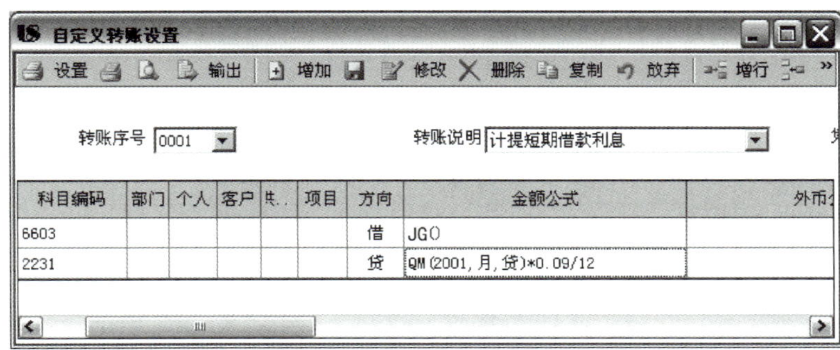

图 2-5-8　自定义转账设置

（7）单击“”按钮。单击“退出”按钮。

提示

- 转账科目可以为非末级科目；部门可以为空，表示所有部门。
- 如果使用应收款、应付款管理子系统，则在总账管理子系统中不能按客户和供应商辅助项进行结转，只能按科目总数进行结转。
- 输入转账计算公式有两种方法：一是直接选择计算公式；二是以引导方式录入公式。

2. 期间损益结转设置

期间损益结转设置

（1）执行“总账→期末→转账定义→期间损益结转”命令，进入“期间损益结转设置”窗口。

（2）凭证类别选择“转 转账凭证”，本年利润科目选择“4103”，如图 2-5-9 所示。

（3）单击“确定”按钮。

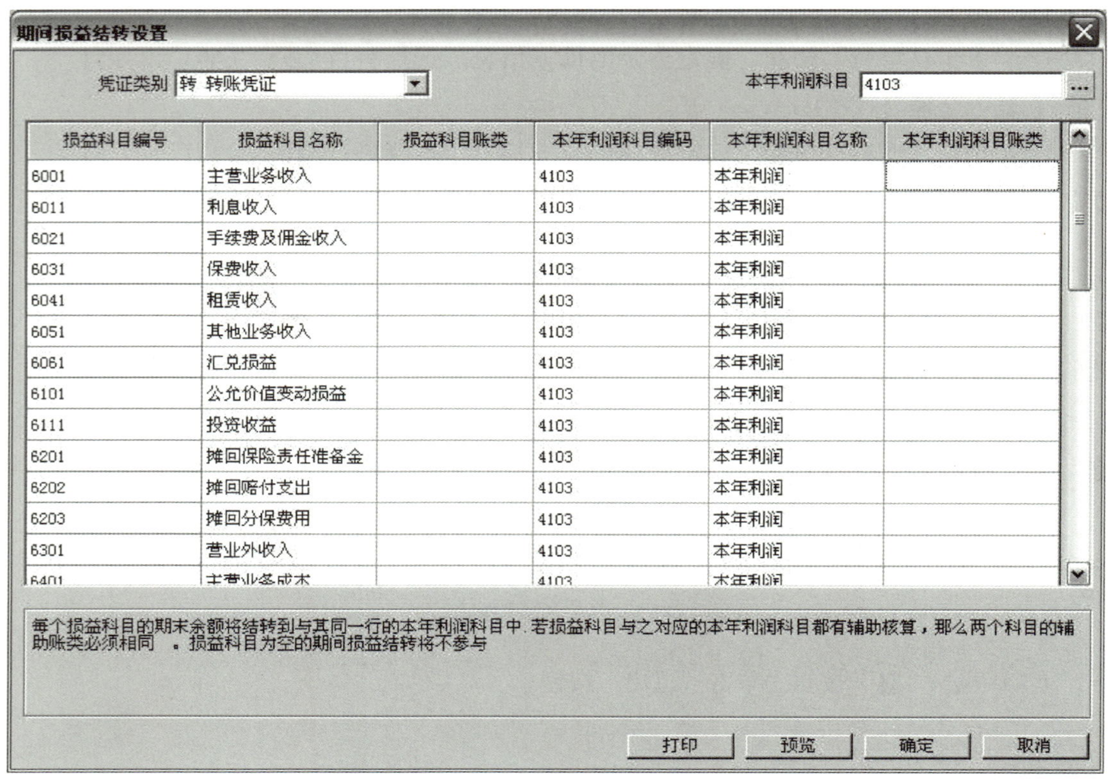

图 2-5-9 期间损益结转设置

（二）转账生成

自定义转账生成

1. 自定义转账生成

（1）执行“总账→期末→转账生成”命令，进入“转账生成”窗口。

（2）单击“自定义转账”单选按钮。

（3）单击“全选”按钮，如图 2-5-10 所示。

（4）单击“确定”按钮，生成转账凭证，如图 2-5-11 所示。单击“💾”按钮，系统自动将当前凭证追加到未记账凭证中。

提示

- 转账生成之前，提示转账月份为当前会计月份。
- 进行转账生成之前，先将相关经济业务的记账凭证登记入账。
- 转账凭证每月只生成一次。
- 若使用应收款、应付款管理子系统，则总账管理子系统中，不能按客户和供

应商进行结转。

- 生成的转账凭证仍需审核，才能记账。

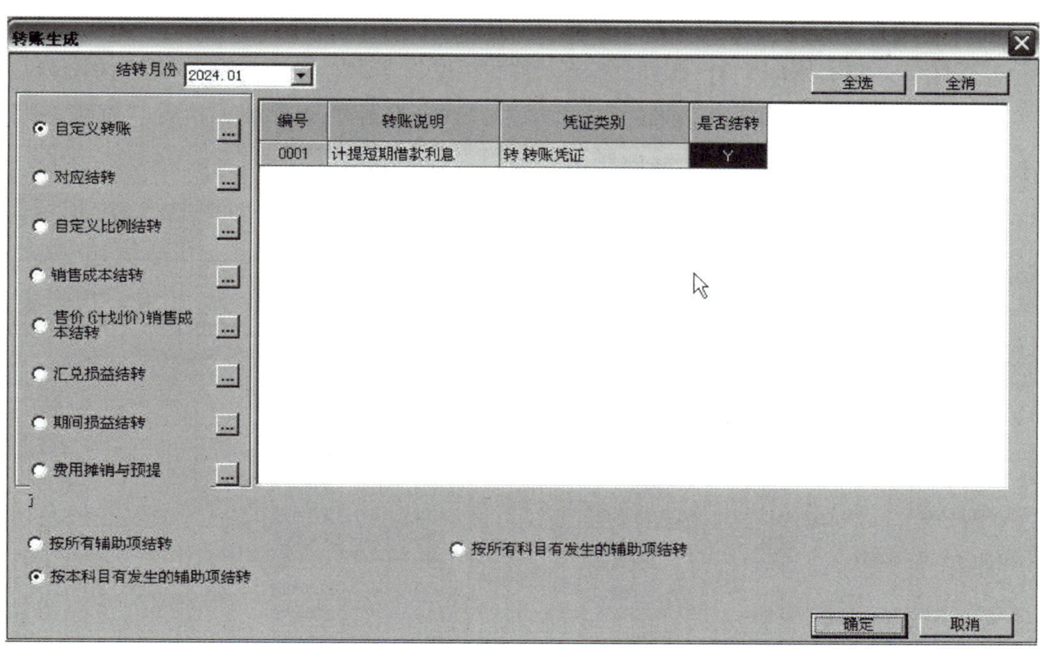

图 2-5-10　自定义转账生成

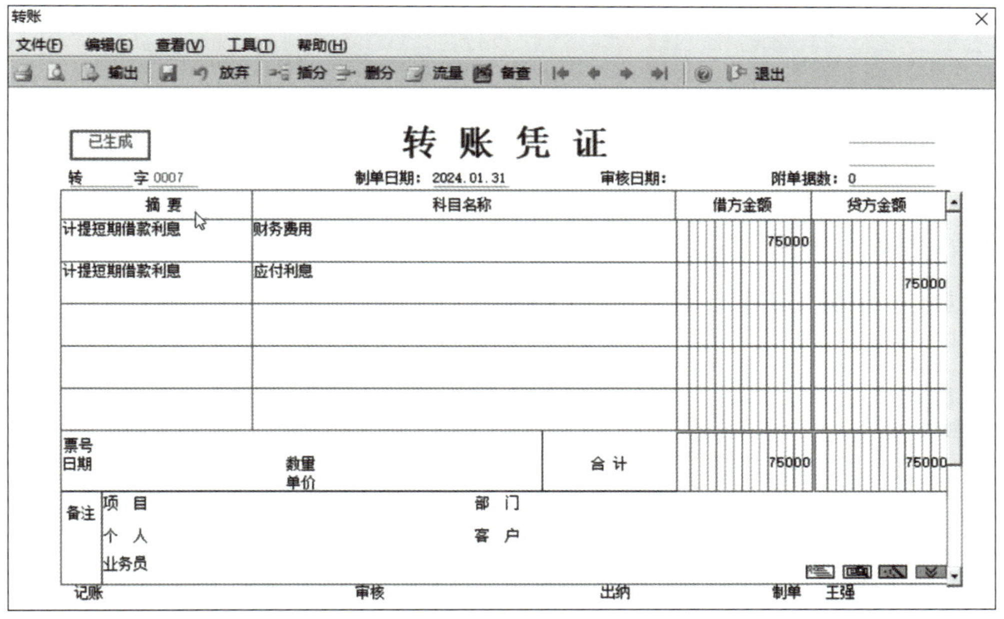

图 2-5-11　转账生成

期间损益结转生成

（5）以“11 刘宁”身份重新登录企业应用平台，将生成的自动转账凭证审核、记账。

操作员：11；密码：1；账套：666；会计年度：2024；操作日期：2024-01-31。

此步操作非常重要，将对期间损益的结转产生影响。

2. 期间损益结转生成

以“33 王强”身份重新登录企业应用平台。

操作员：33；密码：3；账套：666；会计年度：2024；操作日期：2024-01-31。

（1）单击“业务工作”菜单项，再单击“财务会计”菜单项，执行“总账→期末→转账生成”命令，进入“转账生成”窗口。

（2）单击“期间损益结转”单选按钮。单击“全选”按钮，如图 2-5-12 所示。

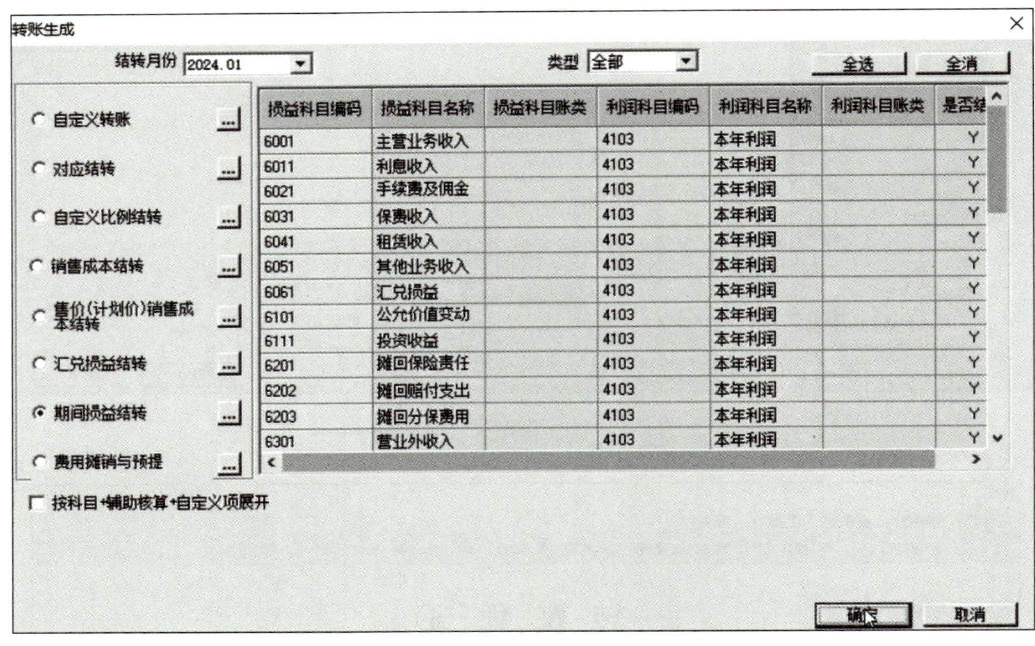

图 2-5-12　期间损益结转

（3）单击“确定”按钮，生成转账凭证。单击“💾”按钮，系统自动将当前凭证追加到未记账凭证中，如图 2-5-13 所示。

提示

- 以“刘宁”的身份重新登录企业应用平台，将生成的期间损益结转转账凭证审核、记账。
- 操作员：11；密码：1；账套：666；会计年度：2024；操作日期：2024-01-31。

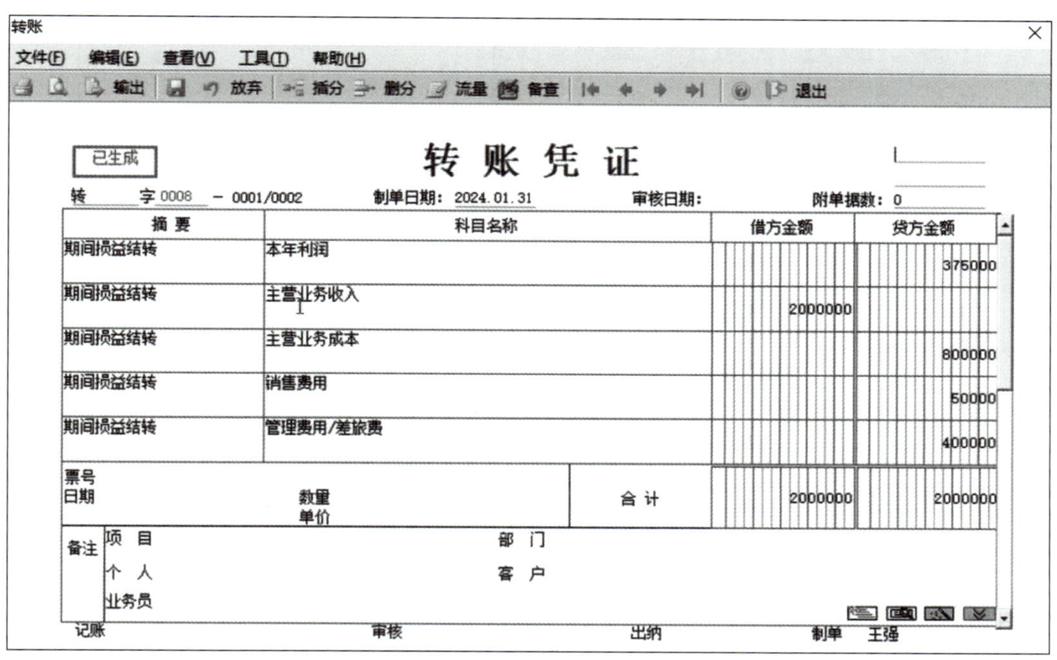

图 2-5-13　生成期间损益结转转账凭证①

三、对账

（1）执行“总账→期末→对账”命令，进入“对账”窗口。

（2）将光标定位在要进行对账的月份“2024.01”。

（3）单击“选择”按钮。单击“对账”按钮，开始自动对账，并显示对账结果。

（4）单击“试算”按钮，可以对各科目类别余额进行试算平衡，如图 2-5-14 所示。

（5）单击“确定”按钮。

四、结账

（一）期末结账

（1）执行“总账→期末→结账”命令，进入“结账”窗口。

（2）单击要结账月份“2024.01，如图 2-5-15 所示。

期末结账

① 由于相关经济业务涉及科目较多，系统会自动生成多页记账凭证，本书仅展示第一页凭证，下同。

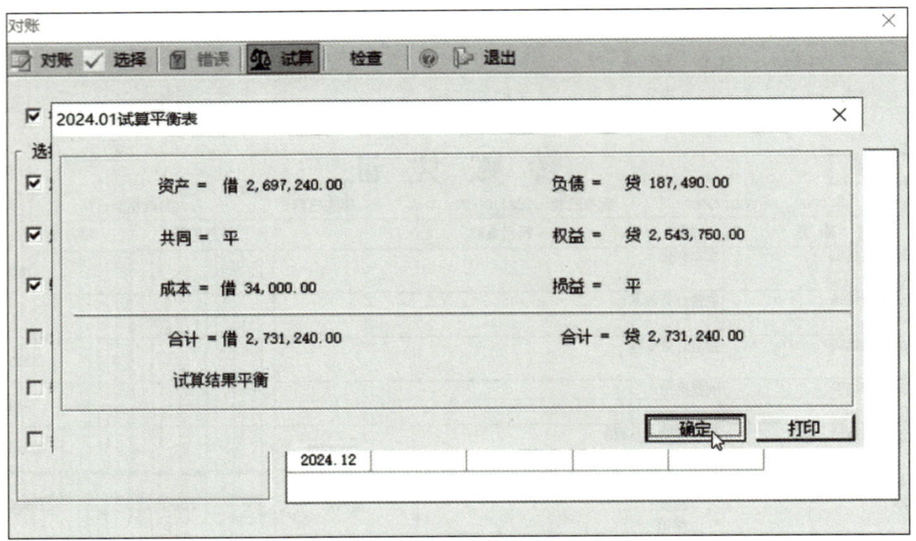

图 2-5-14　对账

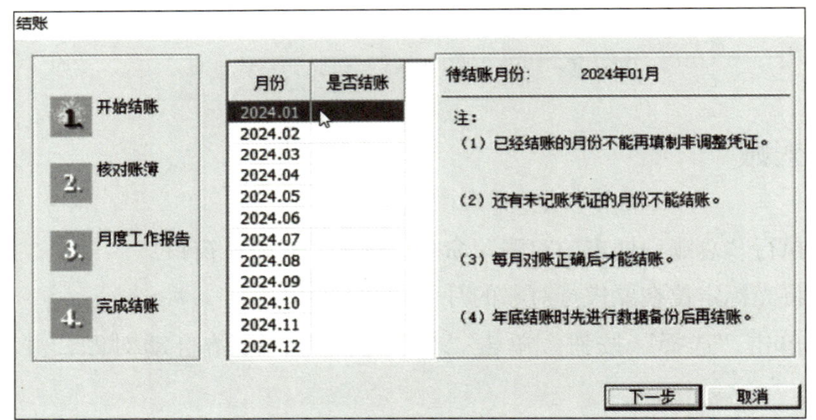

图 2-5-15　结账

（3）单击“下一步”按钮。单击“对账”按钮，系统对要结账的月份进行账账核对。

（4）单击“下一步”按钮，系统显示“2024 年 01 月工作报告”，如图 2-5-16 所示。

（5）查看工作报告后，单击“下一步”按钮，如图 2-5-17 所示。

（6）单击“结账”按钮，若符合结账要求，系统将进行结账，否则不予结账。

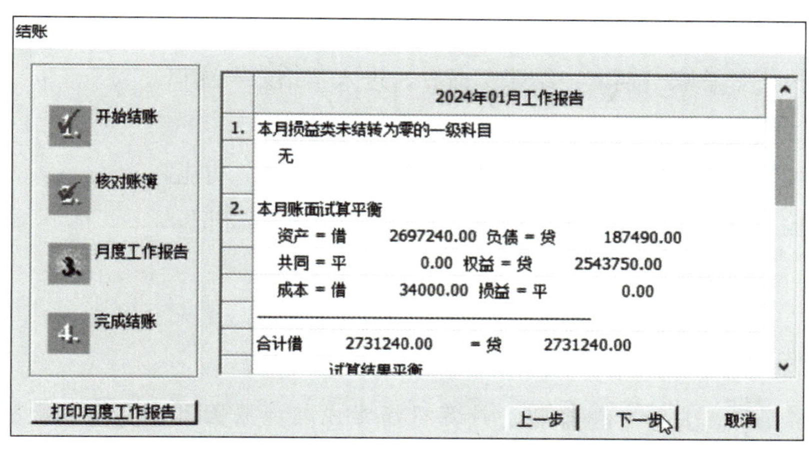

图 2-5-16　显示“2024 年 01 月工作报告”

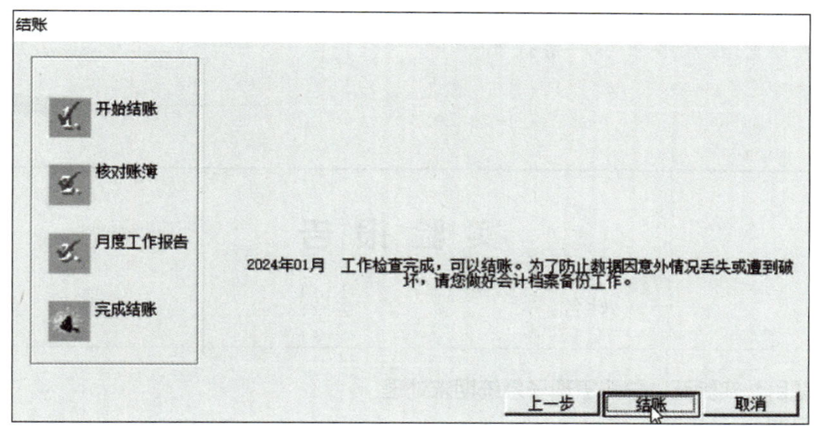

图 2-5-17　结账提示

提示

- 结账只能由有结账权限的人操作。
- 若本月还有未记账凭证，则本月不能结账。
- 结账必须按月连续进行，若上月未结账，则本月不能结账。
- 若总账与明细账对账不符，则不能结账。
- 如果与其他子系统联合使用，其他子系统未全部结账，则本月不能结账。
- 结账前，系统要进行数据备份。

（二）取消结账（选做）

（1）执行“总账→期末→结账”命令，进入“结账”窗口。

（2）选择要取消结账的月份“2024.01”。

（3）按“Ctrl + Shift + F6”组合键激活“取消结账”功能。

（4）输入口令“1”，单击“确定”按钮，取消结账标记。

提示

- 在结账后，由于非法操作、计算机病毒或其他原因可能会造成数据被破坏，这时可以使用“取消结账”功能。
- 取消结账后，应当重新结账。
- 取消结账的权限应当严格控制。

实 验 报 告

班级：　　　　姓名：　　　　学号：　　　　成绩：

实验题目：实验五　总账管理子系统期末处理

实验目的：

实验内容：

实验体会：

（一）填空

1. 银行对账的方式包括（　　　）和（　　　）。
2. 银行对账条件中的（　　　）是必选条件。
3. 对于自动生成的转账凭证，仍需（　　　）和（　　　）。
4. 金额公式“JG（ ）”的含义是指（　　　）。
5. 取消结账只能由（　　　）身份来操作。

（二）判断

1. 银行对账的科目在科目设置时应定义为“银行账”辅助账类的科目性质。（　　）

续表

2. 结账实际上就是计算和结转各账簿的本期发生额和期末余额，并终止本期的账务处理工作。(　　)

3. 结账工作由计算机自动进行数据处理，每月可多次进行。(　　)

4. 银行存款余额调节表是由计算机自动生成的。(　　)

(三) 思考

1. 写出银行对账的简要操作步骤。

2. 使用自动转账功能需注意什么问题?

3. 结账操作有哪些应注意的问题?

4. 写出取消结账的具体操作步骤。

实验六

财务报表编制

实验目的

1. 理解报表编制的原理及流程
2. 掌握报表格式定义和公式定义的操作方法；掌握报表单元公式的用法
3. 掌握报表数据处理、表页管理及图表功能等操作
4. 掌握如何利用报表模板生成一张报表

实验内容

1. 自定义一张报表
2. 利用报表模板生成报表

实验准备

引入“实验账套\实验五”下的账套数据。

实验资料

一、货币资金表

（一）报表格式

货币资金表样式如表 2-6-1 所示。

表 2-6-1　货币资金表

编制单位：明达科技　　　　年　月　日　　　　单位：元

项目	行次	期初数	期末数
库存现金	1		
银行存款	2		
合计	3		

制表人：

说明：
表头：
标题“货币资金表”设置为“黑体，14 号，居中”。
编制单位行设置为“宋体，12 号”。
年、月、日设为关键字。
表体：
表体中文字设置为“宋体，12 号，加粗，居中”。
表尾：
“制表人：”设置为“宋体，12 号，右对齐”。

（二）报表函数公式

库存现金期初数：C4＝QC（"1001"，月）

库存现金期末数：D4＝QM（"1001"，月）

银行存款期初数：C5＝QC（"1002"，月）

银行存款期末数：D5＝QM（"1002"，月）

期初数合计：C6＝C4＋C5

期末数合计：D6＝D4＋D5

二、资产负债表、利润表和现金流量表

利用报表模板生成资产负债表、利润表和现金流量表。

实验要求

以“11 刘宁”的身份进行财务报表编制。

操作步骤

以“11 刘宁”的身份登录企业应用平台。

操作员：11；密码：1；账套：666；会计年度：2024；操作日期：2024-01-31。

一、启动 UFO 报表子系统

（1）单击“业务工作”菜单项，再单击“财务会计”菜单项，双击“UFO 报表”菜单项，进入“UFO 报表”窗口。

（2）单击“日积月累”对话框中的“关闭”按钮。

（3）单击工具栏中的“新建”按钮，建立一张空白报表，报表名默认为“report1”，如图 2-6-1 所示。

二、自定义一张货币资金表

（一）报表定义

单击空白报表底部左下角的“格式 / 数据”按钮，将当前报表定义为“格式”状态，如图 2-6-2 所示。

报表定义需要在“格式”状态下进行。

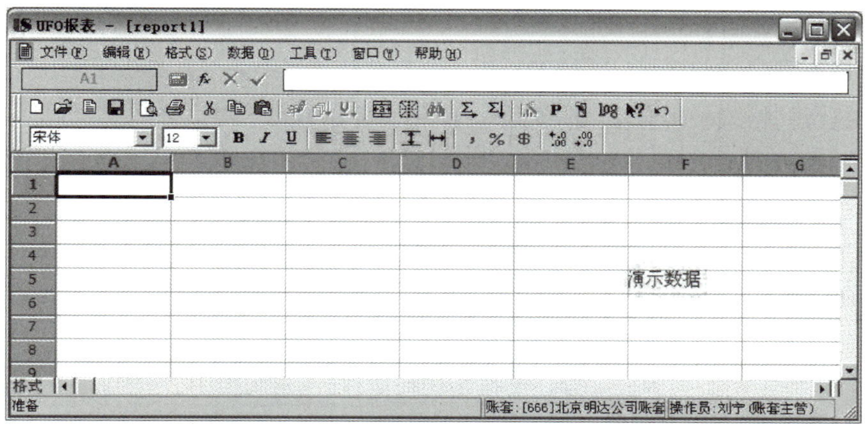

图 2-6-1　新建一张空白 UFO 报表

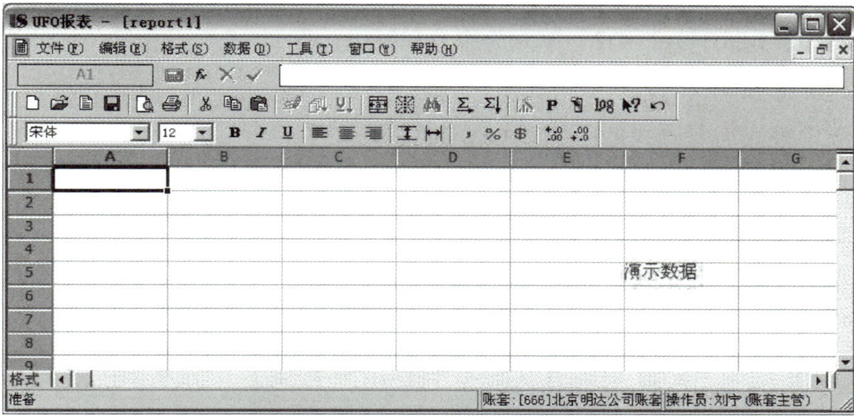

图 2-6-2　报表定义为格式状态

1. 报表格式定义

（1）设置报表尺寸。

① 执行“格式→表尺寸”命令，打开“表尺寸”对话框。

② 输入行数“7”，列数“4”，如图 2-6-3 所示。

③ 单击“确认”按钮。

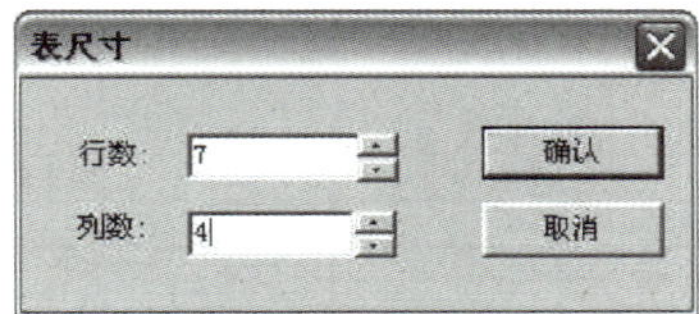

图 2-6-3　设置报表尺寸

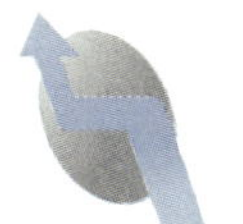

（2）定义组合单元。

① 选择需合并的区域“A1：D1”。

② 执行“格式→组合单元”命令，打开“组合单元”对话框。

③ 选择组合方式为“整体组合”或“按行组合”，如图 2-6-4 所示，该单元即合并成一个单元格。

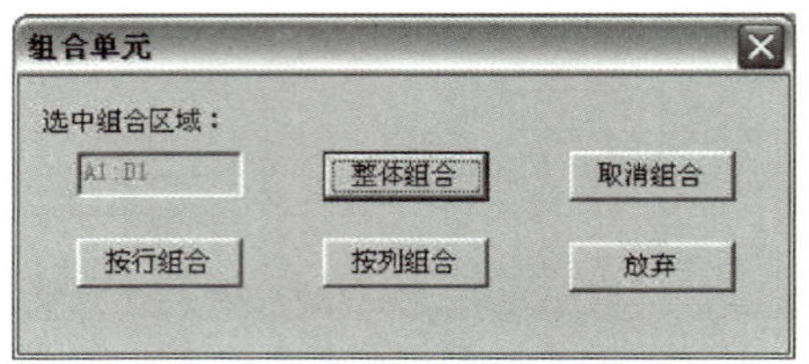

图 2-6-4　定义组合单元

④ 同理，定义“A2：D2”单元为组合单元。

（3）画表格线。

① 选中报表需要画线的区域“A3：D6”。

② 执行“格式→区域画线”命令，打开“区域画线”对话框。

③ 选择“网线”，如图 2-6-5 所示。

④ 单击“确认”按钮，将所选区域画上表格线。

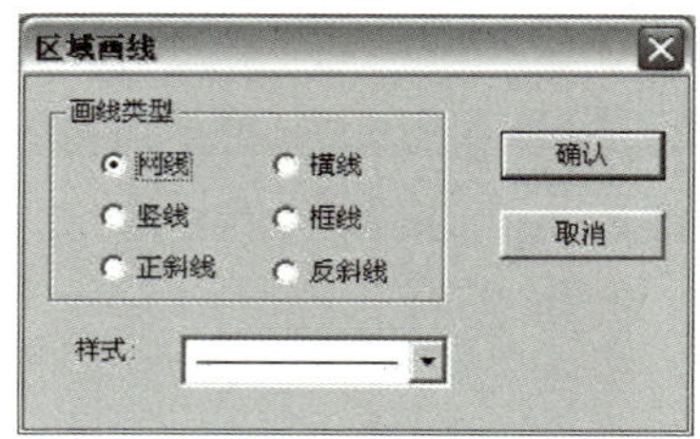

图 2-6-5　画表格线

（4）输入报表项目。

① 选中 A1 组合单元。在该组合单元中输入“货币资金表”。

② 根据实验资料，输入其他单元的文字内容，如图 2-6-6 所示。

	A	B	C	D
1	货币资金表			
2	编制单位：明达科技			单位：元
3	项目	行次	期初数	期末数
4	库存现金			
5	银行存款			
6	合计			
7			制表人：	

图 2-6-6　输入报表项目

提示

- 报表项目是指报表的文字内容，主要包括表头内容、表体项目和表尾项目等，不包括关键字。
- 编制单位和日期一般不作为文字内容输入，需要把它们设置为关键字。

（5）定义报表行高。

① 选中需要调整的单元所在行“A1”。

② 执行“格式→行高”命令，打开“行高”对话框。

③ 输入行高“7”，如图 2-6-7 所示。

④ 单击“确认”按钮。

（6）定义报表列宽。

① 选中 A 列到 D 列。

② 执行“格式→列宽”命令，打开“列宽”对话框。

③ 输入列宽“30”，如图 2-6-8 所示。

④ 单击“确认”按钮。

图 2-6-7　定义报表行高

图 2-6-8　定义报表列宽

提示

- 行高、列宽的单位为毫米。

（7）设置单元风格。

① 选中标题所在组合单元“A1”。

② 执行“格式→单元属性”命令，打开“单元格属性”对话框。

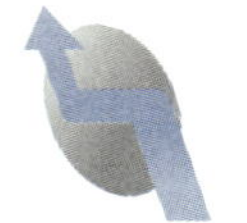

③ 单击“字体图案”选项卡，设置字体“黑体”，字号“14”，如图 2-6-9 所示。

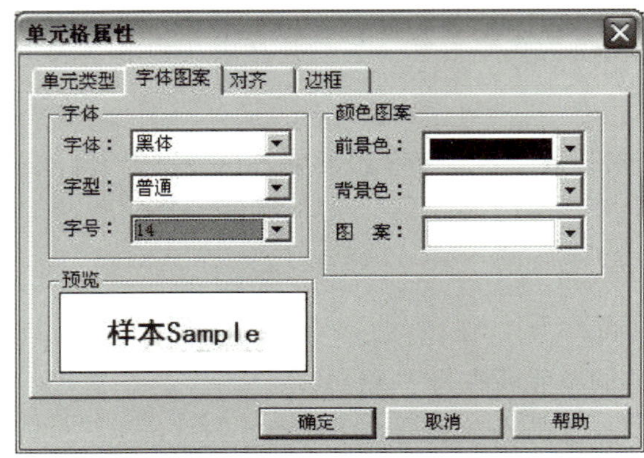

图 2-6-9　设置单元风格

④ 单击“对齐”选项卡，设置对齐方式，水平方向和垂直方向都选“居中”。

⑤ 单击“确认”按钮。

⑥ 同理，根据实验资料设置表体和表尾的单元风格。

（8）定义单元类型。

① 选定单元格“D7”。

② 执行“格式→单元属性”命令，打开“单元格属性”对话框。

③ 单击“单元类型”选项卡，单击“字符”选项，如图 2-6-10 所示。

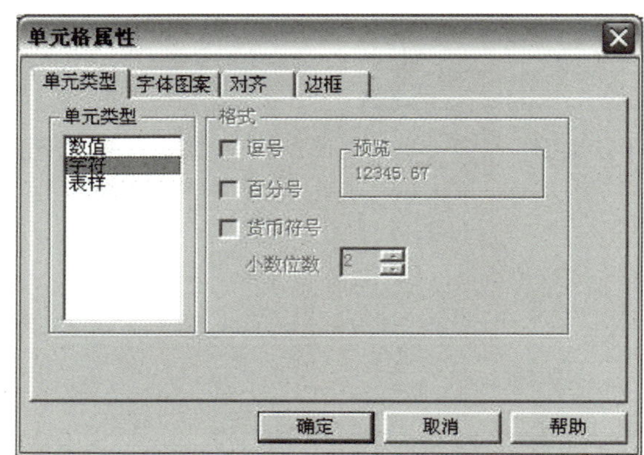

图 2-6-10　定义单元类型

④ 单击“确定”按钮。

提示

● 在“格式”状态下输入内容的单元均默认为表样单元，未输入数据的单元均默认为数值单元，在“数据”状态下可输入数值。若希望在“数据”状态下输入字符，则应将其定义为字符单元。

● 字符单元和数值单元输入后只对本表页有效，表样单元输入后对所有表页有效。

（9）设置关键字。

① 选中需要输入关键字的组合单元格“A2”。

② 执行“数据→关键字→设置”命令，打开“设置关键字”对话框。

③ 单击“年”单选按钮，如图 2-6-11 所示。

设置关键字

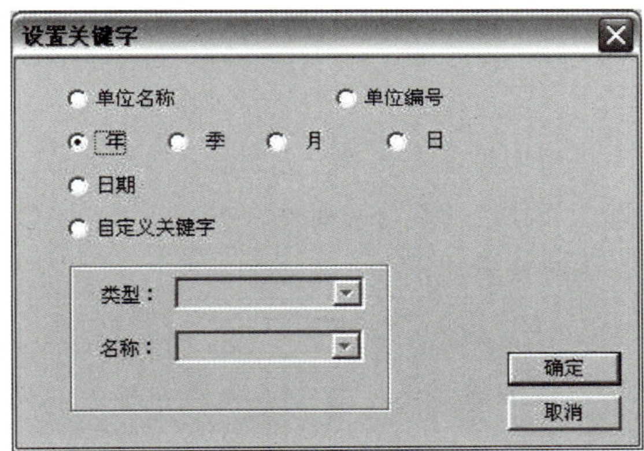

图 2-6-11　设置关键字

④ 单击“确定”按钮。同理，设置“月”“日”关键字。

● 每张报表可以同时定义多个关键字。

● 如果要取消关键字，需执行“数据→关键字→取消”命令。

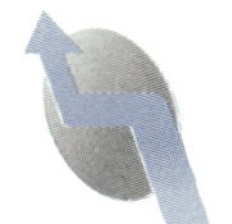

（10）调整关键字位置。

① 执行“数据→关键字→偏移”命令，打开“定义关键字偏移”对话框。

② 在需要调整位置的关键字后面输入偏移量，即：年“-120”，月“-90”，日“-60”，如图 2-6-12 所示。

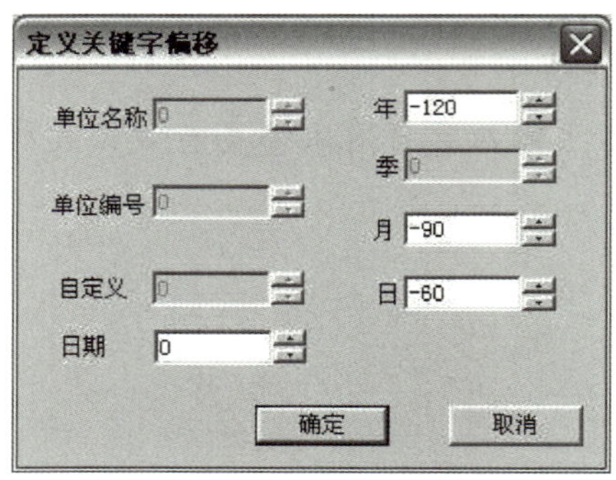

图 2-6-12　调整关键字位置

③ 单击“确定”按钮。

提示

• 关键字的位置可以用偏移量来表示，负数值表示向左移，正数值表示向右移。在调整时，可以通过输入正或负的数值来调整。

• 关键字偏移量单位为像素。

2. 报表公式定义

直接输入公式

（1）定义单元公式——直接输入公式。

① 选定需要定义公式的单元格“C4”，即“库存现金”的期初数。

② 执行“数据→编辑公式→单元公式”命令，打开“定义公式”对话框。

③ 在“定义公式”对话框内直接输入总账期初函数公式：QC（"1001"，月），如图 2-6-13 所示。

图 2-6-13　定义单元公式——直接输入公式

④ 单击“确认”按钮。

提示

• 单元公式中涉及的符号均为英文半角字符。

• 单击“f_x”按钮、双击某公式单元或按“=”键，都可打开“定义公式”对话框。

引导输入公式

（2）定义单元公式——引导输入公式。

① 选定被定义单元格“D4”，即“库存现金”期末数。

② 单击“f_x”按钮，打开“定义公式”对话框，如图 2-6-14 所示。

图 2-6-14　定义单元公式——引导输入公式

③ 单击“函数向导”按钮，打开“函数向导”对话框。

④ 在函数分类列表框中选择“用友账务函数”，在右边的函数名列表中选中“期末（QM）”。如图 2-6-15 所示。

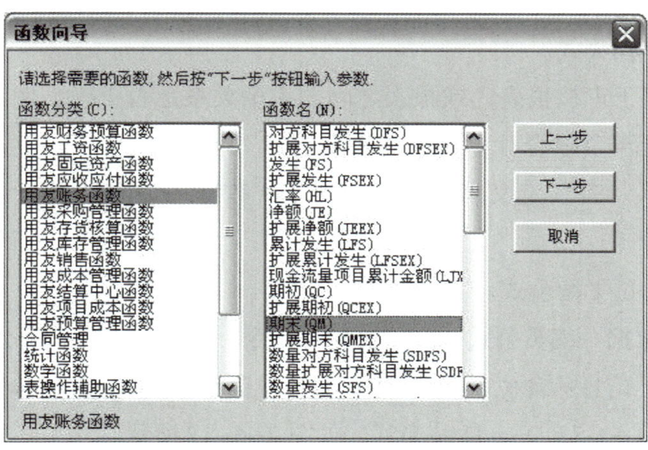

图 2-6-15　选择需要的函数

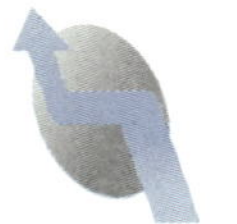

⑤ 单击“下一步”按钮，打开“用友账务函数”对话框。

⑥ 单击“参照”按钮，打开“账务函数”对话框。各项均采用系统默认值，如图 2–6–16 所示。单击“确定”按钮，返回“用友账务函数”对话框。

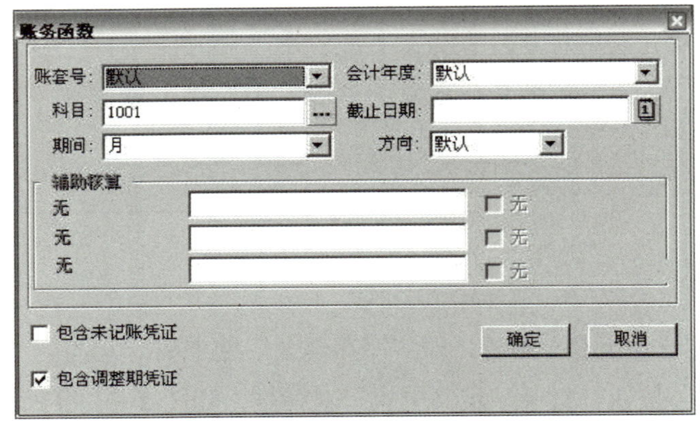

图 2–6–16　打开“账务函数”对话框

⑦ 单击“确定”按钮，返回“定义公式”对话框，单击“确认”按钮。

⑧ 根据实验资料，直接或引导输入其他单元公式。

提示

- 如果用户对公式使用不熟练，可以采用引导输入方式的方法操作。

（3）定义审核公式。

审核公式用于审核报表内或报表之间的钩稽关系是否正确。例如，资产负债表中的“资产合计 = 负债合计 + 所有者权益合计”，本实验的“货币资金表”中不存在这种钩稽关系。若要定义审核公式，执行“数据→编辑公式→审核公式”命令即可。

（4）定义舍位平衡公式。

① 执行“数据→编辑公式→舍位公式”命令，打开“舍位平衡公式”对话框。

② 确认如下信息：舍位表名“SW1”，舍位范围“C4 : D6”，舍位位数“3”，平衡公式“C6 = C4 + C5，D6 = D4 + D5”，如图 2–6–17 所示。

③ 单击“完成”按钮。

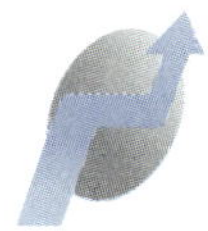

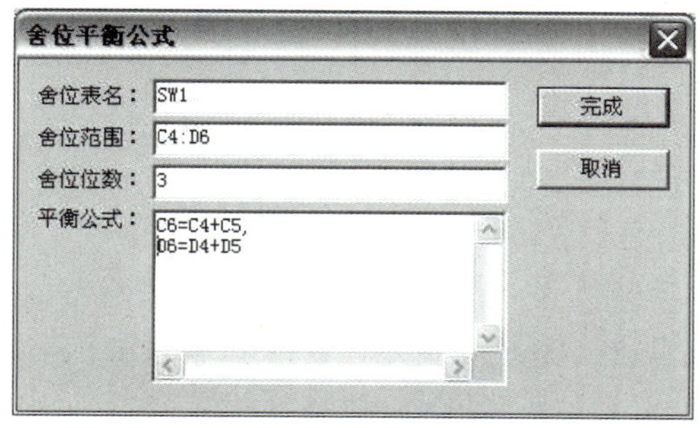

图 2-6-17 定义舍位平衡公式

提示

- 舍位平衡公式是指用来重新调整报表数据进位后的小数位平衡关系的公式。
- 每个公式一行，各公式之间用逗号“,”（半角）隔开，最后一条公式不用写逗号，否则公式无法执行。
- 等号左边只能为一个单元（不带页号和表名）。
- 舍位平衡公式中只能使用“+”“-”符号，不能使用其他运算符号和函数。

（5）保存报表格式。

① 执行“文件→保存”命令。如果是第一次保存，则打开“另存为”对话框。

② 选择要保存的文件夹；输入报表文件名“货币资金表”；选择保存类型“报表文件（*.rep）”，如图 2-6-18 所示。

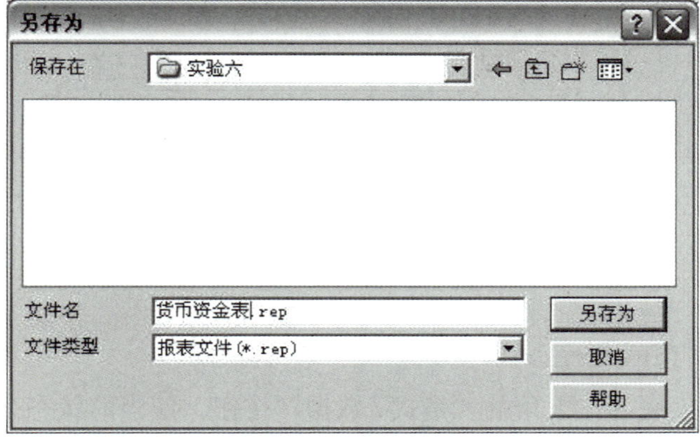

图 2-6-18 保存报表格式

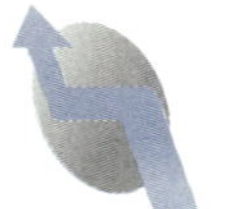

③ 单击“另存为”按钮。

- 报表格式设置完后切记要及时将该报表格式保存下来，以便以后随时调用。
- 如果没有保存就退出，系统会提示“是否保存报表”，以防止误操作。
- “.rep”为用友报表文件专用扩展名。

（二）报表数据处理

1. 打开报表

（1）启动 UFO 报表子系统，执行“文件→打开”命令。

（2）选择保存报表的文件夹，选择 UFO 报表文件“货币资金表.rep”，如图 2-6-19 所示。

图 2-6-19　打开报表

（3）单击“打开”按钮。

（4）单击报表底部左下角的“格式 / 数据”按钮，使当前状态为“数据”状态。

提示

● 报表数据处理必须在“数据”状态下进行。

2. 追加表页

（1）执行“编辑→追加→表页”命令，打开“追加表页”对话框。

（2）输入需要追加的表页数“2”，如图 2-6-20 所示。

（3）单击“确认”按钮。

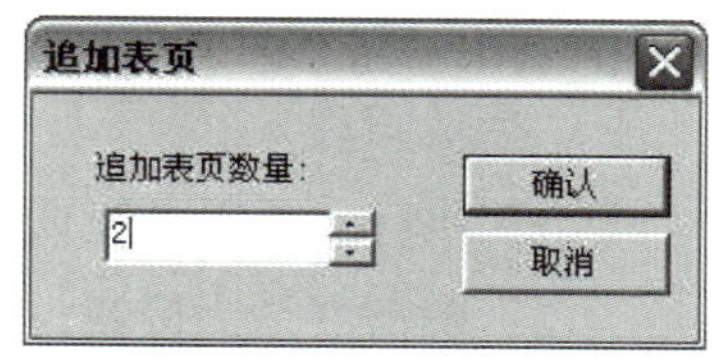

图 2-6-20　追加表页

提示

● 追加表页是在最后一张表页后追加 *n* 张空表页，插入表页是在当前表页后面插入一张空表页。

● 一张报表最多能管理 99 999 张表页，但演示版软件最多管理 4 页。

3. 输入关键字值

输入关键字生成报表数据

（1）在第 1 表页中，执行“数据→关键字→录入”命令，打开“录入关键字”对话框。

（2）输入年“2024”，月“1”，日“31”，如图 2-6-21 所示。

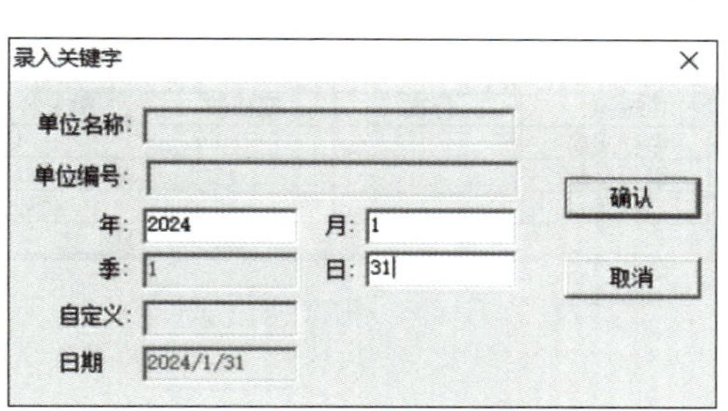

图 2-6-21　输入关键字值

（3）单击“确认”按钮，弹出“是否重算第 1 页”对话框。

（4）单击“是”按钮，系统会自动根据单元公式计算 1 月份数据；单击“否”

按钮，系统不计算 1 月份数据，以后可利用“表页重算”功能生成 1 月份数据。

- 每一张表页均对应不同的关键字值，输出时随同单元一起显示。
- 日期关键字可以确认报表数据取数的时间范围，即确认数据生成的具体日期。

4. 生成报表

（1）执行“数据→表页重算”命令，弹出“是否重算第 1 页”提示框。

（2）单击“是”按钮，系统会自动在初始的账套和会计年度范围内根据单元公式计算生成数据。在 D7 单元格中输入制表人姓名“汪刚”（学员在实验时，可输入本人姓名）。如图 2-6-22 所示。

	A	B	C	D
1	货币资金表			
2	编制单位：明达科技		2024 年 1 月31 日	单位：元
3	项目	行次	期初数	期末数
4	库存现金		6200.00	13700.00
5	银行存款		1320200.00	1511740.00
6	合计		1326400.00	1525440.00
7			制表人：汪刚	

图 2-6-22　生成报表数据

5. 报表舍位操作

（1）执行“数据→舍位平衡”命令。

（2）系统会自动根据前面定义的舍位公式进行舍位操作，并将舍位后的报表保存在“SW1.rep”文件中，如图 2-6-23 所示。保存并关闭舍位表。

	A	B	C	D
1	货币资金表			
2	编制单位：明达科技		2024 年 1 月31 日	单位：元
3	演示数据 项目	行次	期初数	期末数
4	库存现金		6.20	13.70
5	银行存款		1320.20	1511.74
6	合计		1326.40	1525.44
7			制表人：汪刚	

图 2-6-23　报表舍位操作

- 舍位操作以后，可以将“SW1.rep”文件打开查阅一下。

- 如果舍位公式有误，系统状态栏会提示“无效命令或错误参数”。

三、调用报表模板生成资产负债表

（一）调用资产负债表模板

（1）在“格式”状态下，新建一张空白报表。

（2）执行“格式→报表模板”命令，打开“报表模板”对话框。

（3）依次选择您所在的行业为“2007年新会计制度科目”，财务报表为“资产负债表”，如图2-6-24所示。

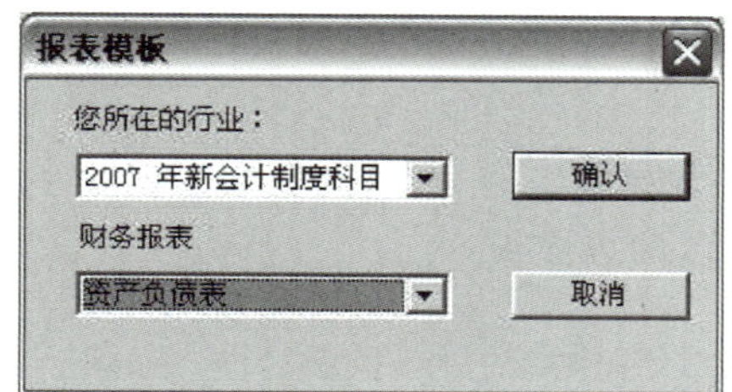

图2-6-24　调用资产负债表模板

（4）单击“确认”按钮，弹出提示框：“模板格式将覆盖本表格式！是否继续？”单击“确定”按钮，即可打开“资产负债表”模板。

（二）调整报表模板

（1）单击“数据/格式”按钮，使“资产负债表”处于“格式”状态。

（2）根据本单位的实际情况，调整报表格式，检查并修改报表公式。待确认报表公式正确后，即可生成报表数据。

（三）生成资产负债表数据

（1）在“数据”状态下，执行“数据→关键字→录入”命令，打开“录入关键字”对话框。

（2）输入关键字：年“2024”，月“01”，日“31”。

（3）单击“确认”按钮，弹出“是否重算第1页”提示框。

（4）单击“是”按钮，系统会自动根据单元公式计算1月份数据。

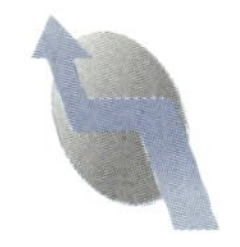

提示

- 将生成数据的资产负债表以“资产负债表 2024.rep”保存。

四、调用报表模板生成利润表

调用报表模板生成利润表

操作步骤同生成资产负债表。（将生成的利润表以“利润表 2024.rep”保存。）

五、调用现金流量表模板生成现金流量表

（一）调用现金流量表模板

操作步骤同调用资产负债表模板。

（二）设置现金流量表公式

（1）单击“数据 / 格式”按钮，使“现金流量表”处于“格式”状态。

（2）选中 C6 单元格，单击“f_x”按钮。

（3）函数分类选择“用友账务函数”，函数名选择“现金流量项目金额（XJLL）”，如图 2-6-25 所示，单击“下一步”按钮。

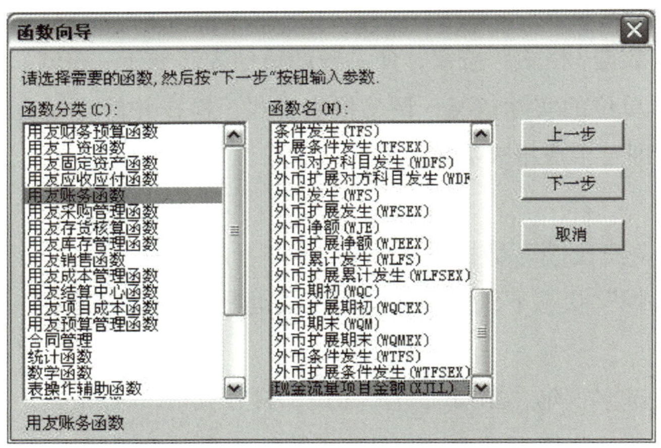

图 2-6-25　选择需要的函数

（4）单击“参照”按钮，选择现金流量项目编码“01”，如图 2-6-26 所示，单击“确定”按钮。

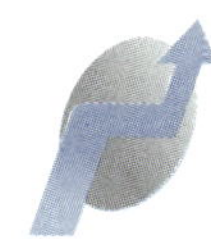

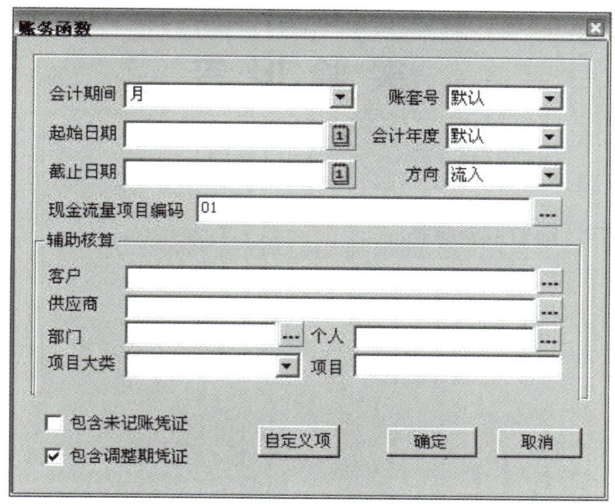

图 2-6-26　选择现金流量项目编码

（5）根据表中对应项目，设置相应的现金流量公式。

（三）生成现金流量表数据

（1）在“数据”状态下，输入关键字年“2024”，月“01”。

（2）单击“确认”按钮，弹出“是否重算第 1 页”提示框。

（3）单击“是”按钮，系统会自动根据单元公式计算 1 月份数据，如图 2-6-27 所示。

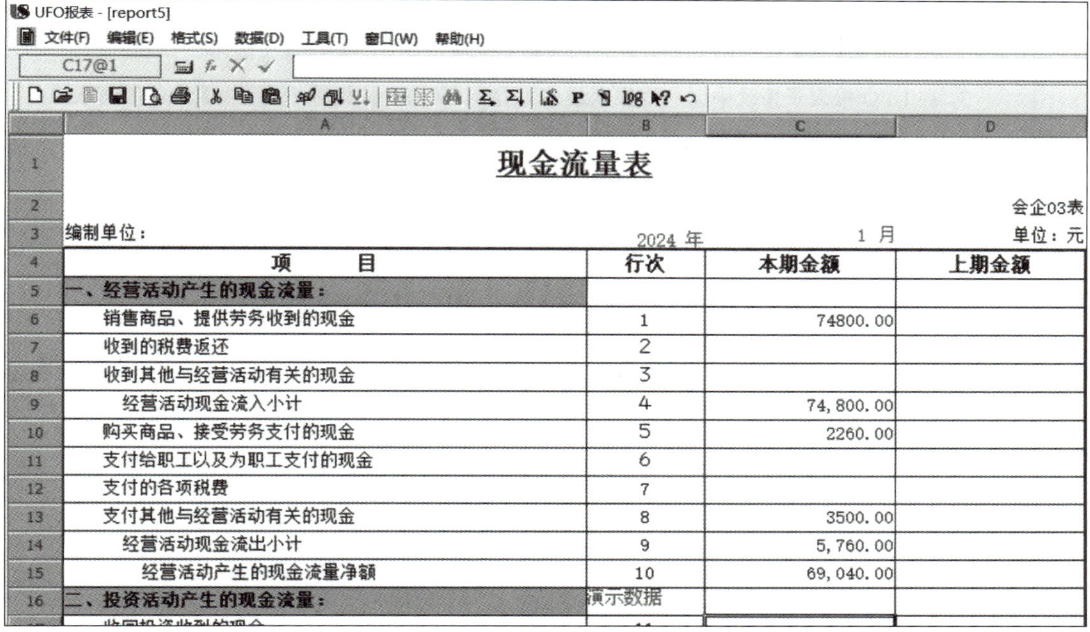

UFO报表 - [report5]

现金流量表

会企03表

编制单位：　2024 年　1 月　单位：元

项　目	行次	本期金额	上期金额
一、经营活动产生的现金流量：			
销售商品、提供劳务收到的现金	1	74800.00	
收到的税费返还	2		
收到其他与经营活动有关的现金	3		
经营活动现金流入小计	4	74,800.00	
购买商品、接受劳务支付的现金	5	2260.00	
支付给职工以及为职工支付的现金	6		
支付的各项税费	7		
支付其他与经营活动有关的现金	8	3500.00	
经营活动现金流出小计	9	5,760.00	
经营活动产生的现金流量净额	10	69,040.00	
二、投资活动产生的现金流量：	演示数据		

图 2-6-27　生成现金流量表数据

实 验 报 告

班级：　　　　　　　姓名：　　　　　　　学号：　　　　　　　成绩：

实验题目：实验六　财务报表编制

实验目的：

实验内容：

实验体会：

（一）填空

1. 在 UFO 报表子系统中，当建立一个新表时，所有的单元类型均为（　　）型。
2. 在 UFO 报表子系统中，调整报表行高、列宽的单位是（　　）。
3. 在 UFO 报表子系统中，输入关键字的值必须在“（　　）”状态下进行。
4. 在 UFO 报表子系统中，公式 QM（"1001"，月）的含义是（　　）。
5. 在 UFO 报表子系统中，保存报表的默认扩展名是（　　）。

（二）判断

1. 在 UFO 报表子系统中，增加表页是在“数据”状态下进行的。（　　）
2. 在 UFO 报表子系统中，数值单元的内容只能通过计算公式计算生成。（　　）
3. 在 UFO 报表子系统中，一张报表最多可容纳 99 999 张表页，一个报表中的所有表页具有相同的格式，但其中的数据不同。（　　）
4. 在 UFO 报表子系统中，每张报表只能定义一个关键字。（　　）
5. 在 UFO 报表子系统中，自总账取数的公式可以称之为账务函数。（　　）

（三）思考

1. UFO 报表子系统设置的公式有哪几种？它们的区别是什么？
2. 什么是关键字？可以设置哪些关键字？资产负债表通常设置什么关键字？
3. 报表的状态有哪两种？不同状态下所进行的操作是什么？
4. 报表单元有哪几种？区别是什么？
5. 输入公式的方式有哪几种？打开公式对话框的方法有哪几种？
6. 写出如表 2-6-2 所示的简易资产负债表的计算公式。

续表

表 2-6-2　资产负债表（简易）

编制单位：启明科技　　　　年　月　日　　　　单位：元

资产	期末数	负债及所有者权益	期末数
货币资金		短期借款	
应收账款		应付账款	
其他应收款		应交税费	
库存商品		负债合计	
固定资产		实收资本	
减：累计折旧		未分配利润	
固定资产净值		所有者权益合计	
合计		合计	

实验七

薪资管理

实验目的

1. 掌握用友 ERP-U8V10.1 软件中有关薪资管理的相关内容
2. 掌握薪资管理子系统初始设置、日常业务处理、工资分摊及月末处理的操作

实验内容

1. 薪资管理子系统初始设置
2. 薪资管理子系统日常业务处理
3. 工资分摊及月末处理
4. 薪资管理子系统账表查询

实验准备

引入“实验账套\实验三”下的账套数据。

实验资料

一、建立工资账套

工资类别个数：单个；核算币种：人民币（RMB）；要求代扣个人所得税；不进行扣零处理；人员编码长度：3 位。

二、基础信息设置

（一）工资项目设置

工资项目设置如表 2-7-1 所示。

表 2-7-1　工资项目设置

项目名称	类型	长度 / 位	小数 / 位	增减项
基本工资	数字	8	2	增项
岗位工资	数字	8	2	增项
交通补助	数字	8	2	增项
应发合计	数字	10	2	增项
请假扣款	数字	8	2	减项

续表

项目名称	类型	长度 / 位	小数 / 位	增减项
社会保险	数字	8	2	减项
代扣税	数字	10	2	减项
扣款合计	数字	10	2	减项
实发合计	数字	10	2	增项
请假天数	数字	8	2	其他
计税工资	数字	8	2	其他

（二）银行名称

05 工商银行海淀分理处；账号定长为 7。

（三）人员档案

人员档案如表 2-7-2 所示。

表 2-7-2　人 员 档 案

人员编号	人员姓名	部门名称	人员类别	账号	中方人员	是否计税
101	张同	综合管理部	管理人员	2024001	是	是
102	刘宁	财务部	管理人员	2024002	是	是
103	李芳	财务部	管理人员	2024003	是	是
104	王强	财务部	管理人员	2024004	是	是
201	赵红	销售一部	销售人员	2024005	是	是
202	宋瑞	销售二部	销售人员	2024006	是	是
203	孙明	销售三部	销售人员	2024007	是	是
301	周伟	采购中心	管理人员	2024008	是	是
401	马慧	生产管理部	管理人员	2024009	是	是
402	王佳	生产包装部	生产人员	2024010	是	是
403	李刚	生产包装部	生产人员	2024011	是	是
501	辛非	仓储中心	管理人员	2024012	是	是

注：以上所有人员的代发银行均为工商银行海淀分理处。

（四）计算公式

计算公式如表 2-7-3 所示。

表 2-7-3　计 算 公 式

工资项目	定义公式
请假扣款	请假天数 ×100
社会保险	（基本工资 + 岗位工资）×0.1
交通补助	iff（人员类别 =“销售人员”，1 000，600）
计税工资	应发合计 − 社会保险 − 请假扣款

说明：“交通补助”工资项目的含义：如果人员类别是“销售人员”，则交通补助为 1 000 元，否则为 600 元。

三、工资数据

（一）1 月份人员工资基本情况

1 月份人员工资基本情况如表 2-7-4 所示。

表 2-7-4　1 月份人员工资基本情况

单位：元

姓名	基本工资	岗位工资
张同	5 000	5 000
刘宁	4 500	4 500
李芳	3 500	3 500
王强	3 800	3 800
赵红	4 800	4 800
宋瑞	3 600	3 600
孙明	4 500	4 500
周伟	3 800	3 800
马慧	4 500	4 500
王佳	3 500	3 500
李刚	3 000	3 000
辛非	4 000	4 000

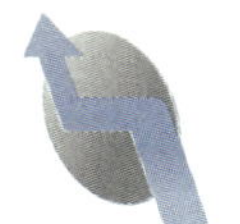

（二）1月份工资变动情况

（1）考勤情况：周伟请假3天；赵红请假2天。

（2）因2023年销售一部业绩较好，每人增加岗位工资1 000元。

四、代扣个人所得税

计税工资项目：计税工资；基数（月免征额）：5 000；税率表：七级超额累进税率（以最新税法为准），如表2-7-5所示。

表2-7-5　七级超额累进税率表

单位：元

级数	全月应纳税所得额	税率	速算扣除数
1	不超过3 000元的部分	3%	0
2	超过3 000元至12 000元的部分	10%	210
3	超过12 000元至25 000元的部分	20%	1 410
4	超过25 000元至35 000元的部分	25%	2 660
5	超过35 000元至55 000元的部分	30%	4 410
6	超过55 000元至80 000元的部分	35%	7 160
7	超过80 000元的部分	45%	15 160

五、工资分摊

应付工资的计提基数以工资表中的“应付工资”为准。

工资分摊的转账分录设置，如表2-7-6所示。

表2-7-6　工资分摊的转账分录设置

部门		应付工资（100%）			
		借方	借方项目大类	借方项目	贷方
综合管理部、财务部、采购中心、仓储中心	管理人员	660201			2211
销售一部、销售二部、销售三部	销售人员	6601			2211

续表

部门		应付工资（100%）			
		借方	借方项目大类	借方项目	贷方
生产管理部	管理人员	5101			2211
生产包装部	生产人员	500102	产品	A 软件	2211

实验要求

以“33 王强”的身份进行薪资管理子系统操作。

操作步骤

一、启用薪资管理子系统

以“11 刘宁”的身份登录企业应用平台，启用薪资管理子系统并建立工资账套。

操作员：11；密码：1；账套：666；会计年度：2024；操作日期：2024-01-31。

（1）单击“基础设置”菜单项，执行“基本信息→系统启用”命令，进入“系统启用”窗口。

（2）选中“WA—薪资管理”复选框，弹出“日历”对话框，选择日期“2024年1月1日”，如图 2-7-1 所示。

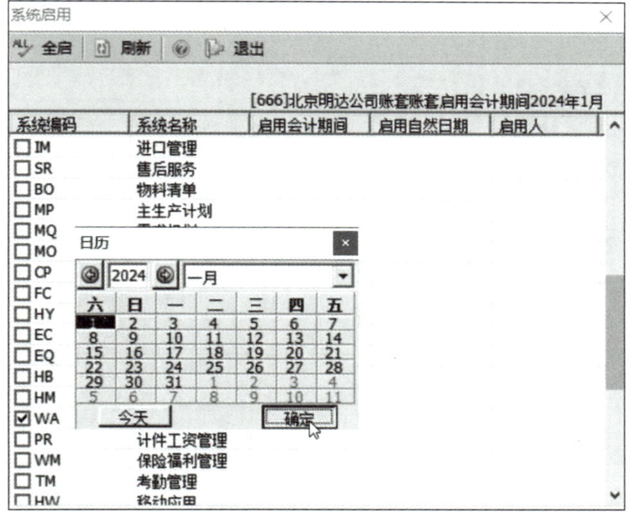

图 2-7-1　启用薪资管理子系统

（3）单击“确定”按钮。系统提示“确实要启用当前系统吗”，单击“是”按钮。

二、建立工资账套

（1）单击“业务工作”菜单项，单击“人力资源→薪资管理”菜单项，弹出“建立工资套①”对话框。在建账第一步“参数设置”中，选择本账套所需处理的工资类别个数为“单个”，默认币别名称为“人民币 RMB”，如图 2-7-2 所示。

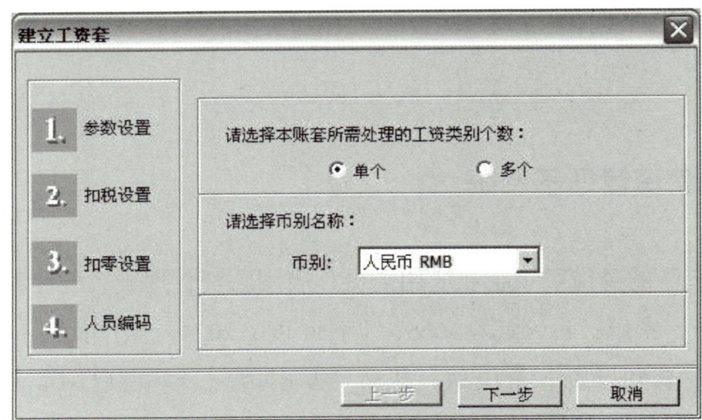

图 2-7-2　参数设置

（2）单击“下一步”按钮。在建账第二步“扣税设置”中，选中“是否从工资中代扣个人所得税”复选框，如图 2-7-3 所示。

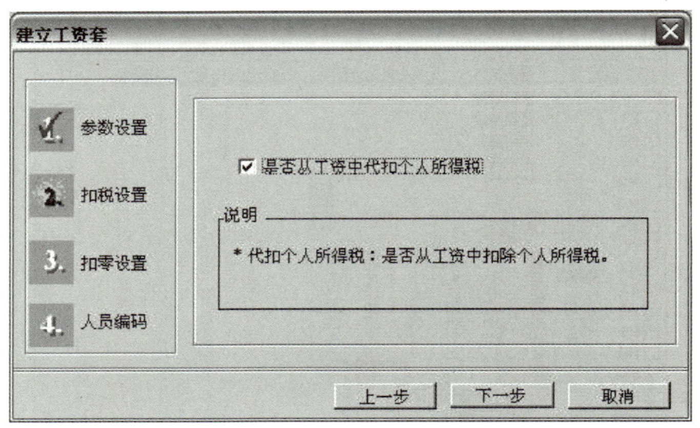

图 2-7-3　扣税设置

① 工资账套在系统内显示为“工资套”。

（3）单击“下一步”按钮。在建账第三步“扣零设置”中，不做选择，如图 2-7-4 所示。

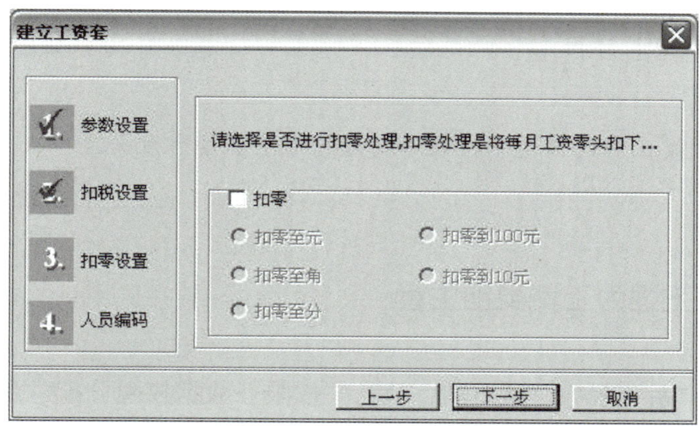

图 2-7-4　扣零设置

（4）单击“下一步”按钮，单击“完成”按钮，工资账套建立完毕，如图 2-7-5 所示。

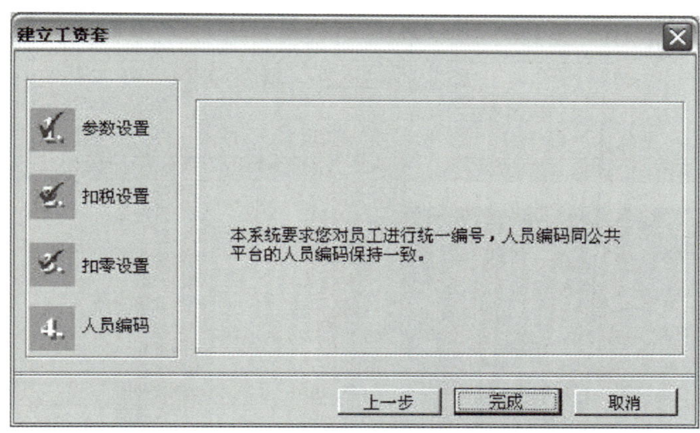

图 2-7-5　建立工资账套

提示

- 工资类别可以是“单个”，也可以是“多个”。比如，若选择多个工资类别，可设置“正式人员”和“临时人员”工资类别。不同的工资类别，工资项目是不一样的。
- 选择代扣个人所得税后，系统将自动生成工资项目“代扣税”，并自动进行代扣税金的计算。

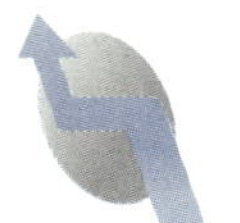

● 扣零处理是指每次发放工资时将零头扣下，积累取整，于下次工资发放时补上，系统在计算工资时将依据扣零类型（扣零至元、扣零至角、扣零至分）进行扣零计算。用户一旦选择了“扣零处理”，系统将自动在固定工资项目中增加“本月扣零”和“上月扣零”两个项目，扣零的计算公式由系统自动定义，无须设置。

● 在银行代发工资的情况下，扣零处理基本上已没有意义。

三、设置王强为工资类别主管

（1）单击“系统服务”菜单项，执行“权限→数据权限分配”命令，进入“权限浏览”窗口。

（2）选择“王强”，选择业务对象“工资权限”，单击“授权”按钮。

（3）选择“工资类别主管”，如图 2-7-6 所示。

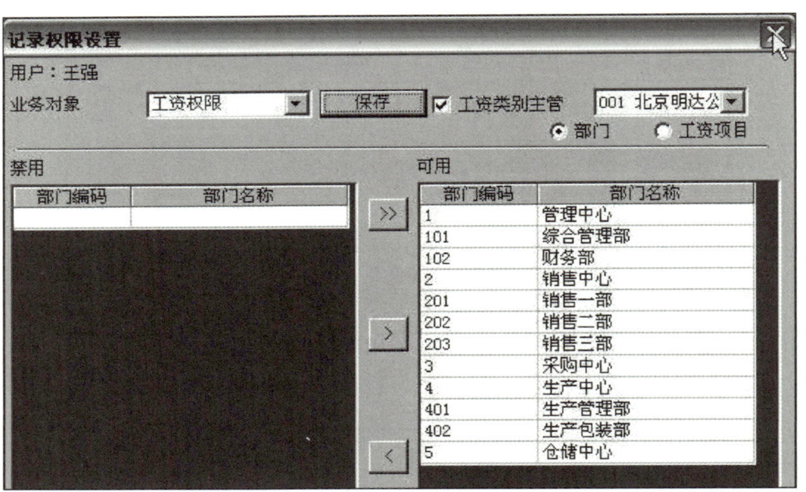

图 2-7-6　设置王强为工资类别主管

（4）单击“💾”按钮，单击“关闭”按钮。

四、基础信息设置

以“33 王强”身份重新登录企业应用平台，进行工资业务处理。

操作员：33；密码：3；账套：666；会计年度：2024；操作日期：2024-01-31。

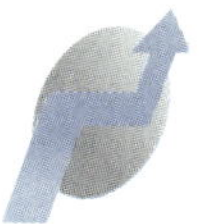

（一）工资项目设置

工资项目设置

（1）单击“业务工作”菜单项，再单击“人力资源”菜单项，执行“薪资管理→设置→工资项目设置”命令，打开“工资项目设置”对话框。

（2）单击“增加”按钮，工资项目列表中增加一空行。

（3）单击“名称参照”下拉列表框，从下拉列表中选择“基本工资”选项。

（4）双击“类型”栏，单击下拉列表框，从下拉列表中选择“数字”选项。

（5）“长度”采用系统默认值“8”。双击“小数”栏，单击增减器的上三角按钮，将小数设为“2”。

（6）双击“增减项”栏，单击下拉列表框，从下拉列表中选择“增项”选项。

（7）同理，单击“增加”按钮，增加其他工资项目。

（8）所有项目增加完成后，利用“工资项目设置”界面上的“上移”和“下移”按钮，按照实验资料所给顺序调整工资项目的排列位置，如图2-7-7所示。

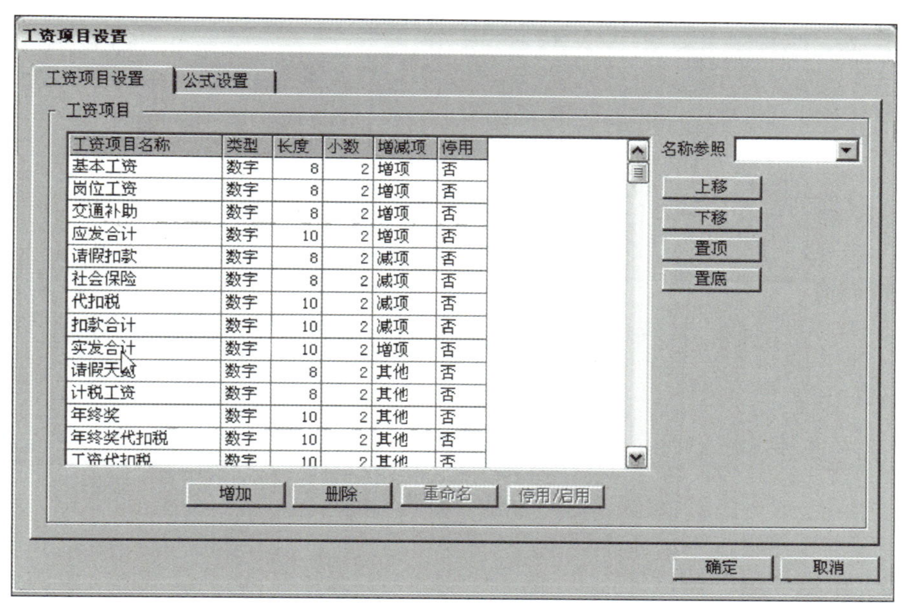

工资项目名称	类型	长度	小数	增减项	停用
基本工资	数字	8	2	增项	否
岗位工资	数字	8	2	增项	否
交通补助	数字	8	2	增项	否
应发合计	数字	10	2	增项	否
请假扣款	数字	8	2	减项	否
社会保险	数字	8	2	减项	否
代扣税	数字	10	2	减项	否
扣款合计	数字	10	2	减项	否
实发合计	数字	10	2	增项	否
请假天数	数字	8	2	其他	否
计税工资	数字	8	2	其他	否
年终奖	数字	10	2	其他	否
年终奖代扣税	数字	10	2	其他	否
工资代扣税	数字	10	2	其他	否

图2-7-7　工资项目设置

（9）单击“确定”按钮。

提示

● 系统提供若干常用工资项目供参考，可选择输入。对于参照中未提供的工资项目，可以双击“工资项目名称”一栏直接输入，或先从“名称参照”中选择一个项目，然后单击“重命名”按钮，将其修改为需要的项目。

（二）设置银行档案

（1）单击“基础设置”菜单项，执行“基础档案→收付结算→银行档案”命令，打开“银行名称设置”对话框。

（2）单击“增加”按钮，打开“增加银行档案”对话框，输入银行编码“05”，在“银行名称”文本框中输入“工商银行海淀分理处”，选中个人账户规则中“定长”复选框，修改账号长度为“7”，如图 2-7-8 所示。

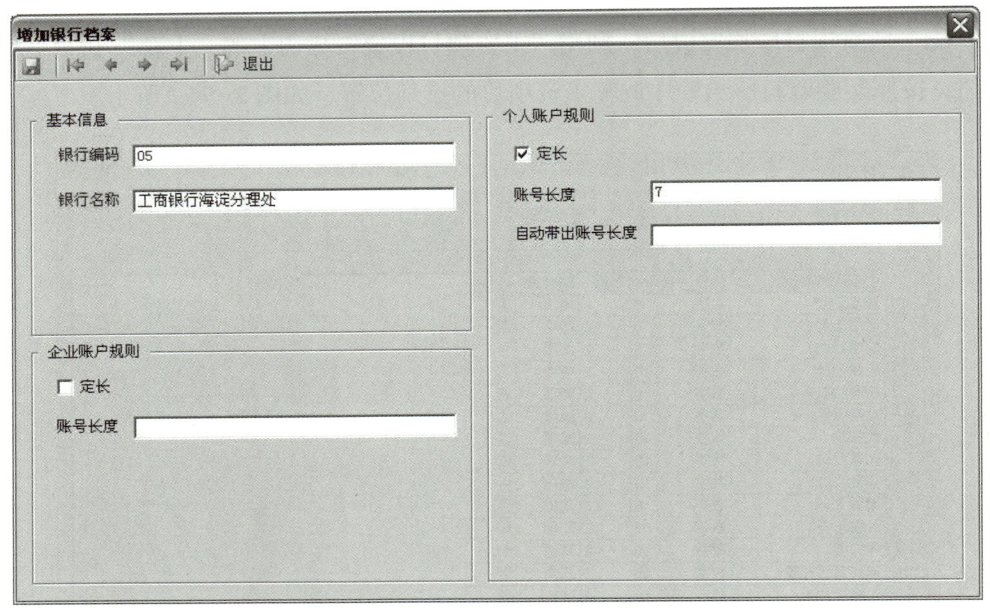

图 2-7-8　设置银行档案

（3）单击“![save]”按钮。

（三）设置人员档案

（1）单击“业务工作”菜单项，再单击“人力资源”菜单项，执行“薪资管理→设置→人员档案”命令，进入“人员档案”窗口。

（2）单击“批增”按钮，选择所有部门，单击“查询”按钮，单击“确定”按钮。

（3）双击“张同”数据行，补充银行名称“工商银行海淀分理处”；银行账号

“2024001”，如图 2-7-9 所示。

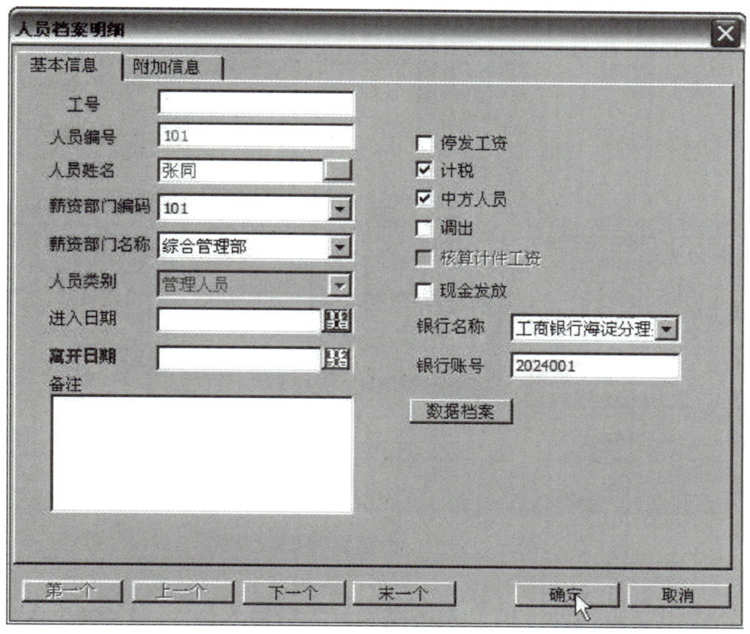

图 2-7-9　设置人员档案

（4）单击“确定”按钮。同理，依次补充其他人员银行信息。

（四）设置计算公式

1. 设置公式“请假扣款 = 请假天数 *100”

设置计算公式

（1）执行“薪资管理→设置→工资项目设置”命令，进入“工资项目设置”窗口。

（2）在“工资项目设置”对话框中单击“公式设置”选项卡。

（3）单击“增加”按钮，在工资项目列表中增加一空行。

（4）单击下拉列表框选择“请假扣款”选项。

（5）单击工资项目列表中的“请假天数”，使“请假天数”出现在“请假扣款公式定义”文本框中。在“请假天数”后输入“*100”，如图 2-7-10 所示。

（6）单击“公式确认”按钮。

（7）同理，设置“社会保险”“计税工资”的计算公式。

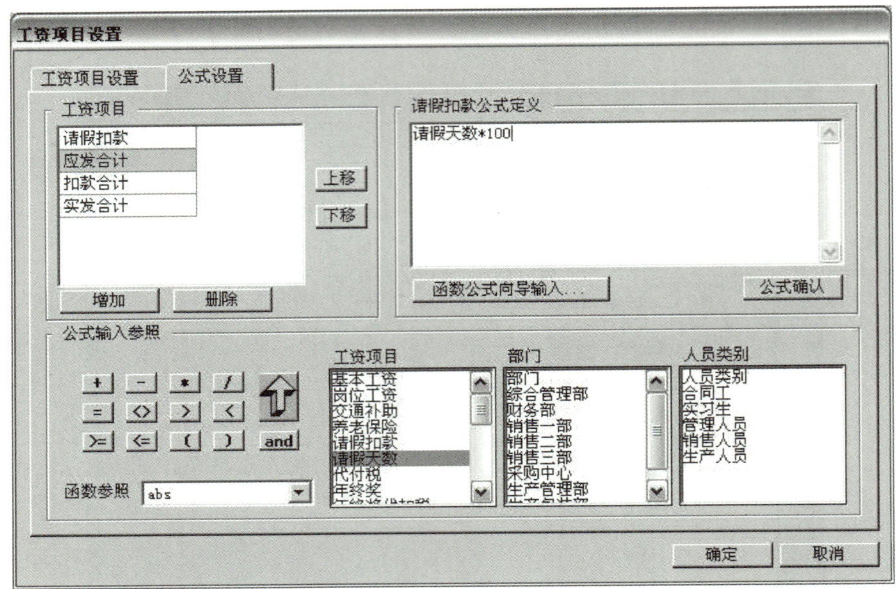

图 2-7-10　设置请假扣款公式

2. 设置公式“交通补助 = iff (人员类别 = " 销售人员 "，1 000，600)”

（1）在“工资项目设置”对话框中的“公式设置”选项卡下，单击“增加”按钮，在工资项目列表中增加一空行。

（2）单击下拉列表框选择“交通补助”选项。在“交通补助公式定义”文本框中可参照输入或直接输入公式“iff (人员类别 = " 销售人员 "，1 000，600)”。

（3）单击“公式确认”按钮，如图 2-7-11 所示。

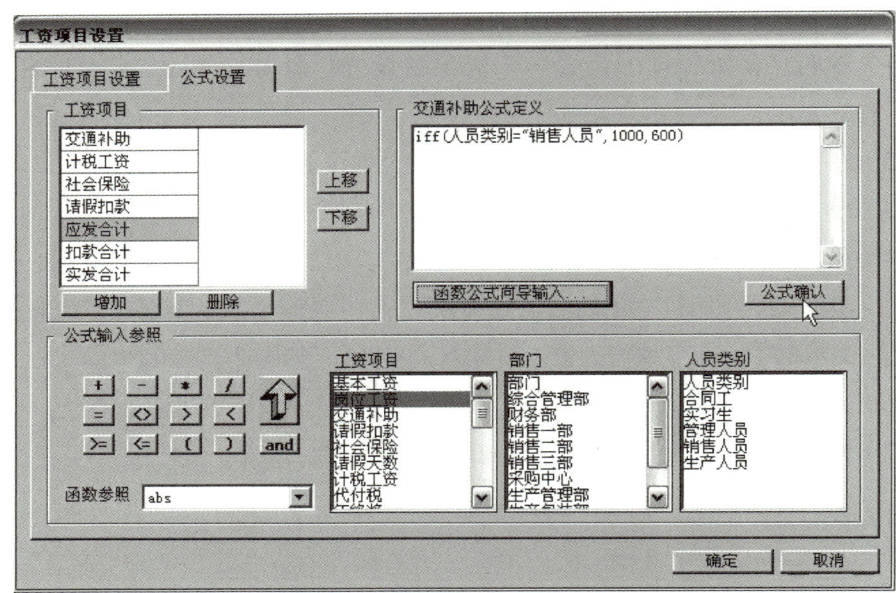

图 2-7-11　设置交通补助公式

提示

- 公式中的标点符号均为英文形式。
- 本公式还可采用“函数公式向导输入”方式来输入。
- 每个公式输入完毕，必须单击“公式确认”按钮。

（五）设置所得税纳税基数和税率表

（1）执行“薪资管理→设置→选项”命令，弹出“选项”对话框。

（2）单击“扣税设置”页签，单击“编辑”按钮，选择“计税工资”，如图2-7-12所示。

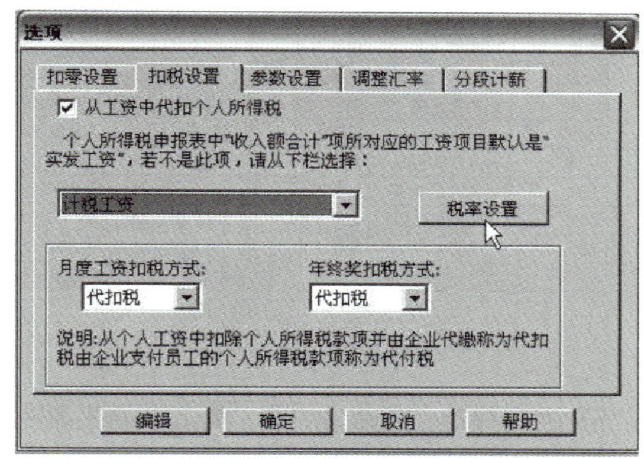

图2-7-12　扣税设置

（3）单击“税率设置”按钮，进入“个人所得税申报表税率表”窗口。

（4）修改所得税纳税基数为5 000，附加费用为0，如图2-7-13所示。按实验资料修改税率表。

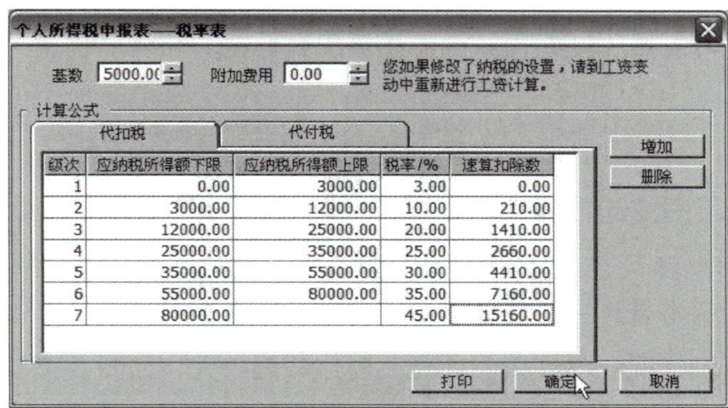

级次	应纳税所得额下限	应纳税所得额上限	税率/%	速算扣除数
1	0.00	3000.00	3.00	0.00
2	3000.00	12000.00	10.00	210.00
3	12000.00	25000.00	20.00	1410.00
4	25000.00	35000.00	25.00	2660.00
5	35000.00	55000.00	30.00	4410.00
6	55000.00	80000.00	35.00	7160.00
7	80000.00		45.00	15160.00

图2-7-13　修改纳税基数

（5）单击“确定”按钮。

五、薪资管理子系统日常业务处理

（一）输入基本工资数据

（1）执行“薪资管理→业务处理→工资变动”命令，进入“工资变动”窗口。

（2）根据实验资料输入基本工资数据，如图 2-7-14 所示。

工资变动 ×

工资变动

过滤器　所有项目　　□ 定位器

选择	工号	人员编号	姓名	部门	人员类别	基本工资	岗位工资	交通补助	应发合计
		101	张同	综合管理部	管理人员	5,000.00	5,000.00		
		102	刘宁	财务部	管理人员	4,500.00	4,500.00		
		103	李芳	财务部	管理人员	3,500.00	3,500.00		
		104	王强	财务部	管理人员	3,800.00	3,800.00		
		201	赵红	销售一部	销售人员	4,800.00	4,800.00		
		202	宋瑞	销售二部	销售人员	3,600.00	3,600.00		
		203	孙明	销售三部	销售人员	4,500.00	4,500.00		
		301	周伟	采购中心	管理人员	3,800.00	3,800.00		
		401	马慧	生产管理部	管理人员	4,500.00	4,500.00		
		402	王佳	生产包装部	生产人员	3,500.00	3,500.00		
		403	李刚	生产包装部	生产人员	3,000.00	3,000.00		
		501	辛非	仓储中心	管理人员	4,000.00	4,000.00		
合计						48,500.00	48,500.00	0.00	0.00

图 2-7-14　输入基本工资数据

（3）单击“关闭”按钮。弹出信息提示框。单击“否”按钮。

提示

● 可通过过滤器设置，只显示基本工资和岗位工资项目，便于输入工资数据。

● 这里只需要输入没有进行公式设定的工资项目，如基本工资、岗位工资和请假天数，其余各项由系统根据计算公式自动计算生成。

（二）输入工资变动数据

1. 输入考勤数据

（1）执行“薪资管理→业务处理→工资变动”命令，进入“工资变动”窗口。

（2）输入考勤情况：赵红请假 2 天，周伟请假 3 天，如图 2-7-15 所示。

（3）单击“关闭”按钮。弹出信息提示框。单击“否”按钮。

工资变动

工资变动

过滤器 所有项目　　定位器

选择	工号	人员编号	姓名	部门	人员类别	实发合计	请假天数	计税工资	代扣税
		101	张同	综合管理部	管理人员				
		102	刘宁	财务部	管理人员				
		103	李芳	财务部	管理人员				
		104	王强	财务部	管理人员				
		201	赵红	销售一部	销售人员		2.00		
		202	宋瑞	销售二部	销售人员				
		203	孙明	销售三部	销售人员				
		301	周伟	采购中心	管理人员		3.00		
		401	马慧	生产管理部	管理人员				
		402	王佳	生产包装部	生产人员				
		403	李刚	生产包装部	生产人员				
		501	辛非	仓储中心	管理人员				
合计						0.00	5.00	0.00	0.0

图 2-7-15　输入考勤数据

2. 岗位工资变动

（1）执行“薪资管理→业务处理→工资变动”命令，进入“工资变动”窗口。

（2）单击工具栏中的“全选”按钮，再单击“替换”按钮，打开“工资项数据替换”对话框。

（3）单击“将工资项目”下拉列表框，选择“岗位工资”选项。

（4）在“替换成”文本框中，输入“岗位工资 + 1 000”。在“替换条件”处分别选择：“部门”“=”“(201) 销售一部”，如图 2-7-16 所示。

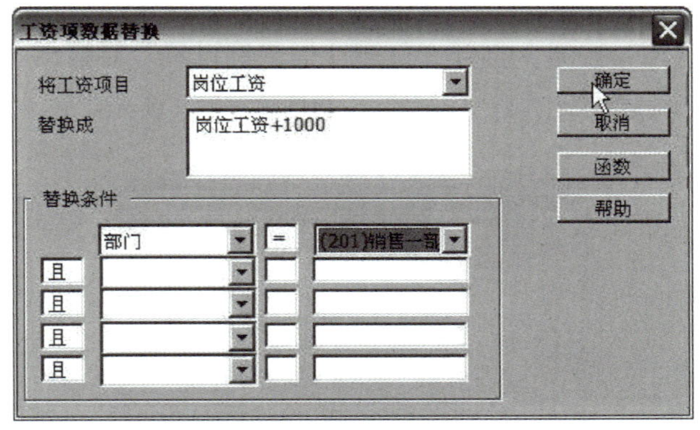

图 2-7-16　工资项数据替换

（5）单击“确定”按钮，弹出系统提示：“数据替换后将不可恢复。是否继续？”

（6）单击“是”按钮，系统提示：“1 条记录被替换，是否重新计算？”单击“否”按钮。

（三）数据计算与汇总

（1）在“工资变动”窗口中，单击工具栏中的“计算”按钮，计算工资数据。单击工具栏中的“汇总”按钮，汇总工资数据，如图 2-7-17 所示。

工资变动

过滤器　所有项目　　□ 定位器

选择	工号	人员编号	姓名	部门	人员类别	基本工资	岗位工资	交通补助	应发合计	请假扣款	社会保险	代扣税	扣款合计	实发合计
		101	张同	综合管理部	管理人员	5,000.00	5,000.00	600.00	10,600.00		1,000.00	250.00	1,250.00	9,350.0
		102	刘宁	财务部	管理人员	4,500.00	4,500.00	600.00	9,600.00		900.00	160.00	1,060.00	8,540.0
		103	李芳	财务部	管理人员	3,500.00	3,500.00	600.00	7,600.00		700.00	57.00	757.00	6,843.0
		104	王强	财务部	管理人员	3,800.00	3,800.00	600.00	8,200.00		760.00	73.20	833.20	7,366.8
		201	赵红	销售一部	销售人员	4,800.00	5,800.00	1,000.00	11,600.00	200.00	1,060.00	324.00	1,584.00	10,016.0
		202	宋瑞	销售二部	销售人员	3,600.00	3,600.00	1,000.00	8,200.00		720.00	74.40	794.40	7,405.6
		203	孙明	销售三部	销售人员	4,500.00	4,500.00	1,000.00	10,000.00		900.00	200.00	1,100.00	8,900.0
		301	周伟	采购中心	管理人员	3,800.00	3,800.00	600.00	8,200.00	300.00	760.00	64.20	1,124.20	7,075.8
		401	马慧	生产管理部	管理人员	4,500.00	4,500.00	600.00	9,600.00		900.00	160.00	1,060.00	8,540.0
		402	王佳	生产包装部	生产人员	3,500.00	3,500.00	600.00	7,600.00		700.00	57.00	757.00	6,843.0
		403	李刚	生产包装部	生产人员	3,000.00	3,000.00	600.00	6,600.00		600.00	30.00	630.00	5,970.0
		501	辛非	仓储中心	管理人员	4,000.00	4,000.00	600.00	8,600.00		800.00	84.00	884.00	7,716.0
合计						48,500.00	49,500.00	8,400.00	106,400.00	500.00	9,800.00	1,533.80	11,833.80	94,566.2

图 2-7-17　数据计算与汇总

（2）单击“关闭”按钮，退出“工资变动”窗口。

六、工资分摊

（一）设置工资分摊类型

设置工资分摊类型

（1）执行“薪资管理→业务处理→工资分摊”命令，打开“工资分摊”对话框。

（2）单击“工资分摊设置”按钮，打开“分摊类型设置”对话框。

（3）单击“增加”按钮，打开“分摊计提比例设置”对话框。输入计提类型名称“应付工资”，分摊计提比例“100%”，如图 2-7-18 所示。

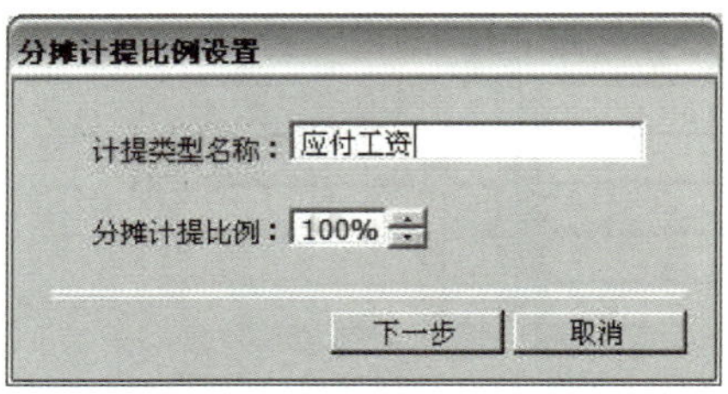

图 2-7-18　分摊计提比例设置

（4）单击“下一步”按钮，打开“分摊构成设置”对话框。

（5）根据实验资料选择输入“部门名称”“人员类别”“工资项目”“借方科目”“贷方科目”等数据，如图 2-7-19 所示。

（6）输完后单击“完成”按钮。

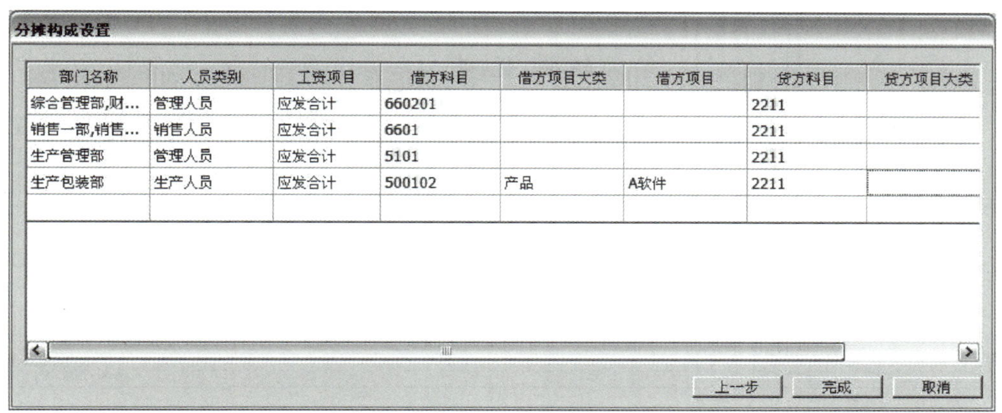

图 2-7-19　分摊构成设置

（二）分摊工资并生成记账凭证

分摊工资费用并生成记账凭证

（1）在“工资分摊”对话框中，选择计提费用类型“应付工资”。

（2）单击选择所有的核算部门。单击选择“明细到工资项目”“按项目核算”，如图 2-7-20 所示。

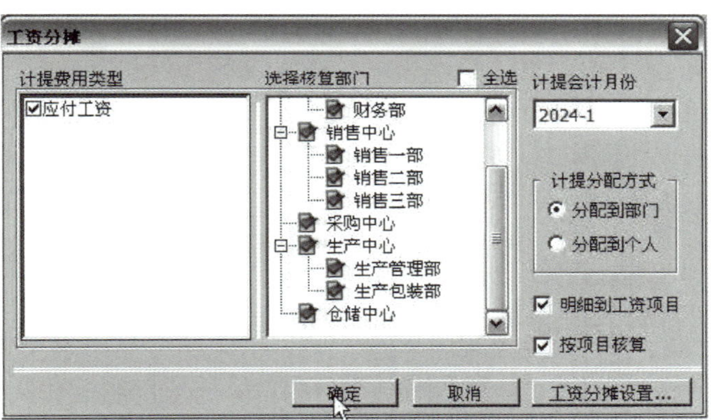

图 2-7-20　工资分摊设置

（3）单击“确定”按钮。

（4）在“应付工资一览表”中，单击选择“合并科目相同、辅助项相同的分录”。

（5）单击“制单”按钮，进入“填制凭证”窗口。

（6）选择凭证类型“转账凭证”。单击“💾”按钮，如图 2-7-21 所示。

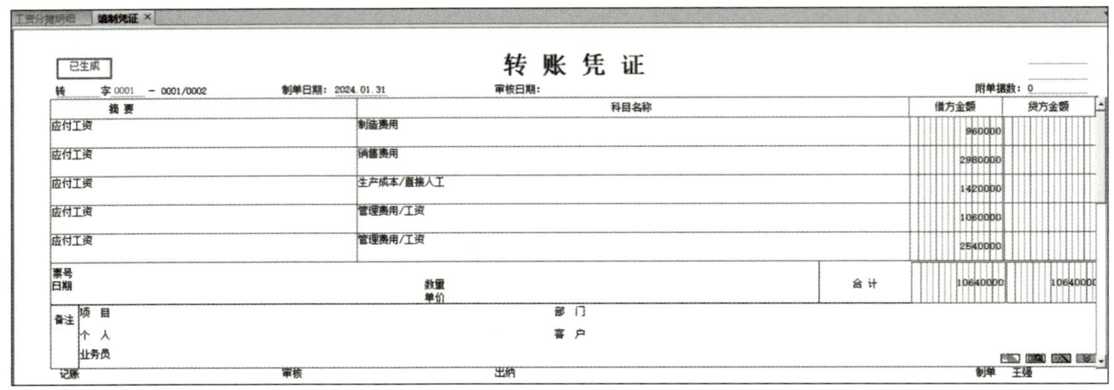
已生成

转账凭证

转 字 0001 - 0001/0002　制单日期：2024.01.31　审核日期：　附单据数：0

摘要	科目名称	借方金额	贷方金额
应付工资	制造费用	960000	
应付工资	销售费用	2980000	
应付工资	生产成本/直接人工	1420000	
应付工资	管理费用/工资	1060000	
应付工资	管理费用/工资	2540000	
票号 日期	数量 单价 合计	10640000	10640000

备注　项目　部门　个人　客户　业务员

记账　审核　出纳　制单 王强

图 2-7-21　生成凭证

提示

- 生成的凭证在自动传递到总账管理子系统后，需要进行审核和记账。

七、账表查询

执行“薪资管理→统计分析→账表→工资表”命令，查看各种工资表。

八、月末处理

（1）执行“薪资管理→业务处理→月末处理”命令，打开“月末处理”对话框。

（2）单击“确定”按钮，弹出系统提示：“月末处理之后，本月工资将不许变动，继续月末处理吗？”

（3）单击“是”按钮。系统继续提示：“是否选择清零项？”

（4）单击“是”按钮，打开“选择清零项目”对话框。

（5）在“请选择清零项目”列表中，单击选择“请假天数”“请假扣款”，单击“>”按钮，将所选项目移动到右侧的列表框中。

（6）单击“确认”按钮，弹出系统提示：“月末处理完毕！”

（7）单击“确定”按钮，返回。

提示

- 月末处理之前，要保证本月工资数据变动完毕。

实 验 报 告

班级：　　　　　　姓名：　　　　　　学号：　　　　　　成绩：

实验题目：实验七　薪资管理

实验目的：

实验内容：

实验体会：

（一）填空

1. 若在建立工资账套时选择了“扣税设置”，则在工资项目中自动生成（　　）。
2. 薪资管理子系统中固定的工资项目包括（　　）、（　　）和（　　）。
3. 公式中的标点符号均为（　　）。

（二）思考

1. 写出建立工资账套的简要步骤。
2. 单个工资类别和多个工资类别是如何应用的？
3. 解释“交通补助”工资项目计算公式的含义：iff（人员类别 =" 销售人员 "，1 000，500）。如果是销售人员，交通补助为 1 000 元；如果是管理人员，交通补助为 700 元；如果是其他人员，交通补助为 400 元。请写出计算公式。
4. 薪资管理子系统基础信息设置的内容包括哪些？
5. 工资分摊设置的作用是什么？请解释本实验中工资分摊设置的内容。

实验八

固定资产管理

实验目的

1. 掌握用友 ERP-U8V10.1 软件中有关固定资产管理子系统的相关内容

2. 掌握固定资产管理子系统初始设置、日常业务处理、期末处理的操作

实验内容

1. 固定资产管理子系统参数设置、基础信息设置

2. 固定资产管理子系统日常业务处理：增减处理、变动处理、折旧处理、凭证处理、账表查询

3. 固定资产管理子系统期末处理

实验准备

引入“实验账套 \ 实验三”下的账套数据。

实验资料

一、初始设置

（一）控制参数

控制参数如表 2-8-1 所示。

表 2-8-1　控 制 参 数

控制参数	参数设置
约定及说明	我同意
启用月份	2024.01
折旧信息	本账套计提折旧； 折旧方法：平均年限法（二）； 折旧汇总分配周期：1 个月； 当（月初已计提月份 = 可使用月份 -1）时，将剩余折旧全部提足
编码方式	资产类别编码方式：2112； 固定资产编码方式：按“类别编码 + 部门编码 + 序号”自动编码； 卡片序号长度为 3

续表

控制参数	参数设置
财务接口	与总账管理子系统进行对账； 对账科目： 固定资产对账科目：1601 固定资产； 累计折旧对账科目：1602 累计折旧
补充参数	业务发生后立即制单； 月末结账前一定要完成制单登账业务； 固定资产缺省入账科目：1601；累计折旧缺省入账科目：1602； 增值税进项税额缺省入账科目：22210101；固定资产清理缺省入账科目：1606

（二）资产类别

资产类别如表 2-8-2 所示。

表 2-8-2　资 产 类 别

编码	类别名称	净残值率	计提属性
01	交通运输设备	5%	正常计提
02	电子设备	5%	正常计提
03	其他设备	5%	正常计提

（三）部门及对应折旧科目

部门及对应折旧科目如表 2-8-3 所示。

表 2-8-3　部门及对应折旧科目

部门	对应折旧科目
管理中心、采购中心、仓储中心	管理费用 / 折旧费（660206）
销售中心	销售费用（6601）
生产中心	制造费用（5101）

（四）增减方式对应入账科目

增减方式对应入账科目如表 2-8-4 所示。

表 2-8-4　增减方式对应入账科目

增减方式目录	对应入账科目
增加方式	
直接购入	100201，工行存款
减少方式	
毁损	1606，固定资产清理

（五）原始卡片

原始卡片如表 2-8-5 所示。

表 2-8-5　原 始 卡 片

金额单位：元

固定资产名称	类别编号	所在部门	增加方式	可使用年限 / 月	开始使用日期	原值	累计折旧	对应折旧科目名称
奔驰轿车	01	综合管理部	直接购入	120	2021.01.01	300 000	50 000	管理费用 / 折旧费
丰田小客车	01	采购中心	直接购入	120	2021.01.01	250 000	45 000	管理费用 / 折旧费
金杯小客车	01	销售一部	直接购入	120	2021.10.01	120 000	20 000	销售费用
IBM 笔记本电脑	02	财务部	直接购入	60	2023.01.01	30 000	3 000	管理费用 / 折旧费
复印机	02	财务部	直接购入	60	2023.01.01	30 000	3 000	管理费用 / 折旧费
联想计算机	02	生产管理部	直接购入	60	2023.01.01	10 000	2 000	制造费用
联想计算机	02	生产包装部	直接购入	60	2023.01.01	10 000	2 000	制造费用
合计						750 000	125 000	

注：净残值率均为 5%，使用状况均为“在用”，折旧方法均采用平均年限法（二）。

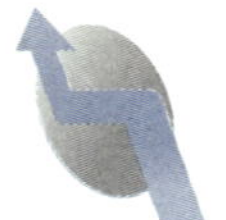

二、日常处理

（1）1月20日，采购中心购买扫描仪一台，价值2 000元，净残值率5%，预计使用年限5年。

（2）1月31日，财务部复印机转移到经理办公室。

（3）1月31日，计提本月折旧费用。

（4）1月31日，研发中心毁损方正计算机一台。

（5）1月31日，经理办公室的奔驰轿车添置新配件，花费10 000元。

实验要求

以“33 王强”的身份进行固定资产管理操作。

操作步骤

一、启用固定资产管理模块

以“11 刘宁”的身份登录企业应用平台启用固定资产管理子系统。

操作员：11；密码：1；账套：666；会计年度：2024；操作日期：2024-01-31。

（1）单击“基础设置”菜单项，执行“基本信息→系统启用”命令，进入“系统启用”窗口。

（2）选中“FA-固定资产”复选框，弹出“日历”对话框，选择日期“2024年1月1日”。如图2-8-1所示。

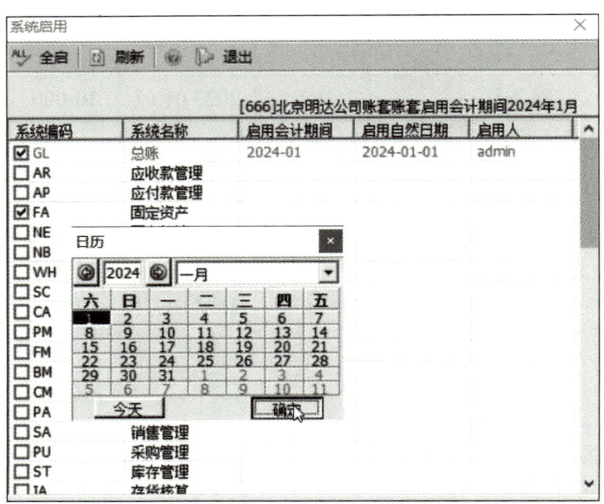

图2-8-1　启用固定资产管理模块

（3）单击“确定”按钮。系统提示“确实要启用当前系统吗”，单击“是”按钮。

二、登录固定资产管理系统

以“33 王强”的身份重新登录企业应用平台进行固定资产业务处理。

操作员：33；密码：3；账套：666；会计年度：2024；操作日期：2024-01-31。

（1）单击“业务工作”菜单项，执行“财务会计→固定资产”命令。弹出提示框：“这是第一次打开此账套，还未进行过初始化，是否进行初始化？”如图 2-8-2 所示。

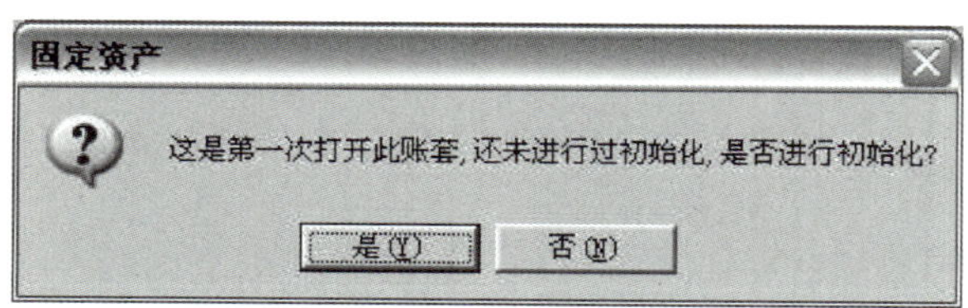

图 2-8-2　登录固定资产管理子系统提示框

（2）单击“是”按钮，打开“固定资产初始化向导”对话框。

三、初始设置

（一）设置控制参数

1. 初次启动固定资产管理的参数设置

（1）在“初始化账套向导——约定及说明”对话框的“1. 约定及说明”中，单击选择“我同意”，如图 2-8-3 所示。

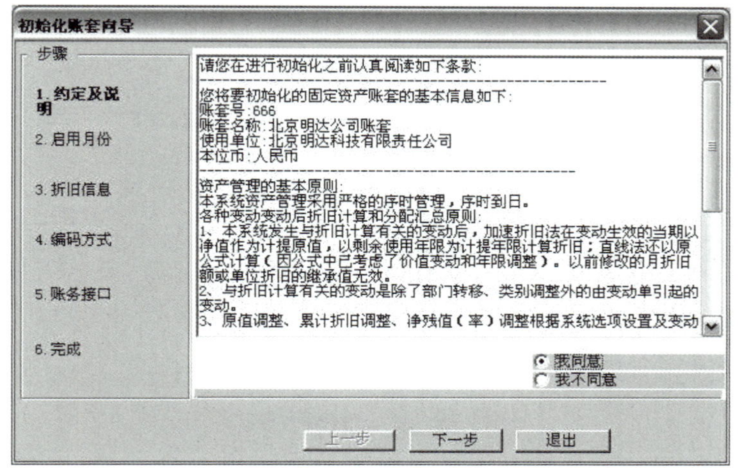

图 2-8-3　打开初始化账套向导——约定及说明

（2）单击“下一步”按钮，打开“2. 启用月份”对话框，默认启用日期 2024 年 1 月。

（3）单击“下一步”按钮，打开“3. 折旧信息”对话框。选中“本账套计提折旧”复选框；选择主要折旧方法“平均年限法（二）”，折旧汇总分配周期“1”个月；选中“当（月初已计提月份 = 可使用月份 − 1）时将剩余折旧全部提足（工作量法除外）”复选框，如图 2-8-4 所示。

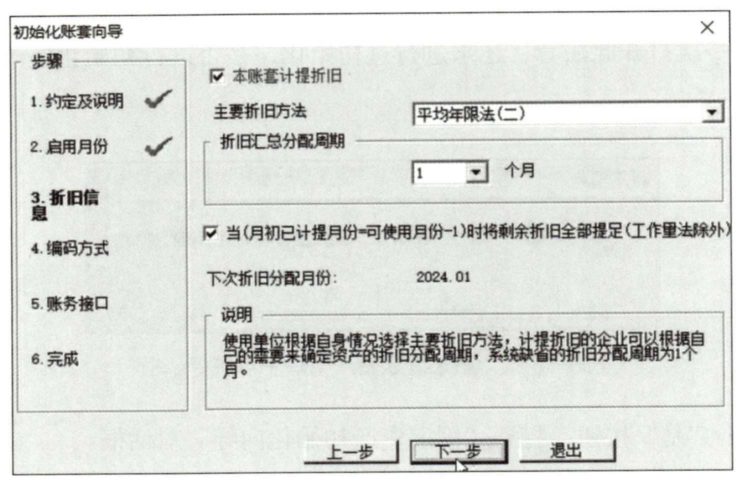

图 2-8-4　设置折旧信息

（4）单击“下一步”按钮，打开“4. 编码方式”对话框。确定资产类别编码长度“2112”；单击“自动编码”单选按钮，选择固定资产编码方式“类别编号 + 部门编号 + 序号”，选择序号长度“3”，如图 2-8-5 所示。

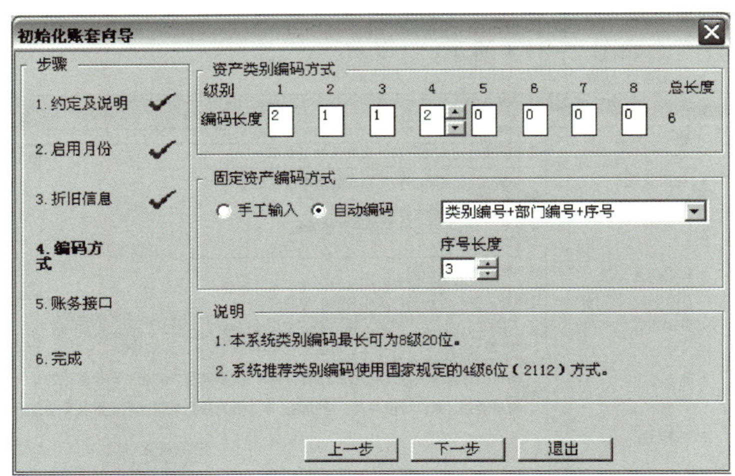

图 2-8-5　设置编码方式

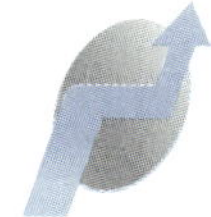

（5）单击“下一步”按钮，打开“5. 账务接口”对话框。选中“与账务系统进行对账”复选框；选择固定资产对账科目“1601，固定资产”和累计折旧对账科目“1602，累计折旧”；选中“在对账不平情况下允许固定资产月末结账”。结果如图 2-8-6 所示。

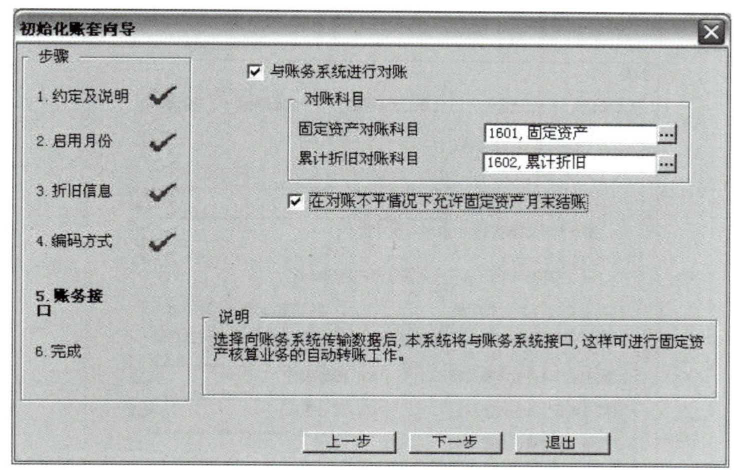

图 2-8-6　设置账务接口

（6）单击“下一步”按钮，打开“6. 完成”对话框。

（7）单击“完成”按钮，完成本账套的初始化，弹出提示框：“是否确定所设置的信息完全正确并保存对新账套的所有设置？”

（8）单击“是”按钮，弹出提示框：“已成功初始化本固定资产账套！”单击“确定”按钮。

提示

● 初始设置完成后，有些参数不能修改，所以要慎重设置。

● 如果发现参数有错，必须改正，只能通过固定资产管理子系统的系统菜单“维护→重新初始化账套功能”命令实现，该操作将清空对该子账套所做的一切工作。

2. 补充参数设置

（1）执行“固定资产→设置→选项”命令，进入“选项”窗口。

（2）选择“与账务系统接口”选项卡。单击“编辑”按钮。

（3）选中“业务发生后立即制单”“月末结账前一定要完成制单登账业务”复选框；选择［固定资产］缺省入账科目为“1601；固定资产”；选择［累计折旧］缺省入账科目为“1602，累计折旧”；选择［增值税进项税额］缺省入账科目为“22210101，进项税额”；选择［固定资产清理］缺省入账科目为“1606，固定资产清理”。结果如图 2-8-7 所示。

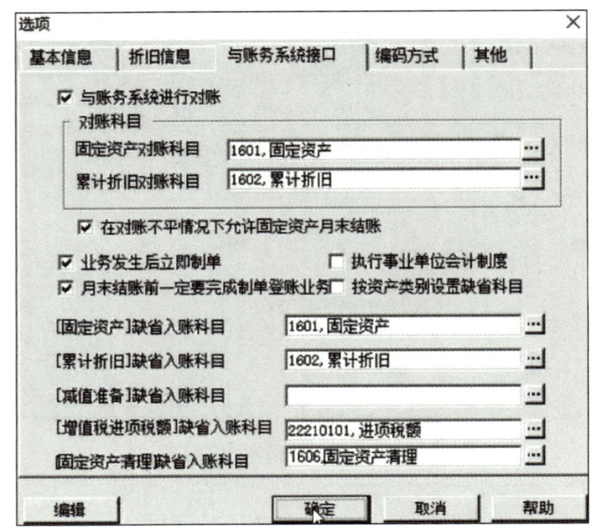

图 2-8-7　补充参数设置

（4）单击“确定”按钮。

（二）设置资产类别

（1）执行“固定资产→设置→资产类别”命令，进入“固定资产分类编码表”窗口。

（2）单击“单张视图”选项卡。

（3）单击“增加”按钮。

（4）输入类别名称“交通运输设备”，净残值率“5%”；选择计提属性“正常计提”，折旧方法“平均年限法（二）”，卡片样式“通用样式（二）”，如图 2-8-8 所示。

（5）单击“■”按钮。同理，根据实验资料完成其他资产类别的设置。

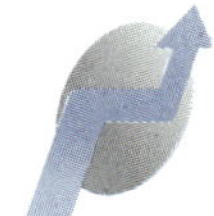

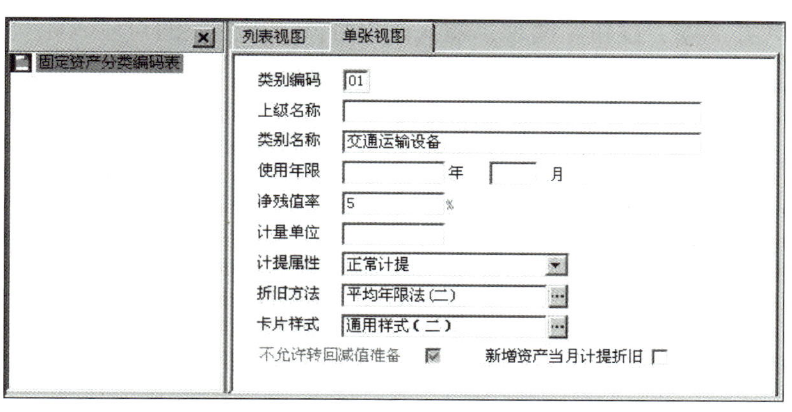

图 2-8-8　设置资产类别

提示

- 资产类别编码不能重复，同一级的类别名称不能相同。
- 类别编码、类别名称、计提属性和卡片样式不能为空。
- 已使用过的类别不能设置新下级。

（三）设置增减方式对应科目

（1）执行“固定资产→设置→增减方式”命令，进入“增减方式”窗口。

（2）在左边的列表框中，单击“增加方式”，选择“直接购入”。

（3）单击“修改”按钮。输入对应入账科目“100201，工行存款”，如图 2-8-9 所示。

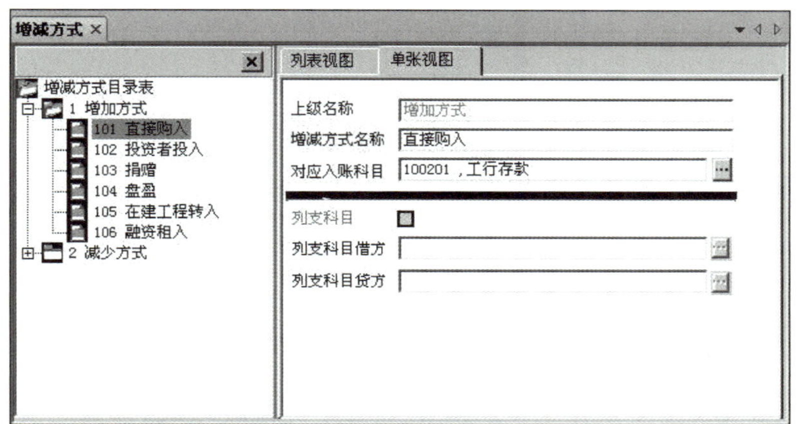

图 2-8-9　设置增减方式对应科目

（4）单击“”按钮。同理，输入减少方式“毁损”的对应入账科目“1606，固定资产清理”。

提示

- 当固定资产发生增减变动时，系统生成凭证会默认使用这些科目。

（四）设置部门对应折旧科目

（1）执行“固定资产→设置→部门对应折旧科目设置”命令，进入“部门对应折旧科目”窗口。

（2）在左边的列表框中，单击“固定资产部门编码目录”，在下拉列表中选择“管理中心”。

（3）单击“修改”按钮。选择或输入折旧科目“660206，折旧费”，如图 2-8-10 所示。

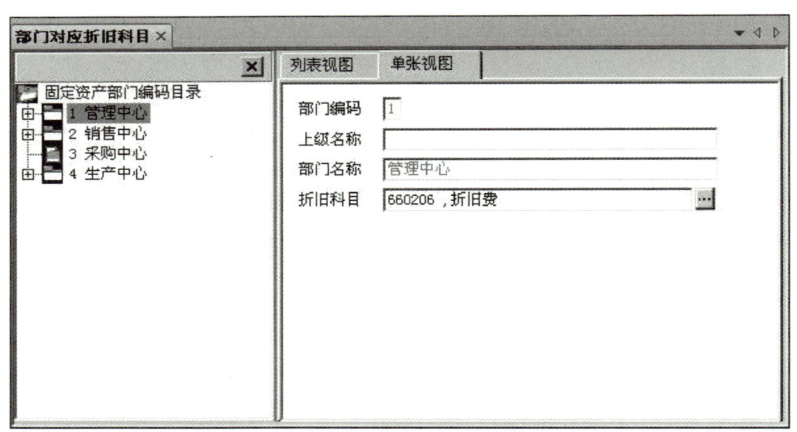

图 2-8-10　设置部门对应折旧科目

（4）单击“■”按钮。同理，根据实验资料完成其他部门折旧科目的设置。

（五）原始卡片录入

原始卡片录入

（1）执行“固定资产→卡片→录入原始卡片”命令，进入“固定资产类别档案”窗口。

（2）选择资产类别名称“01 交通运输设备”，如图 2-8-11 所示。

（3）单击“确定”按钮，进入“固定资产卡片”录入窗口。

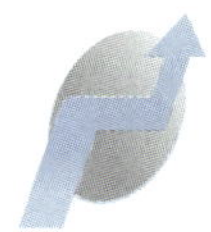

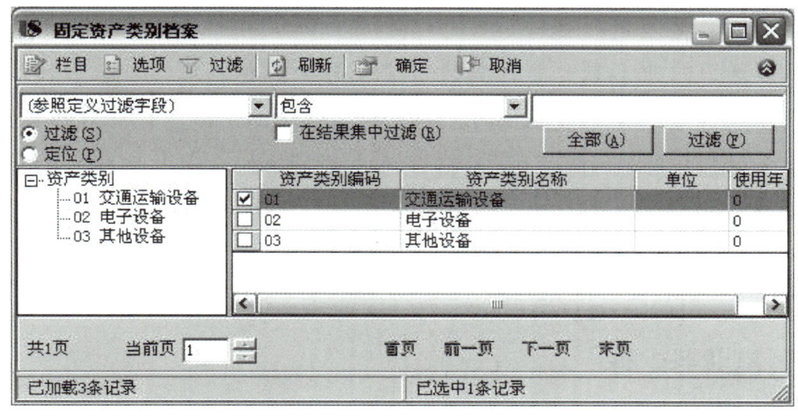

图 2-8-11　原始卡片录入

（4）输入固定资产名称“奔驰轿车”；双击使用部门，选择“综合管理部”；双击增加方式，选择“直接购入”；双击使用状况，选择“在用”；输入开始使用日期“2021-01-01”；输入原值“300 000”，累计折旧“50 000”；输入使用年限（月）“120”；其他信息可自动算出。结果如图 2-8-12 所示。

固定资产卡片 ×

新增资产当月计提折旧

固定资产卡片 | 附属设备 | 大修理记录 | 资产转移记录 | 停启用记录 | 原值变动 | 拆分/减少信息

固定资产卡片

卡片编号	00001			日期	2024-01-31
固定资产编号	01101001	固定资产名称	奔驰轿车		
类别编号	01	类别名称	交通运输设备	资产组名称	
规格型号		使用部门	综合管理部		
增加方式	直接购入	存放地点			
使用状况	在用	使用年限(月)	120	折旧方法	平均年限法(二)
开始使用日期	2021-01-01	已计提月份	35	币种	人民币
原值	300000.00	净残值率	5%	净残值	15000.00
累计折旧	50000.00	月折旧率	0.0079	本月计提折旧额	2764.71
净值	250000.00	对应折旧科目	660206，折旧费	项目	
录入人	王强			录入日期	2024-01-31

图 2-8-12　固定资产卡片

（5）单击“■”按钮，弹出“数据成功保存”提示框。

（6）单击“确定”按钮。同理，根据实验资料完成其他固定资产卡片的输入。

提示

- 卡片编号：系统会根据初始设置时定义的编码方案自动设定，不能修改；如果删除一张卡片，但它又不是最后一张时，系统将保留空号。
- 已计提月份：系统将根据开始使用日期自动算出，但可以修改；请将使用期

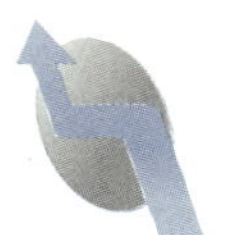

间不计提折旧的月份扣除。

- 月折旧率、月折旧额：与计算折旧有关的项目录入后，系统会按照输入的内容自动算出结果并显示在相应项目内，可与手工计算的值比较，核对是否有错误。
- 在进入“固定资产卡片”录入窗口后，若单击“取消”按钮，则表示不增加固定资产卡片，此时可查询以前输入的卡片并进行修改。

四、日常业务处理

（一）固定资产增加（业务 1）

（1）执行“固定资产→卡片→资产增加”命令，进入“固定资产类别档案”窗口。

（2）选择资产类别名称：“02 电子设备”。单击“确定”按钮，进入“固定资产卡片”新增窗口。

（3）输入固定资产名称“扫描仪”；双击使用部门，选择“采购中心”；双击增加方式，选择“直接购入”；双击使用状况，选择“在用”；输入原值“2 000”，可使用年限（月）“60”，开始使用日期“2024-01-20”。结果如图 2-8-13 所示。

固定资产卡片

卡片编号	00008			日期	2024-01-31
固定资产编号	023001	固定资产名称			扫描仪
类别编号	02	类别名称	电子设备	资产组名称	
规格型号		使用部门			采购中心
增加方式	直接购入	存放地点			
使用状况	在用	使用年限(月)	60	折旧方法	平均年限法(二)
开始使用日期	2024-01-20	已计提月份	0	币种	人民币
原值	2000.00	净残值率	5%	净残值	100.00
累计折旧	0.00	月折旧率	0	本月计提折旧额	0.00
净值	2000.00	对应折旧科目	660206, 折旧费	项目	
录入人	王强			录入日期	2024-01-31

图 2-8-13　固定资产增加处理

（4）单击“💾”按钮，进入“填制凭证”窗口。

（5）选择凭证类型“付款凭证”，修改制单日期、补充现金流量。单击“💾”按钮，如图 2-8-14 所示。

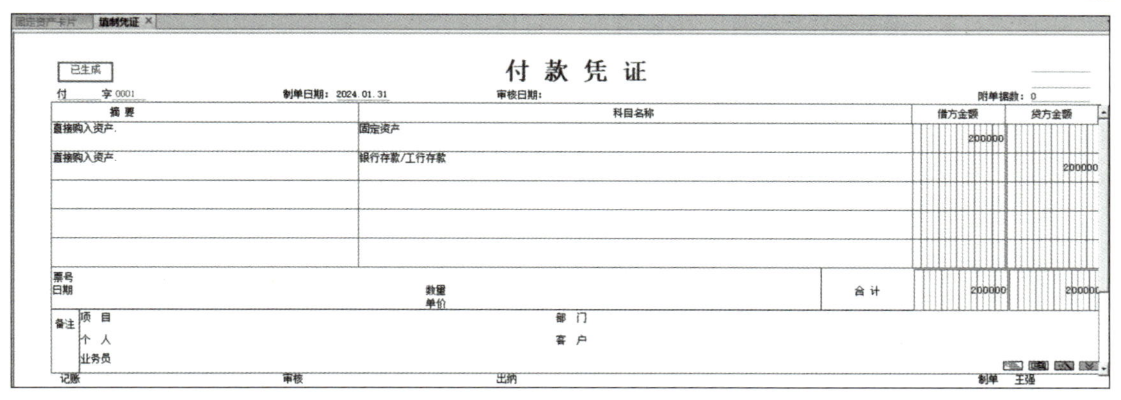

已生成

付 款 凭 证

付 字 0001　制单日期：2024.01.31　审核日期：　附单据数：0

摘要	科目名称	借方金额	贷方金额
直接购入资产.	固定资产	200000	
直接购入资产.	银行存款/工行存款		200000
票号 日期	数量 单价 合计	200000	200000

备注　项目　部门　个人　客户　业务员

记账　审核　出纳　制单　王强

图 2-8-14　生成固定资产增加凭证

提示

- 现金流量为“13 购建固定资产、无形资产和其他长期资产支付的现金”。
- 固定资产原值一定要输入卡片录入月月初的价值，否则会出现计算错误。
- 新卡片第一个月不计提折旧，累计折旧为空或 0。
- 卡片输入完成后，也可以不立即制单，因为月末可以批量制单。

（二）固定资产部门转移（业务 2）

（1）执行“固定资产→卡片→变动单→部门转移”命令，进入“固定资产变动单”窗口。

（2）输入卡片编号“00005”；双击变动后部门，选择“综合管理部”；输入变动原因“调拨”，如图 2-8-15 所示。

固定资产变动单

－ 部门转移 －

变动单编号	00001			变动日期	2024-01-31
卡片编号	00005	资产编号	02102002	开始使用日期	2023-01-01
资产名称			复印机	规格型号	
变动前部门			财务部	变动后部门	综合管理部
存放地点				新存放地点	
变动原因					调拨
				经手人	王强

图 2-8-15　输入资产部门转移数据

（3）单击“■”按钮。单击“确定”按钮。

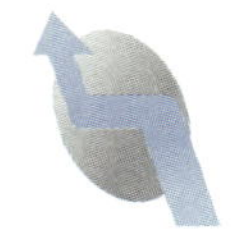

（三）固定资产折旧（业务 3）

1. 计提折旧

计提折旧

（1）执行“固定资产→处理→计提本月折旧”命令，弹出提示框：“是否要查看折旧清单？”

（2）单击“是”按钮，进入“折旧清单”窗口。弹出提示框：“本操作将计提本月折旧，并花费一定时间，是否要继续？”

（3）单击“是”按钮，显示“折旧清单”，如图 2-8-16 所示。

折旧清单 [2024.01]

输出 退出

按部门查询

固定资产部门编码目录
1 管理中心
2 销售中心
3 采购中心
4 生产中心
5 仓储中心

卡片编号	资产编号	资产名称	原值	计提原值	本月计提折旧额	累计折旧	本年计提折旧	减值准备	净值	净残值	折旧率
00001	01101001	奔驰轿车	000.00	300,000.00	2,764.71	52,764.71	2,764.71	0.00	235.29	5,000.00	0.0079
00002	013001	丰田小客车	000.00	250,000.00	2,264.71	47,264.71	2,264.71	0.00	735.29	2,500.00	0.0079
00003	01201001	金杯小客车	000.00	120,000.00	1,105.88	21,105.88	1,105.88	0.00	894.12	6,000.00	0.0079
00004	02102001	IBM笔记本	000.00	30,000.00	520.41	3,520.41	520.41	0.00	479.59	1,500.00	0.0158
00005	02102002	复印机	000.00	30,000.00	520.41	3,520.41	520.41	0.00	479.59	1,500.00	0.0158
00006	02401001	联想计算机	000.00	10,000.00	153.06	2,153.06	153.06	0.00	846.94	500.00	0.0158
00007	02402001	联想计算机	000.00	10,000.00	153.06	2,153.06	153.06	0.00	846.94	500.00	0.0158
合计			000.00	750,000.00	7,482.24	132,482.24	7,482.24	0.00	517.76	7,500.00	

图 2-8-16 显示折旧清单

（4）单击“退出”按钮，显示“折旧分配表”，如图 2-8-17 所示。

折旧分配表

按部门分配
按类别分配

01(2024.01—>2024.01)

部门编号	部门名称	项目编号	项目名称	科目编号	科目名称	折 旧 额
101	综合管理部			660206	折旧费	3,285.12
102	财务部			660206	折旧费	520.41
201	销售一部			6601	销售费用	1,105.88
3	采购中心			660206	折旧费	2,264.71
401	生产管理部			5101	制造费用	153.06
402	生产包装部			5101	制造费用	153.06
合计						7,482.24

图 2-8-17 显示折旧分配表

（5）单击“退出”按钮，显示计提折旧完成。

2. 生成折旧费用分配凭证

生成折旧费用分配凭证

（1）执行“固定资产→处理→折旧分配表”命令，进入“折旧分配表”窗口。

（2）单击“凭证”按钮，进入“填制凭证”窗口。

（3）选择凭证类型“转账凭证”。单击“■”按钮，如图 2-8-18 所示。

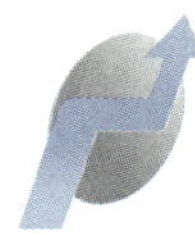

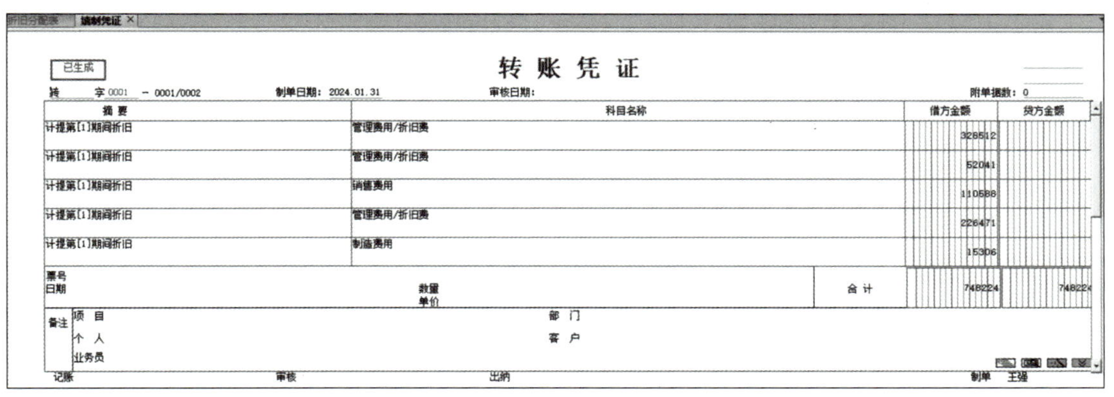

已生成

转 账 凭 证

转　字 0001 － 0001/0002　　制单日期：2024.01.31　　审核日期：　　附单据数：0

摘要	科目名称	借方金额	贷方金额
计提第[1]期间折旧	管理费用/折旧费	328512	
计提第[1]期间折旧	管理费用/折旧费	52041	
计提第[1]期间折旧	销售费用	110588	
计提第[1]期间折旧	管理费用/折旧费	226471	
计提第[1]期间折旧	制造费用	15306	
票号 日期	数量 单价　　合计	748224	748224

备注　项目　　部门　个人　　客户　业务员

记账　　审核　　出纳　　制单　王强

图 2-8-18　生成折旧费用分配凭证

（四）固定资产减少（业务 4）

（1）执行“固定资产→卡片→资产减少”命令，进入“资产减少”窗口。

（2）选择卡片编号“00006”。

（3）单击“增加”按钮。选择减少方式“毁损”，如图 2-8-19 所示。

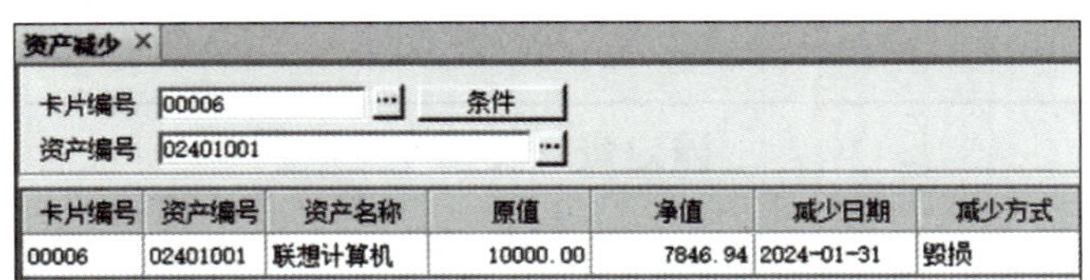

资产减少

卡片编号 00006　　条件

资产编号 02401001

卡片编号	资产编号	资产名称	原值	净值	减少日期	减少方式
00006	02401001	联想计算机	10000.00	7846.94	2024-01-31	毁损

图 2-8-19　输入资产减少数据

（4）单击“确定”按钮，进入“填制凭证”窗口。

（5）选择凭证类型“转账凭证”，单击“■”按钮，如图 2-8-20 所示。

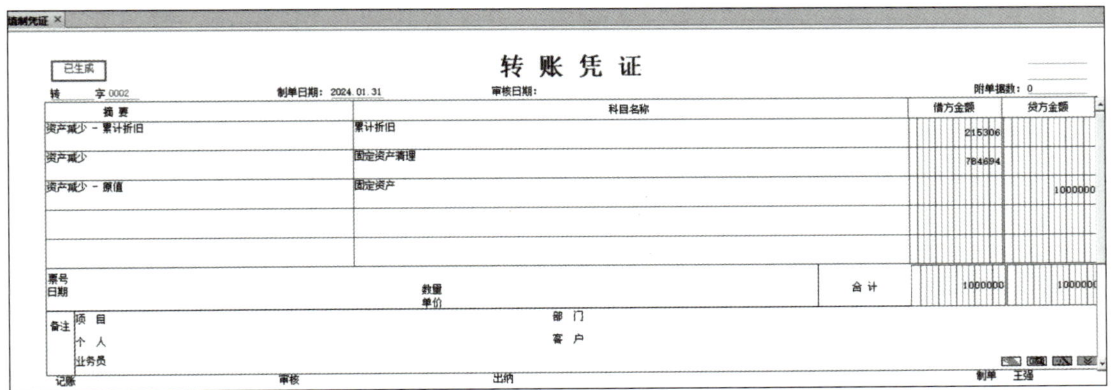

已生成

转 账 凭 证

转　字 0002　　制单日期：2024.01.31　　审核日期：　　附单据数：0

摘要	科目名称	借方金额	贷方金额
资产减少 － 累计折旧	累计折旧	215306	
资产减少	固定资产清理	784694	
资产减少 － 原值	固定资产		1000000
票号 日期	数量 单价　　合计	1000000	1000000

备注　项目　　部门　个人　　客户　业务员

记账　　审核　　出纳　　制单　王强

图 2-8-20　生成固定资产减少凭证

提示

● 本账套需要进行计提折旧后，才能减少固定资产。

● 如果要减少的固定资产较少或没有共同点，则通过输入固定资产编号或卡片编号，单击“增加”按钮，将固定资产添加到固定资产减少表中。

● 如果要减少的固定资产较多并且有共同点，则通过单击“条件”按钮，输入一些查询条件，将符合该条件的固定资产挑选出来进行批量减少操作。

（五）固定资产原值变动（业务 5）

（1）执行“固定资产→卡片→变动单→原值增加”命令，进入“固定资产变动单”窗口。

（2）输入卡片编号“00001”，输入增加金额“10 000”，输入变动原因“增加配件”，如图 2-8-21 所示。

固定资产变动单

— 原值增加 —

变动单编号	00002			变动日期	2024-01-31
卡片编号	00001	资产编号	01101001	开始使用日期	2021-01-01
资产名称			奔驰轿车	规格型号	
增加金额	10000.00	币种	人民币	汇率	1
变动的净残值率	5%	变动的净残值			500.00
变动前原值	300000.00	变动后原值			310000.00
变动前净残值	15000.00	变动后净残值			15500.00
变动原因					增加配件
				经手人	王强

图 2-8-21 输入资产原值变动数据

（3）单击“ ”按钮，进入“填制凭证”窗口。选择凭证类型“付款凭证”，输入贷方科目“100201”，补充现金流量，单击“ ”按钮，如图 2-8-22 所示。

提示

● 固定资产变动主要包括原值变动、部门转移、使用状况变动、使用年限调整、折旧方法调整、净残值（率）调整、工作总量调整、累计折旧调整和固定资产类别调整等。系统对已做出变动的固定资产，要求输入相应的变动单来记录固定资产调

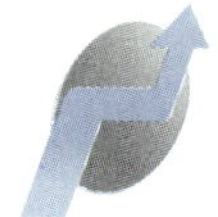

整结果。

- 变动单不能修改，只有当月可删除重做，所以请仔细检查后再保存。
- 必须保证变动后的净值大于变动后的净残值。

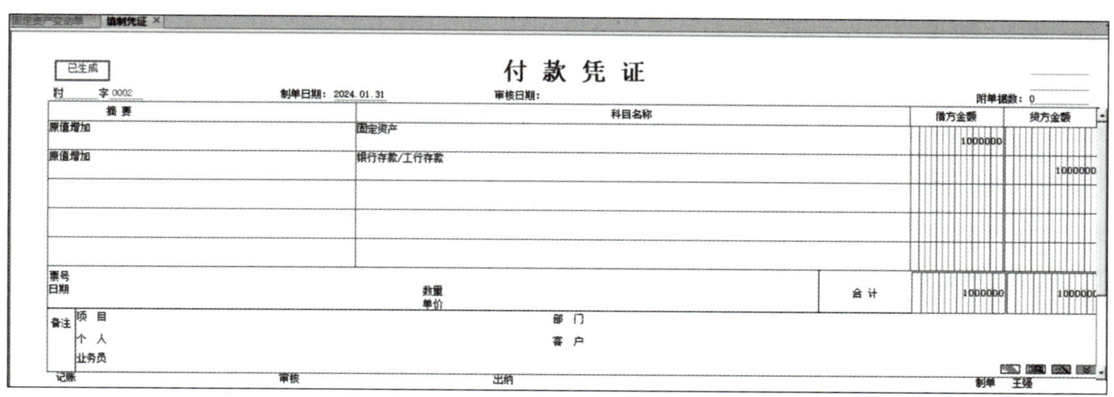

图 2-8-22　生成固定资产原值变动凭证

（六）账表管理

执行“固定资产→账表→我的账表”命令，可选择分析表、统计表等报表进行查询。

五、期末处理

（一）对账

（1）执行“固定资产→处理→对账”命令，弹出“与财务对账结果”提示框。

（2）单击“确定”按钮。

提示

- 总账管理子系统记账完毕后，固定资产管理子系统才可以进行对账。对账平衡后，可开始月末结账。
- 如果在初始设置时选择了“与账务系统对账”功能，对账的操作则不限制执行时间，任何时候都可以进行对账。
- 若在财务接口中选中“在对账不平情况下允许固定资产月末结账”，则可以直接进行月末结账。

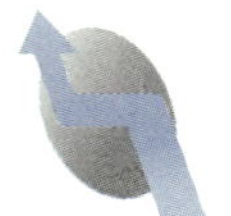

（二）结账

（1）执行“固定资产→处理→月末结账”命令，打开“月末结账”对话框。

（2）单击“开始结账”按钮，弹出提示框：“月末结账成功完成！”

（3）单击“确定”按钮。

提示

● 本会计期间做完月末结账工作后，所有数据资料将不能再进行修改。

● 本会计期间不做完月末结账工作，系统将不允许处理下一个会计期间的数据。

● 月末结账前一定要进行数据备份，否则数据一旦丢失，将造成无法挽回的严重后果。

（三）取消结账

（1）执行“固定资产→工具→恢复月末结账前状态”命令，弹出提示框：“是否继续？”

（2）单击“是”按钮，弹出提示框：“成功恢复月末结账前状态！”

（3）单击“确定”按钮。

提示

● 假如在结账后发现结账前操作有误，必须修改结账前数据，则可以使用“恢复结账前状态”（又称“反结账”）功能，即将数据恢复到月末结账前状态，其结果是结账时所做的所有工作都将被无痕迹删除。

● 只有在总账管理子系统未进行月末结账时才可以使用“恢复结账前状态”功能。

● 一旦成本核算管理子系统提取了某期的数据，该期就不能“反结账”。如果当前的账套已经做了年末处理，那么就不允许再执行恢复月初状态的功能。

实 验 报 告

班级：　　　　　　姓名：　　　　　　学号：　　　　　　成绩：

实验题目：实验八　固定资产管理

实验目的：

实验内容：

实验体会：

（一）填空

1.（　　）是计提折旧的依据。

2. 只有总账管理子系统（　　），固定资产管理子系统才能在期末和总账管理子系统进行对账工作。

3. 直接购入固定资产的对应入账科目是（　　）。

（二）思考

1. 写出建立固定资产账套的简要步骤。
2. 固定资产初始设置的内容包括哪些？
3. 固定资产减少应注意的问题有哪些？
4. 固定资产变动的内容包括哪些？
5. 写出折旧费用分配的凭证信息。

实验九

应收款管理

实验目的

1. 掌握用友 ERP-U8V10.1 软件中应收款管理子系统的相关内容
2. 掌握应收款管理子系统初始设置、日常业务处理及期末处理的操作
3. 理解应收款管理在总账管理子系统核算与在应收款管理子系统核算的区别

实验内容

1. 应收款管理子系统初始设置
2. 应收款管理子系统日常业务处理
3. 应收款管理子系统期末处理

实验准备

引入“实验账套\实验三”下的账套数据。

实验资料

1. 初始设置

（1）选项设置如表 2-9-1 所示。

表 2-9-1　选项设置

控制参数	参数设置
坏账处理方式	应收余额百分比法
自动计算现金折扣	√

（2）设置科目如表 2-9-2 所示。

表 2-9-2　设置科目

科目类别	设置方式
基本科目设置	应收科目（本币）：1122 销售收入科目：6001 税金科目：22210102
结算方式科目设置	结算方式：现金；币种：人民币；科目：1001 结算方式：现金支票；币种：人民币；科目：100201 结算方式：转账支票；币种：人民币；科目：100201

（3）坏账准备设置如表 2-9-3 所示。

表 2-9-3　坏账准备设置

控制参数	参数设置
提取比例	0.5%
坏账准备期初余额	0
坏账准备科目	1231
对方科目	6701

（4）账期内及逾期账龄区间如表 2-9-4 所示。

表 2-9-4　账期内及逾期账龄区间

序号	起止天数 / 天	总天数 / 天
01	0—30	30
02	31—60	60
03	61—90	90
04	91 以上	

（5）计量单位组如表 2-9-5 所示。

表 2-9-5　计量单位组

计量单位组编号	计量单位组名称	计量单位组类别
01	无换算关系	无换算率

（6）计量单位如表 2-9-6 所示。

表 2-9-6　计 量 单 位

计量单位编号	计量单位名称	所属计量单位组名称
01	张	无换算关系
02	箱	无换算关系
03	套	无换算关系
04	台	无换算关系

（7）存货分类如表 2–9–7 所示。

表 2–9–7　存货分类

存货类别编码	存货类别名称
01	原材料
02	产成品
03	其他

（8）存货档案如表 2–9–8 所示。

表 2–9–8　存货档案

单位：元

存货编码	存货名称	计量单位	所属分类	税率 /%	存货属性	参考成本	参考售价
1001	空白光盘	张	01	13	内销、外购、生产耗用	2	4
1002	包装纸	箱	01	13	外购、生产耗用	50	120
2001	A 软件	套	02	13	自制、内销	80	200
2002	B 软件	套	02	13	自制、内销	40	150
3001	学习革命	套	03	13	外购、内销	60	80
3002	方正计算机	台	03	13	外购、内销	6 000	7 000

说明：参考售价不含税。

（9）期初余额如表 2–9–9、表 2–9–10 所示。

会计科目：应收账款（1122）　　　余额：借 120 000 元

表 2–9–9　销售专用发票

金额单元：元

开票日期	客户	销售部门	科目	货物名称	数量 / 套	单价	税率	金额
2023–12–10	智宏公司	销售一部	1122	A 软件	200	200	13%	452 00

表 2-9-10 销售普通发票

金额单元：元

开票日期	客户	销售部门	科目	货物名称	数量 / 套	单价	金额
2023-12-25	飞宇中学	销售一部	1122	学习革命	935	80	74 800

（10）本单位开户银行

编码：01；名称：工商银行北京分行中关村分理处；账号：123456789098。

2. 1 月份发生经济业务

（1）1 月 3 日，销售二部出售给上海人民保险公司方正计算机 50 台，无税单价 7 000 元，价税合计 395 500 元，已开出增值税专用发票。货已发出，同时代垫运费 5 000 元，以工行存款支付。

（2）1 月 5 日，收到上海人民保险公司银行汇票一张，金额 395 500 元，票号 78209765，用以归还 3 日购货款。

（3）1 月 7 日，收到飞宇中学交来的转账支票一张，金额 100 000 元，支票号 34562109，作预收款处理。

（4）1 月 9 日，用飞宇中学交来的预收款冲抵其上月应收款 74 800 元，剩余款项作为下次购货的订金。

（5）1 月 10 日，由于长春客车厂对智宏公司有欠款，将上月智宏公司购买 A 软件的购货款应收款 45 200 元转给长春客车厂。

（6）1 月 17 日，确认本月 3 日为上海人民保险公司的代垫运费 5 000 元为坏账。

（7）1 月 31 日，计提坏账准备。

实验要求

以账套主管“11 刘宁”的身份进行应收款管理操作。

操作步骤

一、启用应收款管理子系统

以“11 刘宁”的身份登录企业应用平台。

操作员：11；密码：1；账套：666；会计年度：2024；操作日期：2024-01-31。

（1）单击“基础设置”菜单项，执行“基本信息→系统启用”命令，进入“系统启用”窗口。

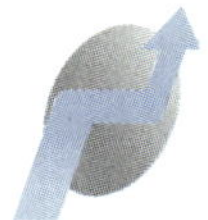

（2）选中“AR—应收款管理”复选框，弹出“日历”对话框。选择日期“2024年1月1日”，如图2-9-1所示。

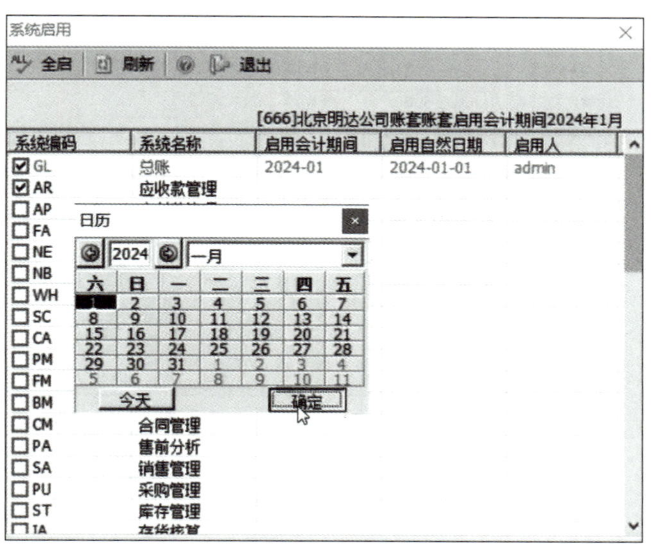

图2-9-1　启用应收款管理子系统

（3）单击“业务工作”菜单，再单击“财务会计”菜单。

二、初始设置

（一）选项设置

（1）执行“应收款管理→设置→选项”命令，打开“账套参数设置”对话框。

（2）单击“编辑”按钮，按实验资料进行控制参数设置，如图2-9-2所示。单击“确定”按钮。

提示

- 应收款管理子系统的核销方式一经确定，不允许调整。
- 如果当年已计提过坏账准备，则坏账处理方式不允许在当年修改，只能在下一年度修改。

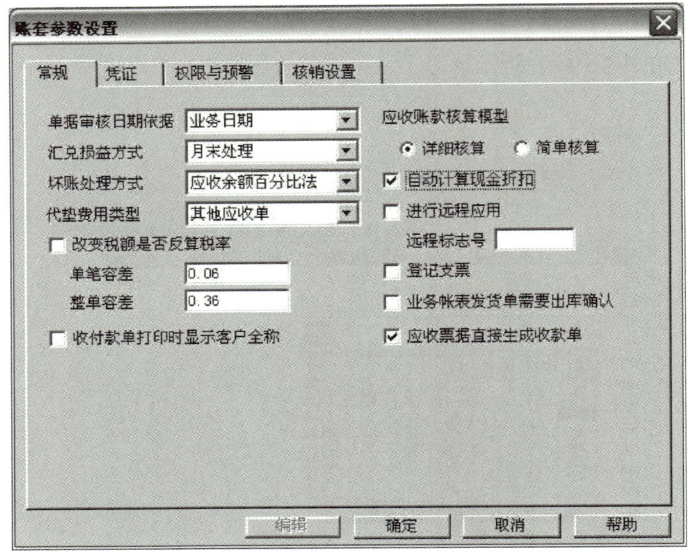

图 2-9-2　选项设置

（二）初始设置

（1）执行“应收款管理→设置→初始设置”命令，进入“初始设置”窗口。

（2）按实验资料依次进行基础科目设置、结算方式科目设置、坏账准备设置和账期内及逾期账龄区间设置。相应内容如图 2-9-3～图 2-9-6 所示。

提示

- 坏账准备设置完，需要单击“确定”按钮。

图 2-9-3　设置基础科目

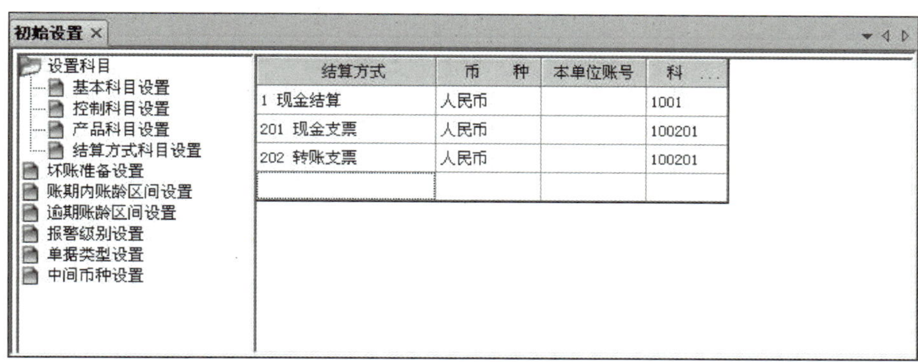

图 2-9-4　设置结算方式科目

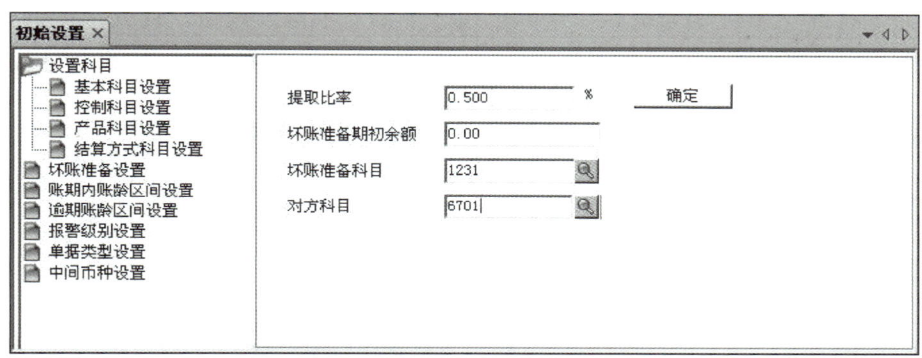

图 2-9-5　设置坏账准备

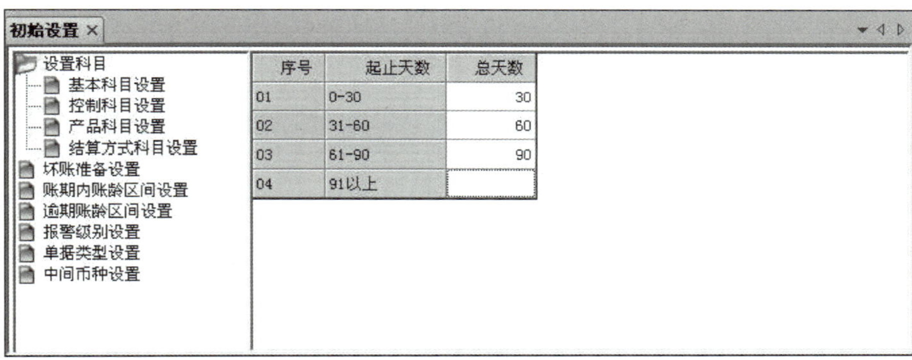

图 2-9-6　设置账期内及逾期账龄区间

（三）设置计量单位组和计量单位

（1）在企业应用平台中，执行“基础设置→基础档案→存货→计量单位”命令，进入“计量单位—计量单位组别”窗口。

（2）单击“分组”按钮，打开“计量单位组”对话框。

（3）单击“增加”按钮，按实验资料输入计量单位组信息并保存，如图 2-9-7

所示，退出。

计量单位组

增加 修改 删除 定位 退出

计量单位组编码 01　　计量单位组名称 无换算关系

计量单位组类别 无换算率　　默认组

序号	计量单位组编码	计量单位组名称	计量单位组类别	是否默认组
1	01	无换算关系	无换算率	

图 2-9-7　设置计量单位组

（4）选择“无换算关系”计量单位组，单击“单位”按钮，打开“计量单位”对话框，按实验资料输入计量单位信息，如图 2-9-8 所示。

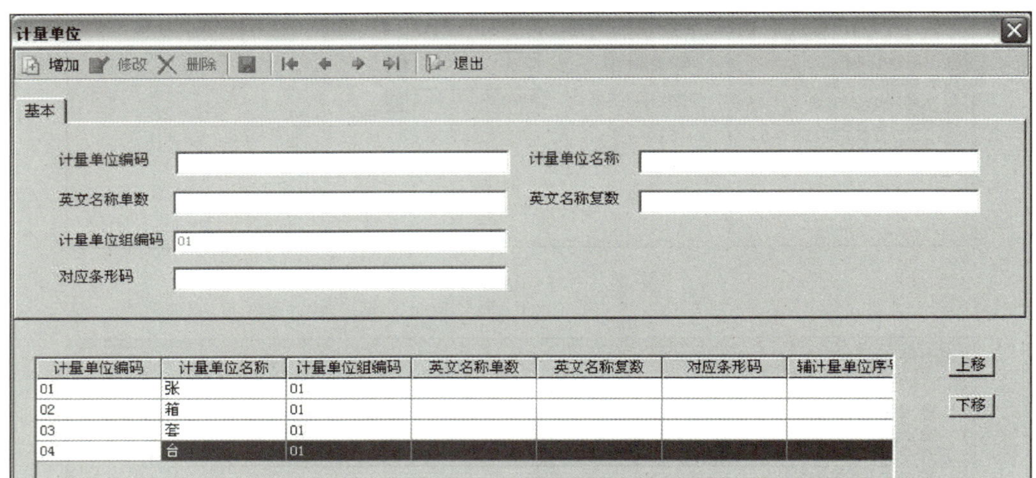

计量单位编码	计量单位名称	计量单位组编码	英文名称单数	英文名称复数	对应条形码	辅计量单位序号
01	张	01				
02	箱	01				
03	套	01				
04	台	01				

图 2-9-8　设置计量单位

（四）设置存货分类和存货档案

（1）在企业应用平台中，执行“基础设置→基础档案→存货→存货分类”命令，进入“存货分类”窗口。

（2）按实验资料进行存货分类设置，如图 2-9-9 所示。

（3）执行“基础设置→基础档案→存货→存货档案”命令，进入“存货档案”窗口。

（4）单击“增加”按钮，进入“增加存货档案”窗口。

（5）按实验资料输入存货档案，如图 2-9-10 所示。

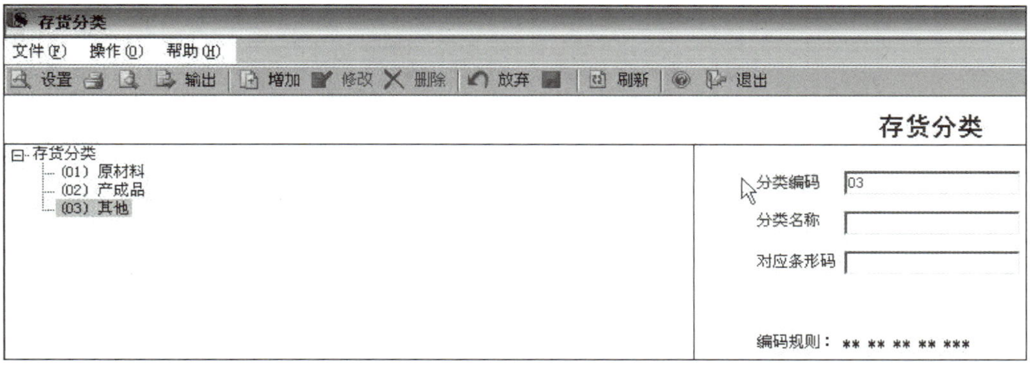

图 2-9-9　设置存货分类

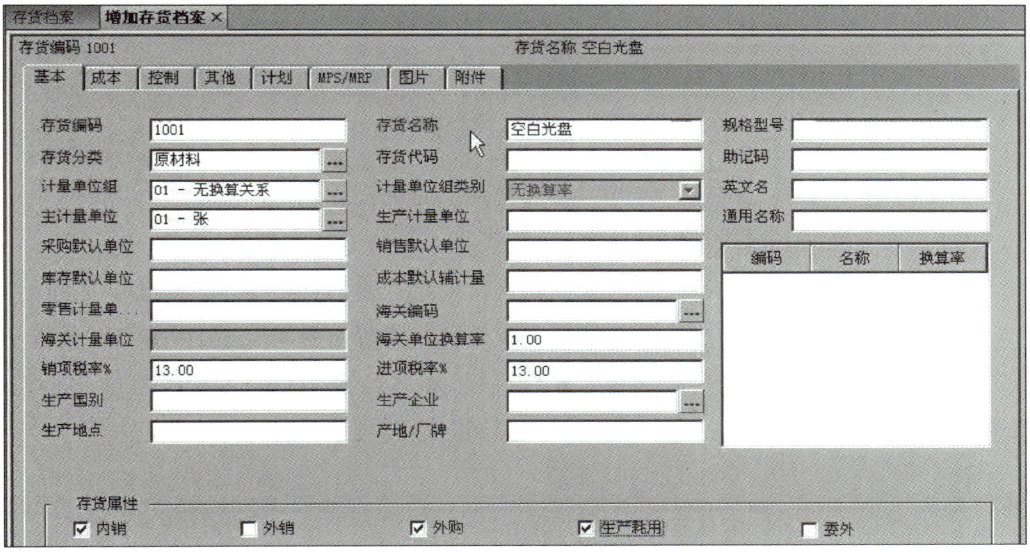

图 2-9-10　设置存货档案

（五）输入开户银行信息

在企业应用平台的“基础设置”中，执行“基础档案→收付结算→本单位开户银行”命令，在“增加本单位开户银行”窗口输入本单位开户银行信息，如图 2-9-11 所示。

（六）输入期初余额

1. 输入期初销售专用发票

（1）单击“业务工作→财务会计”菜单，执行“应收款管理→设置→期初余额”命令，打开“期初余额—查询”对话框。

（2）单击“确定”按钮，进入“期初余额明细表”窗口。

图 2-9-11　输入开户银行信息

（3）单击“增加”按钮，打开“单据类别”对话框。

（4）选择单据名称“销售发票”，单据类型“销售专用发票”。

（5）单击“确定”按钮，进入“期初销售发票”窗口。再单击“增加”按钮。

（6）输入开票日期“2023-12-10”，客户名称“智宏公司”，销售部门“销售一部”，科目“1122”。选择货物名称“A 软件”；输入数量“200”，无税单价“200”，价税金额自动算出，单击“”按钮。结果如图 2-9-12 所示。

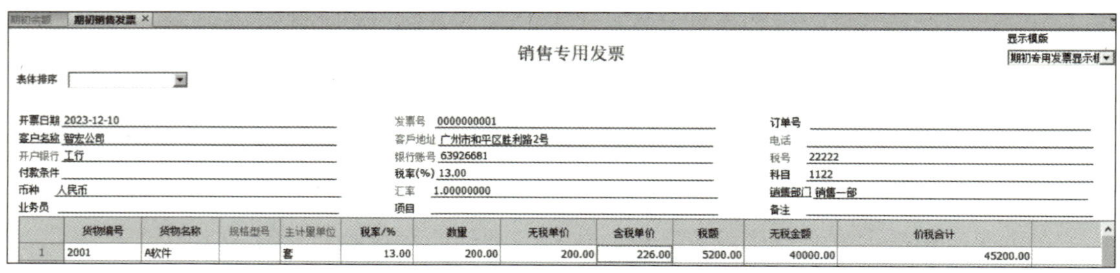

销售专用发票

显示模版 期初专用发票显示模

表体排序

开票日期 2023-12-10　发票号 0000000001　订单号
客户名称 智宏公司　客户地址 广州市和平区胜利路2号　电话
开户银行 工行　银行账号 63926681　税号 22222
付款条件　税率(%) 13.00　科目 1122
币种 人民币　汇率 1.00000000　销售部门 销售一部
业务员　项目　备注

	货物编号	货物名称	规格型号	主计量单位	税率/%	数量	无税单价	含税单价	税额	无税金额	价税合计
1	2001	A软件		套	13.00	200.00	200.00	226.00	5200.00	40000.00	45200.00

图 2-9-12　输入期初销售专用发票

● 输入期初销售发票时，要确定会计科目，以方便与总账管理子系统的应收账款对账。

2. 输入期初销售普通发票

执行“应收款管理→设置→期初余额”命令，选择“销售普通发票”，根据实验资料填制销售普通发票信息，如图 2-9-13 所示。

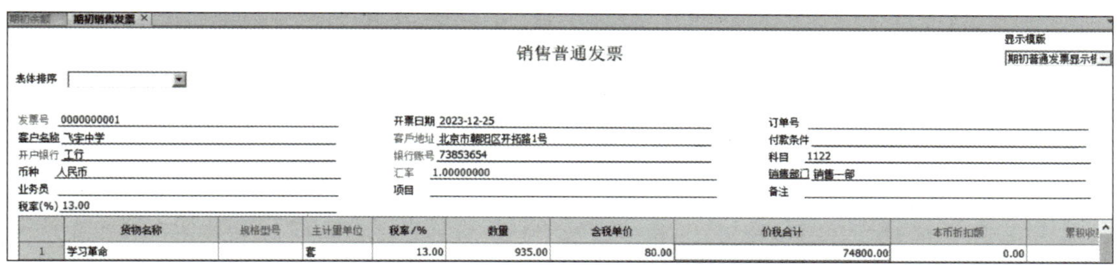

期初余额 | 期初销售发票

销售普通发票

显示模版：期初普通发票显示模

表体排序

发票号 0000000001　开票日期 2023-12-25　订单号

客户名称 飞宇中学　客户地址 北京市朝阳区开拓路1号　付款条件

开户银行 工行　银行账号 73853654　科目 1122

币种 人民币　汇率 1.00000000　销售部门 销售一部

业务员　项目　备注

税率(%) 13.00

	货物名称	规格型号	主计量单位	税率/%	数量	含税单价	价税合计	本币折扣额	累积收
1	学习革命		套	13.00	935.00	80.00	74800.00	0.00	

图 2-9-13　输入期初销售普通发票

3. 期初对账

（1）在“期初余额明细表”窗口中，单击“对账”按钮，进入“期初对账”窗口。

（2）查看应收款管理子系统与总账管理子系统的期初余额是否平衡。如图 2-9-14 所示。

期初余额 | 期初对账

科目		应收期初		总账期初		差额	
编号	名称	原币	本币	原币	本币	原币	本币
1122	应收账款	120,000.00	120,000.00	120,000.00	120,000.00	0.00	0.00
	合计		120,000.00		120,000.00		0.00

图 2-9-14　期初对账

（3）关闭“期初对账”窗口，返回“期初余额明细表”窗口。

提示

- 应收款管理子系统与总账管理子系统应收账款期初余额的差额应为零，即两个系统客户往来科目的期初余额应完全一致。

三、日常业务处理

（一）输入并审核销售专用发票及其他应收单据（业务 1）

1. 输入并审核销售专用发票

（1）执行“应收款管理→应收单据处理→应收单据录入”命令，打开“单据类别”对话框。

（2）选择单据名称“销售发票”，单据类型“销售专用发票”，单击“确定”按钮，进入“销售专用发票”窗口。

（3）单击“增加”按钮，输入开票日期“2024-01-03”，选项客户名称“人民保险”、销售部门“销售二部”，双击销售类型参照按钮…，在销售类型基本参照窗口中编辑如表2-9-11所示的销售类型、出库类别并选择。

表2-9-11　销售类型选择

销售类型编码	销售类型名称	出库类别	是否默认值
1	普通销售	销售出库	是

（4）选择货物名称“方正电脑”；输入数量“50”，无税单价“7 000”，金额自动计算出，单击“”按钮，如图2-9-15所示。

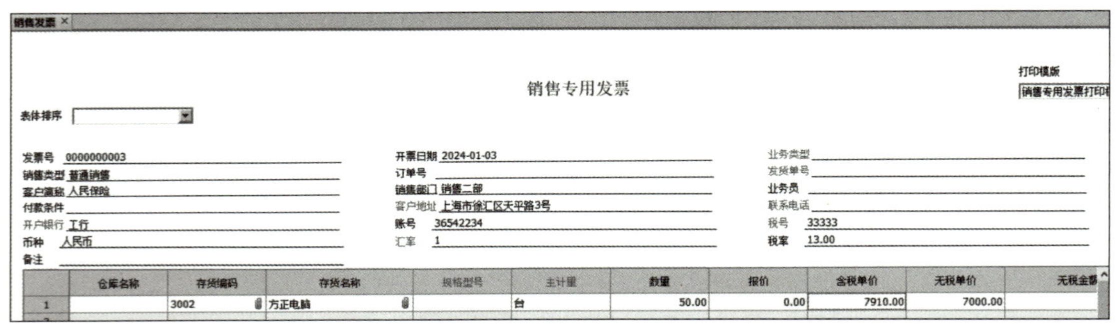

图2-9-15　填制销售专用发票

（5）单击“审核”按钮，系统弹出提示框：“是否立即制单？”

（6）单击“否”按钮，暂不生成凭证，单击“关闭”按钮。

2. 输入并审核其他应收单据

（1）执行“应收款管理→应收单据处理→应收单据录入”命令，打开“单据类别”对话框。

（2）选择单据名称“应收单”，单据类型“其他应收单”，单击“确定”按钮，进入“其他应收单”窗口。

（3）单击“增加”按钮，输入单据日期“2024-01-03”，客户名称“人民保险”，金额“5 000”，摘要“代垫运费”。

（4）选择对应科目“100201”，单击“”按钮，如图2-9-16所示。

（5）单击“审核”按钮，系统弹出提示框：“是否立即制单？”

（6）单击“否”按钮，暂不生成凭证，单击“退出”按钮。

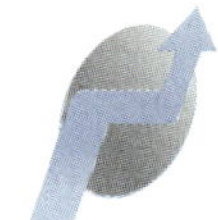

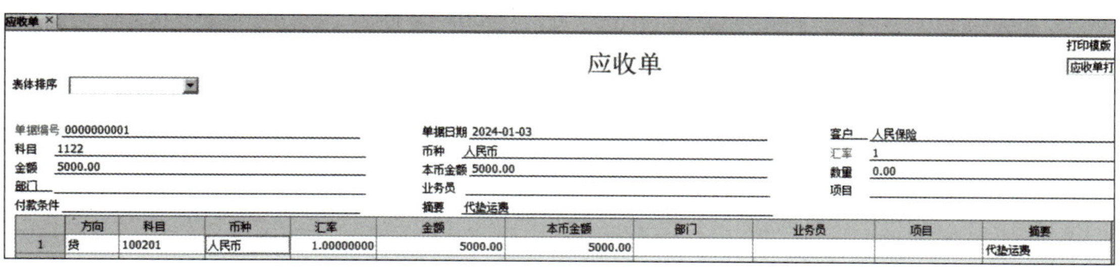

应收单 ×

应收单

打印模版 应收单打

表体排序

单据编号 0000000001　单据日期 2024-01-03　客户 人民保险

科目 1122　币种 人民币　汇率 1

金额 5000.00　本币金额 5000.00　数量 0.00

部门　业务员　项目

付款条件　摘要 代垫运费

	方向	科目	币种	汇率	金额	本币金额	部门	业务员	项目	摘要
1	贷	100201	人民币	1.00000000	5000.00	5000.00				代垫运费

图 2-9-16　填制其他应收单

● 已审核和生成凭证的应收单不能修改删除。若要修改和删除，必须取消相应的操作。

● 应收款管理子系统与销售管理子系统集成使用时，需要对由销售管理子系统中代垫费用单据所形成的应收单进行审核。

（二）录入收款单，核销部分应收款（业务 2）

（1）执行“应收款管理→收款单据处理→收款单据录入”命令，打开“收款单录入”窗口，单击“增加”按钮。

（2）输入日期“2024-01-05”，选择客户“人民保险”，结算方式“银行汇票”，结算科目“100201”，金额“395 500”，票据号“78209765”。

（3）在表体中单击并显示对应的应收款，单击“💾”按钮，如图 2-9-17 所示。

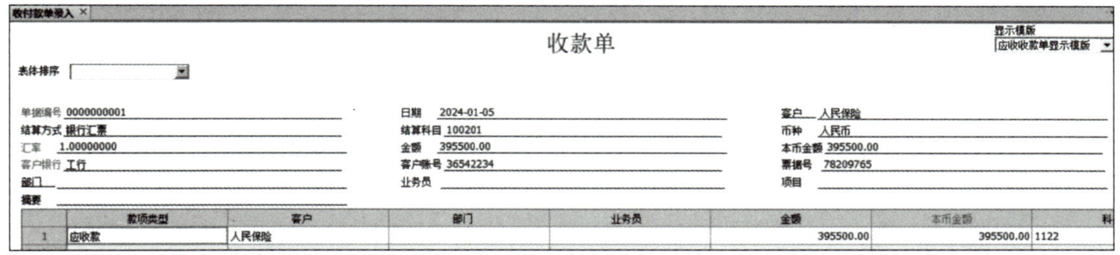

收付款单录入 ×

收款单

显示模版 应收收款单显示模版

表体排序

单据编号 0000000001　日期 2024-01-05　客户 人民保险

结算方式 银行汇票　结算科目 100201　币种 人民币

汇率 1.00000000　金额 395500.00　本币金额 395500.00

客户银行 工行　客户账号 36542234　票据号 78209765

部门　业务员　项目

摘要

	款项类型	客户	部门	业务员	金额	本币金额	科
1	应收款	人民保险			395500.00	395500.00	1122

图 2-9-17　录入收款单

（4）单击“审核”按钮，系统弹出“是否立即制单？”信息提示对话框，单击“否”按钮，暂不生成凭证。

（5）单击“核销”按钮，在 2024 年 1 月 3 日的结算单据中，输入销售专用发票和收款单本次结算金额为 395 500 元，如图 2-9-18 所示。单击“💾”按钮。

收付款单录入　单据核销 ×

单据日期	单据类型	单据编号	客户	款项类型	结算方式	币种	汇率	原币金额	原币余额	本次结算金额	订单号
2024-01-05	收款单	0000000001	人民保险	应收款	银行汇票	人民币	1.00000000	395,500.00	395,500.00	395,500.00	
合计								395,500.00	395,500.00	395,500.00	

单据日期	单据类型	单据编号	到期日	客户	币种	原币金额	原币余额	可享受折扣	本次折扣	本次结算
2024-01-03	其他应收单	0000000001	2024-01-03	人民保险	人民币	5,000.00	5,000.00	0.00		
2024-01-03	销售专...	0000000003	2024-01-03	人民保险	人民币	395,500.00	395,500.00	0.00		395500
合计						400,500.00	400,500.00	0.00		

图 2-9-18　核销部分应收款

（三）录入一张收款单据，全部形成预收款（业务 3）

（1）执行“应收款管理→收款单据处理→收款单据录入”命令，打开“收付款单录入”窗口，单击“增加”按钮。

（2）输入表头项目：选择客户“飞宇中学”，输入日期“2024-01-07”，结算方式“转账支票”，金额“100 000”，支票号“34562109”。表体项目款项类型选择“预收款”。

（3）单击“💾”按钮，如图 2-9-19 所示。再单击“审核”按钮，系统弹出提示框：“是否立即制单？”

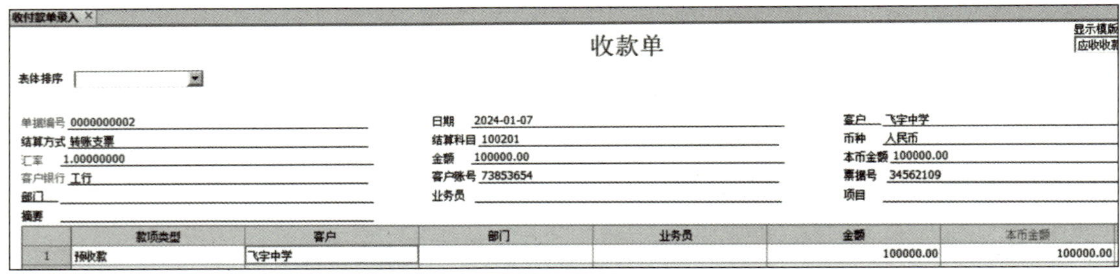
收付款单录入 ×

收款单

表体排序

单据编号 0000000002　日期 2024-01-07　客户 飞宇中学
结算方式 转账支票　结算科目 100201　币种 人民币
汇率 1.00000000　金额 100000.00　本币金额 100000.00
客户银行 工行　客户账号 73853654　票据号 34562109
部门　业务员　项目
摘要

	款项类型	客户	部门	业务员	金额	本币金额
1	预收款	飞宇中学			100000.00	100000.00

图 2-9-19　增加预收款

（4）单击“否”按钮，暂不生成凭证，再单击“关闭”按钮。

提示

- 全部款项形成预收款的收款单，可在“收付款单查询”功能中查看。
- 之后可通过“预收冲应收”以及“核销”等操作使用此笔预收款。

（四）预收冲应收（业务 4）

（1）执行“应收款管理→转账→预收冲应收”命令，进入“预收冲应收”窗口。

（2）输入日期“2024-01-09”。

（3）单击打开“预收款”选项卡，选择客户“飞宇中学”。单击“过滤”按钮，系统列出该客户的预收款，输入转账金额“74 800”。

（4）打开“应收款”选项卡，单击“过滤”按钮，系统列出该客户的应收款，在到期时期为 2023 年 12 月 25 日的应收款中，输入转账金额“74 800”，如图 2-9-20 所示。

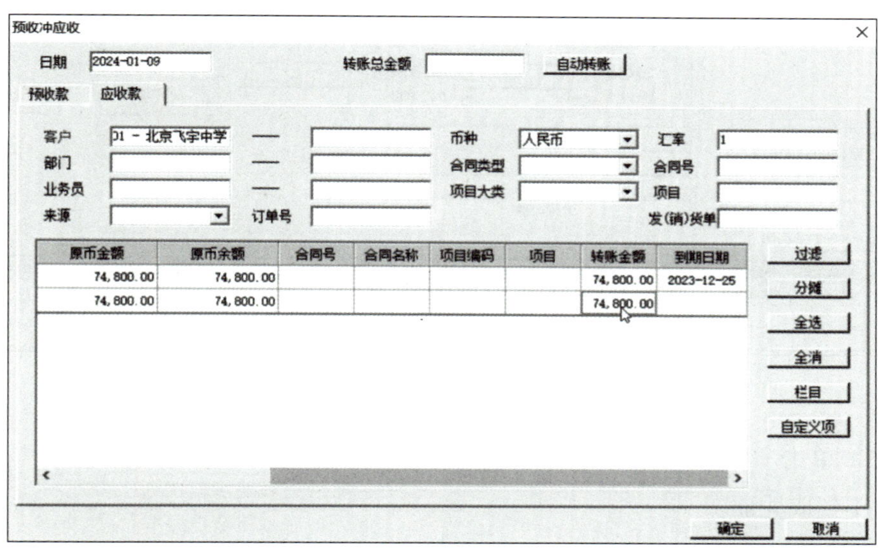

图 2-9-20　预收冲应收

（5）单击“确定”按钮，系统弹出提示框：“是否立即制单？”

（6）单击“否”按钮，暂不生成凭证。

提示

- 每一笔应收款的转账金额不能大于其余额。
- 应收款的转账金额合计应该等于预收款的转账金额合计。
- 在初始设置时，如果将应收科目和预收科目设置为同一科目，则无法通过“预收冲应收”功能生成凭证。
- 此笔预收款也可不先冲应收款，待收到此笔货款的剩余款项并进行核销时，再同时使用此笔预收款进行核销。

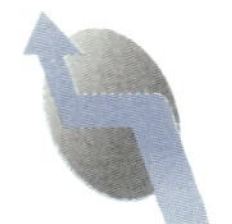

（五）应收冲应收（业务 5）

（1）执行“应收款管理→转账→应收冲应收”命令，进入“应收冲应收”窗口。

（2）选择转出户“智宏公司”，转入户“长春客车厂”。

（3）单击“查询”按钮，系统列出转出客户“智宏公司”的未核销的应收款。

（4）在 2023 年 12 月 10 日的销售专用发票单据行最后一栏“并账金额”中输入“45 200”，如图 2-9-21 所示。

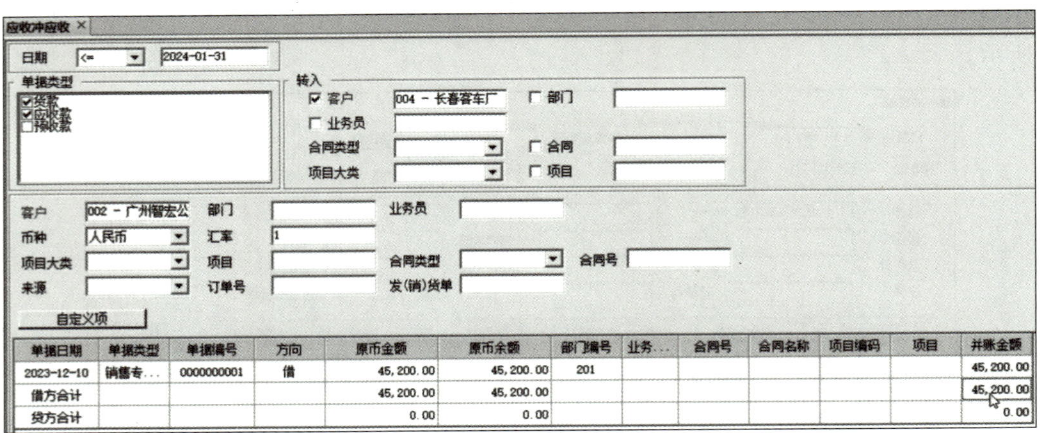

图 2-9-21　应收冲应收

（5）单击“保存”按钮，系统弹出提示框：“是否立即制单？”单击“否”按钮，暂不生成凭证。

（六）发生坏账（业务 6）

（1）执行“应收款管理→坏账处理→坏账发生”命令，打开“坏账发生”对话框。

（2）选择客户“人民保险”，输入日期“2024-01-17”，选择币种“人民币”。

（3）单击“确定”按钮，进入“发生坏账损失”窗口，系统列出该客户所有未核销的应收单据。

（4）在“本次发生坏账金额”处输入“5 000”，如图 2-9-22 所示。单击“OK 确认”按钮。

发生坏账损失

坏账发生单据明细

单据类型	单据编号	单据日期	合同号	合同名称	到期日	余额	部门	业务员	本次发生坏账金额
其他应收单	0000000001	2024-01-03			2024-01-03	5,000.00			5000
合计						5,000.00			0.00

图 2-9-22　确认坏账

（5）系统弹出提示框：“是否立即制单？”单击“否”按钮，暂不生成凭证。最后单击“退出”按钮。

（七）计提坏账准备（业务 7）

（1）执行“应收款管理→坏账处理→计提坏账准备”命令，进入“应收账款百分比法”窗口。

（2）系统根据应收账款余额、坏账准备余额、坏账准备初始设置情况自动计算出本次计提金额，如图 2-9-23 所示。

应收账款百分比法 ×

应收账款...	计提比率	坏账准备	坏账准备余额	本次计提
20,000.00	0.500%	100.00	-5,000.00	5,100.00

图 2-9-23 计提坏账准备

（3）单击“OK 确认”按钮，系统弹出“是否立即制单？”信息提示对话框。

（4）单击“否”按钮，暂不生成凭证。

提示

- 如果坏账准备已计提成功，本年度将不能再次计提坏账准备。

（八）制单

1. 立即制单

（1）在单据进行完相应的操作后，系统弹出“是否立即制单？”信息提示对话框。单击“是”按钮，便可立即生成一张凭证。

（2）修改后，单击“”按钮，此凭证可传递到总账管理子系统。

2. 批量制单

（1）执行“应收款管理→制单处理”命令，打开“制单查询”对话框。

（2）选中“发票制单”复选框，单击“确定”按钮，进入“销售发票制单”窗口。

（3）选择凭证类别为“转账凭证”，单击“全选”按钮。

（4）单击“制单”按钮，进入“填制凭证”窗口。检查凭证信息是否正确、完整。

（5）单击“”按钮，凭证左上方出现“已生成”字样，表明此凭证已传递至总账管理子系统，如图 2-9-24 所示。

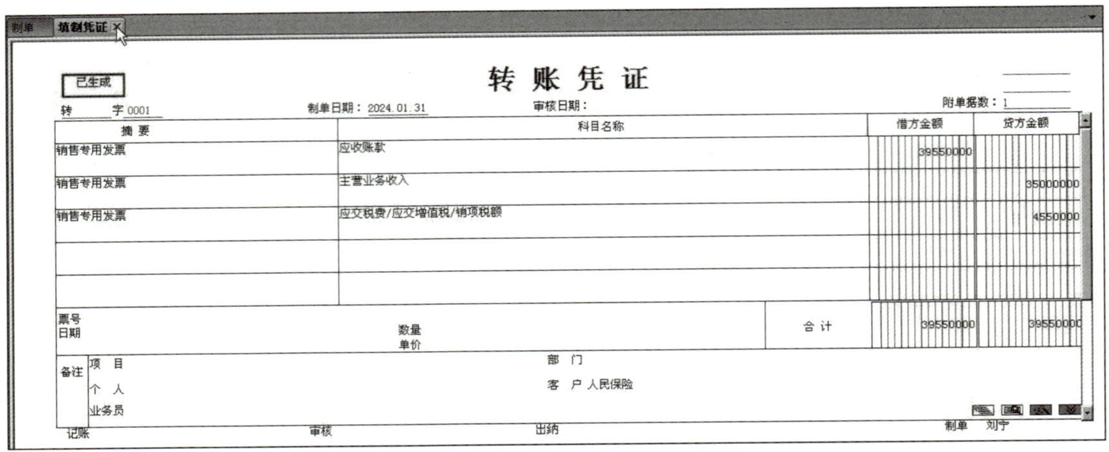

已生成

转 账 凭 证

转　字 0001　　制单日期：2024.01.31　　审核日期：　　附单据数：1

摘要	科目名称	借方金额	贷方金额
销售专用发票	应收账款	39550000	
销售专用发票	主营业务收入		35000000
销售专用发票	应交税费/应交增值税/销项税额		4550000
票号 日期	数量 单价 合计	39550000	39550000

备注　项目　　部门

个人　　客户　人民保险

业务员

记账　　审核　　出纳　　制单　刘宁

图 2-9-24　批量制单

（6）同理，依次完成应收单据制单、收付款单据制单（2 张）、预收冲应收制单、应收冲应收制单、坏账处理制单（2 张）。

提示

- 执行生成凭证的操作员，必须在总账管理子系统中拥有制单的权限。
- 制单日期应大于等于所选单据的最大日期，但小于当前业务日期。同时，制单日期应满足总账管理子系统中制单序时要求。

（九）查询统计

（1）单据查询。

（2）业务账表查询。

（3）科目账表查询。

（4）账龄分析。

四、期末处理

（一）月末结账

（1）执行“期末处理→月末结账”命令，打开“月末处理”对话框。

（2）双击 1 月份的“结账标志”栏。

（3）单击“下一步”按钮，屏幕显示各处理类型的处理情况。

（4）在处理情况都是“是”的情况下，单击“完成”按钮，结账后，系统弹出“月末结账成功！”信息提示对话框。

（5）单击“确定”按钮，系统自动在对应的结账月份的“结账标志”栏中显示“已结账”字样。

提示

- 本月的单据在结账前应该全部审核；本月的结算单据在结账前应全部核销。
- 只有应收款管理子系统结账后，总账管理子系统才能结账。
- 应收款管理子系统与销售管理子系统集成使用时，只有销售管理子系统结账后，应收款管理子系统才能结账。

（二）取消结账（选做）

（1）执行“期末处理→取消月结”命令，打开“取消结账”对话框。

（2）选择“1月已结账”月份。

（3）单击“确定”按钮，系统弹出提示框：“取消结账成功！”

（4）单击“确定”按钮，当月结账标志即被取消。

提示

- 如果当月总账管理子系统已经结账，则应收款管理子系统不能取消结账。

参考凭证

以上应收款管理日常业务及期末业务经过处理后，在应收款管理子系统中生成相应记账凭证传递到总账管理子系统，最后在总账管理子系统中可以查询到如表2-9-12所示的凭证。

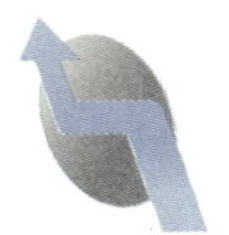

表 2-9-12 应收日常业务及期末业务生成凭证一览

业务号	业务日期	业务单据	会计分录
1	01-03	销售专用发票	借：应收账款 395 500 贷：主营业务收入 350 000 应交税费——应交增值税（销项税额） 45 500
	01-03	其他应收单	借：应收账款 5 000 贷：银行存款——工行存款 5 000
2	01-05	收款单	借：银行存款——工行存款 395 500 贷：应收账款 395 500
3	01-07	收款单	借：银行存款——工行存款 100 000 贷：预收账款 100 000
4	01-09	预收冲应收	贷：预收账款——飞宇中学 −74 800 贷：应收账款——飞宇中学 74 800
5	01-10	应收冲应收	借：应收账款——长春客车厂 45 200 借：应收账款——智宏公司 −45 200
6	01-17	发生坏账	借：坏账准备 5 000 贷：应收账款 5 000
7	01-31	计提坏账准备	借：信用减值损失 5 100 贷：坏账准备 5 100

实 验 报 告

班级： 姓名： 学号： 成绩：

实验题目：实验九 应收款管理

实验目的：

实验内容：

实验体会：

思考

1. 应收款管理子系统初始化时设置的参数有哪些？
2. 应收款管理子系统日常业务处理的主要内容有哪些？
3. 坏账处理包括哪些内容？
4. 请写出销售发票制单、收款单制单、应收冲应收、应收冲预收和计提坏账准备所对应生成的记账凭证。

实验十

供应链管理子系统初始设置

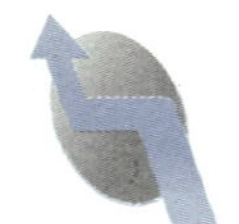

实验目的

1. 掌握用友 ERP-U8V10.1 软件中供应链管理子系统初始设置的相关内容
2. 理解供应链管理子系统业务处理流程
3. 掌握供应链管理子系统基础信息设置、期初数据录入的操作方法

实验内容

1. 启用应收款管理子系统、应付款管理子系统、采购管理子系统、销售管理子系统、库存管理子系统、存货核算子系统
2. 供应链管理子系统基础科目设置
3. 供应链管理子系统基础信息设置
4. 供应链管理子系统期初数据录入

实验准备

1. 引入“实验账套\实验三”下的账套数据
2. 修改总账期初余额

实验资料

一、基础信息

（一）存货分类

存货分类如表 2-10-1 所示。

表 2-10-1　存货分类

存货类别编码	存货类别名称
01	原材料
01	产成品
03	其他

（二）计量单位组及单位

计量单位组及单位如表 2-10-2 所示。

表 2-10-2　计量单位组及单位

单位组编码	单位组名称	单位组类别
01	无换算	无换算率
单位编码	单位名称	所属单位组
01	张	01
02	箱	01
03	套	01
04	台	01
05	次	01

（三）存货档案

存货档案如表 2-10-3 所示。

表 2-10-3　存货档案

单位：元

存货编码	存货名称	计量单位	所属分类	税率	存货属性	参考成本	参考售价
1001	空白光盘	张	01	13%	内销、外购、生产耗用	2	4
1002	包装纸	箱	01	13%	外购、生产耗用	50	120
2001	A 软件	套	02	13%	自制、内销	80	200
2002	B 软件	套	02	13%	自制、内销	40	150
3001	学习革命	套	03	13%	外购、内销	60	80
3002	方正电脑	台	03	13%	外购、内销	6 000	7 000
9001	运费	次	03	9%	内销、外购、应税劳务		

说明：参考售价不含税。

（四）仓库档案

仓库档案如表 2-10-4 所示。

表 2-10-4 仓库档案

仓库编码	仓库名称	所属部门	负责人	计价方式
1	材料库	采购中心	周伟	先进先出法
2	软件库	销售一部	赵红	先进先出法
3	硬件库	销售二部	宋瑞	先进先出法

（五）收发类别

收发类别如表 2-10-5 所示。

表 2-10-5 收发类别

收发类别编码	收发类别名称	收发标志	收发类别编码	收发类别名称	收发标志
1	入库分类	收	2	出库分类	发
11	采购入库	收	21	销售出库	发
12	产品完工入库	收	22	材料领用出库	发
13	其他入库	收	23	其他出库	发

（六）采购类型

采购类型如表 2-10-6 所示。

表 2-10-6 采购类型

采购类型编码	采购类型名称	入库类别	是否默认值
1	生产采购	采购入库	是
2	其他采购	采购入库	否

（七）销售类型

销售类型如表 2-10-7 所示。

表 2-10-7 销售类型

销售类型编码	销售类型名称	出库类别	是否默认值
1	批发	销售出库	是
2	零售	销售出库	否

（八）本单位开户银行

本单位开户银行如表 2-10-8 所示。

表 2-10-8　本单位开户银行

项目	内容
编码	01
银行账号	123456789098
币种	人民币
开户银行	工商银行海淀分理处
所属银行编码	01 中国工商银行

（九）费用项目

费用项目分类：（1）代垫费用

费用项目：01 代垫运费［所属分类：（1）］

二、基础科目

（一）存货科目

存货科目如表 2-10-9 所示。

表 2-10-9　存货科目

仓库	存货科目
材料库	空白光盘（140301）
软件库	库存商品（1405）
硬件库	库存商品（1405）

（二）存货对方科目

存货对方科目如表 2-10-10 所示。

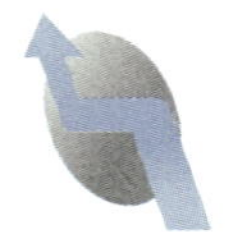

表 2-10-10 存货对方科目

收发类别	对方科目
采购入库	在途物资（1402）
产品完工入库	生产成本 / 直接材料（500101）
销售出库	主营业务成本（6401）
材料领用出库	生产成本 / 直接材料（500101）

（三）应收核算科目

（1）基本科目设置：应收科目 1122，销售收入科目 6001，税金科目（销项税额）22210102。

（2）结算方式科目设置：现金结算对应 1001，转账支票对应 100201，现金支票对应 100201。

（四）应付核算科目

（1）基本科目设置：应付科目 2202，采购科目 1402，税金科目（进项税额）22210101。

（2）结算方式科目设置：现金结算对应 1001，转账支票对应 100201，现金支票对应 100201。

三、期初数据

（一）应收期初数据

应收期初数据如表 2-10-11、表 2-10-12 所示。

表 2-10-11 开具增值税发票的应收期初数据

金额单位：元

开票日期	客户	销售部门	科目	货物名称	数量	无税单价	税率	金额
2023-12-10	智宏公司	销售一部	1122	A 软件	200 套	200	13%	45 200

表 2-10-12 开具普通发票的应收期初数据

金额单位：元

开票日期	客户	销售部门	科目	货物名称	数量	含税单价	金额
2023-12-25	飞宇中学	销售一部	1122	学习革命	935 套	80	74 800

（二）应付期初数据

应付期初数据如表 2-10-13 所示。

表 2-10-13　开具增值税发票的应付期初数据

金额单位：元

开票日期	供应商	采购部门	科目	货物名称	数量	单价	税率	金额
2023-12-18	北京方正公司（简称：北京方正）	采购中心	2202	方正电脑	10 台	6 000	13%	67 800

（三）库存和存货期初数据

2023 年 12 月 31 日，库管员对各个仓库进行了盘点，结果如表 2-10-14 所示。

表 2-10-14　库存和存货期初数据

金额单位：元

仓库名称	存货编码	存货名称	数量	单价	总计
材料库	1001	空白光盘	10 000 张	2	20 000
材料库	1002	包装纸	320 箱	50	16 000
软件库	2001	A 软件	500 套	80	40 000
软件库	2002	B 软件	200 套	40	8 000
软件库	3001	学习革命	200 套	60	12 000
硬件库	3002	方正电脑	20 台	6 000	120 000

四、参数与明细权限

（一）仓库明细权限

周伟、赵红具有材料库、硬件库和软件库的查询录入权限。

（二）应付款管理、应付款管理参数

取消控制操作员权限、取消单据审核后立即制单。

（三）销售管理参数

报价不含税，有分期收款业务、委托代销业务；新增退货单、新增发票参考发货。

（四）库存管理参数

允许超可用量出库。

（五）存货核算参数

销售成本核算方式为“销售出库单”，委托代销成本核算方式为“按发出商品核算”。

实验要求

以“11 刘宁”的身份进行供应链管理子系统初始设置。

操作步骤

以“11 刘宁”的身份登录企业应用平台。

操作员：11；密码：1；账套：666；会计年度：2024；操作日期：2024-01-01。

一、启用供应链管理子系统中相关的子系统

（1）单击“基础设置”菜单项，执行“基本信息→系统启用”命令，进入“系统启用”窗口。

（2）启用应收款管理、应付款管理、销售管理、采购管理、库存管理和存货核算子系统，启用日期均为 2024 年 1 月 1 日。

二、进行基础档案设置

（一）设置存货分类

（1）单击“基础设置”菜单项，执行“基础档案→存货→存货分类”命令，打开“存货分类”窗口。

（2）在“存货分类”窗口中，单击“增加”按钮。输入分类编码：“01”，分类名称“原材料”。

（3）单击“💾”按钮。同理，增加其他存货类别，如图 2-10-1 所示。

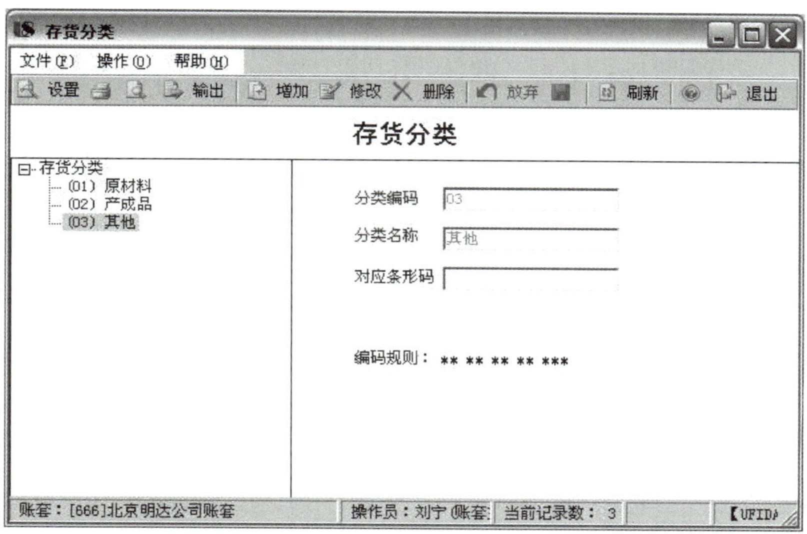

图 2-10-1　设置存货分类

（二）设置计量单位组

（1）执行"基础档案→存货→计量单位"命令，在打开的"计量单位"窗口中，单击"分组"按钮，打开"计量单位组"对话框。

（2）单击"增加"按钮。输入计量单位组编码："01"，计量单位组名称"无换算"，计量单位组类别"无换算率"，如图 2-10-2 所示。

（3）单击"💾"按钮。

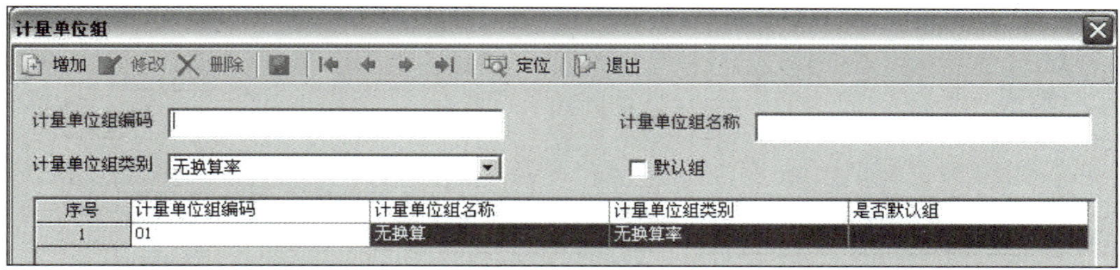

序号	计量单位组编码	计量单位组名称	计量单位组类别	是否默认组
1	01	无换算	无换算率	

图 2-10-2　设置计量单位组

（三）设置计量单位

（1）在"计量单位"窗口中，单击选择"无换算"计量单位组。

（2）单击"单位"按钮，打开"计量单位设置"对话框。

（3）单击"增加"按钮，输入计量单位编码："01"，计量单位名称"张"。

（4）单击"💾"按钮。同理，输入其他计量单位，结果如图 2-10-3 所示。

计量单位

序号	计量单位编码	计量单位名称	计量单位组编码	计量单位组名称	计量单位组类别	英文名称单数	英文
1	01	张	01	无换算	无换算率		
2	02	箱	01	无换算	无换算率		
3	03	套	01	无换算	无换算率		
4	04	台	01	无换算	无换算率		
5	05	次	01	无换算	无换算率		

图 2-10-3　设置计量单位

（四）设置存货档案

（1）执行“基础档案→存货→存货档案”命令，打开“存货档案”窗口。

（2）在“存货档案”窗口中，单击选中“（01）原材料”。

（3）单击“增加”按钮，打开“增加存货档案”对话框。输入如下数据。

①“基本”选项卡：存货编码：“1001”，存货名称“空白光盘”，计量单位组名称“无换算”，主计量单位名称“张”，税率“13%”，存货属性“内销、外购、生产耗用”。②“成本”选项卡：计划价“2”，参考售价“4”。

（4）单击“ ”按钮。同理，增加其他存货档案信息，结果如图 2-10-4 所示。

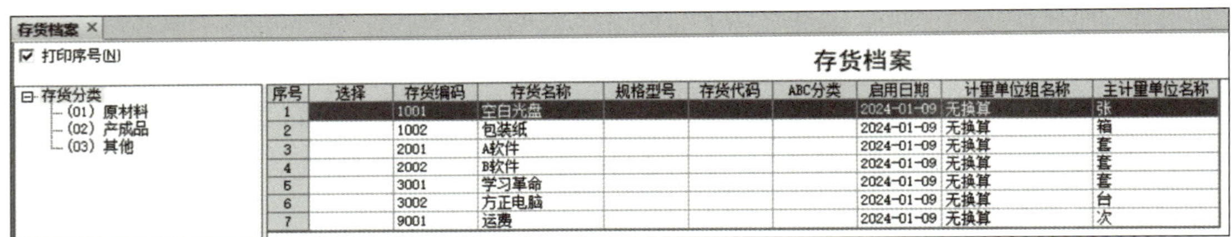

存货档案

☑ 打印序号(N)

存货档案

存货分类
- (01) 原材料
- (02) 产成品
- (03) 其他

序号	选择	存货编码	存货名称	规格型号	存货代码	ABC分类	启用日期	计量单位组名称	主计量单位名称
1		1001	空白光盘				2024-01-09	无换算	张
2		1002	包装纸				2024-01-09	无换算	箱
3		2001	A软件				2024-01-09	无换算	套
4		2002	B软件				2024-01-09	无换算	套
5		3001	学习革命				2024-01-09	无换算	套
6		3002	方正电脑				2024-01-09	无换算	台
7		9001	运费				2024-01-09	无换算	次

图 2-10-4　设置存货档案

提示

● 对于需要选择输入的项目，若要重新选择，应先删除原选项，再重新选择。

（五）设置仓库档案

（1）执行“基础档案→业务→仓库档案”命令，打开“仓库档案”窗口。

（2）在“仓库档案”窗口中，单击“增加”按钮，打开“增加仓库档案”对话框。

（3）输入仓库编码“1”，仓库名称“材料库”，部门编码“3- 采购中心”，负

责人“周伟”，计价方式“先进先出法”，仓库属性“普通仓”。

（4）单击“ ”按钮。同理，增加其他仓库档案，结果如图 2-10-5 所示。

仓库档案 ×

☑ 打印序号 (N)

仓库档案

序号	仓库编码	仓库名称	部门名称	仓库地址	电话	负责人	计价方式	是否货位管
1	1	材料库	采购中心			周伟	先进先出法	否
2	2	软件库	销售一部			赵红	先进先出法	否
3	3	硬件库	销售二部			宋瑞	先进先出法	否

图 2-10-5　设置仓库档案

（六）设置收发类别

（1）执行“基础档案→业务→收发类别”命令，打开“收发类别”窗口。

（2）在“收发类别”窗口中，单击“增加”按钮。

（3）输入或选择数据。收发类别编码“1”，收发类别名称“入库分类”，收发标志“收”。

（4）单击“ ”按钮。同理，增加其他收发类别，结果如图 2-10-6 所示。

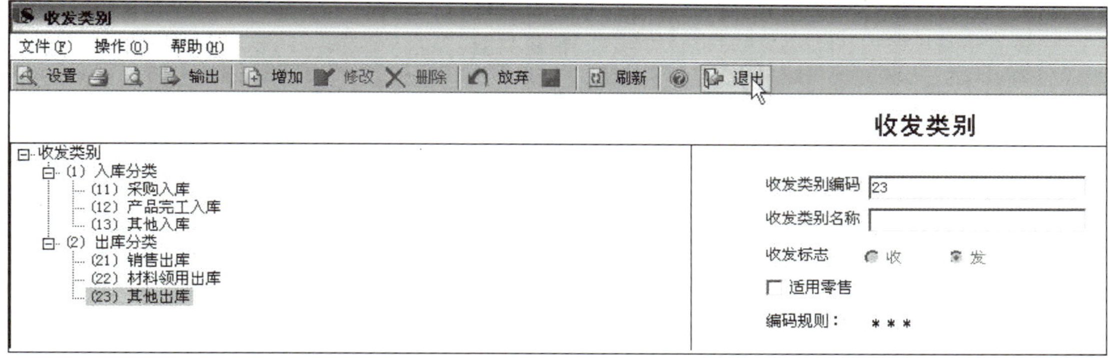

图 2-10-6　设置收发类别

（七）设置采购类型

（1）执行“基础档案→业务→采购类型”命令，打开“采购类型”窗口。

（2）在“采购类型”窗口中，单击“增加”按钮。

（3）输入或选择数据。采购类型编码“1”，采购类型名称“生产采购”，入库类别“采购入库”，是否默认值“是”。

（4）单击“ ”按钮。同理，增加其他采购类型。结果如图 2-10-7 所示。

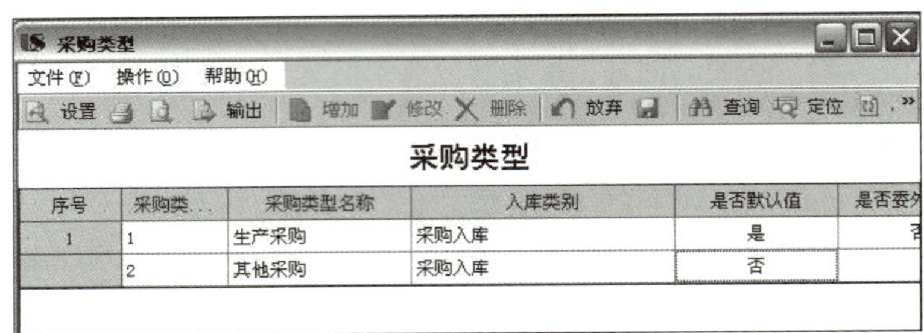

图 2-10-7　设置采购类型

（八）设置销售类型

（1）执行“基础档案→业务→销售类型”命令，打开“销售类型”窗口。

（2）在“销售类型”窗口中，单击“增加”按钮。

（3）输入或选择数据。销售类型编码：1；销售类型名称：批发；出库类别：销售出库；是否默认值：是。

（4）单击“ ”按钮。同理，增加其他销售类型，结果如图 2-10-8 所示。

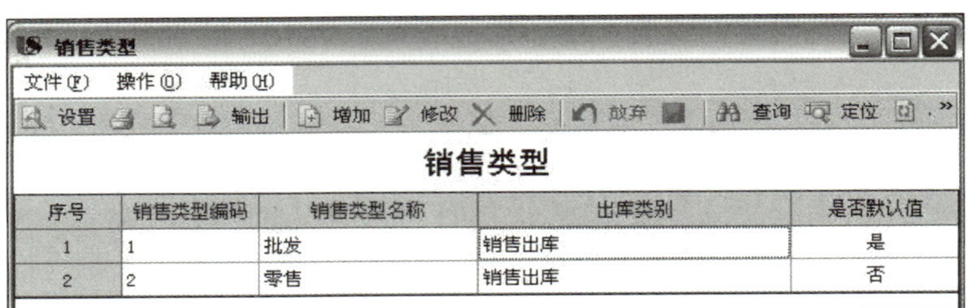

图 2-10-8　设置销售类型

（九）设置本单位开户银行

（1）执行“基础档案→收付结算→本单位开户银行”命令，打开“本单位开户银行”窗口。

（2）在“本单位开户银行”窗口中，单击“增加”按钮，打开“增加本单位开户银行”对话框。

（3）按资料输入开户银行信息。

（4）单击“ ”按钮，单击“关闭”按钮。结果如图 2-10-9 所示。

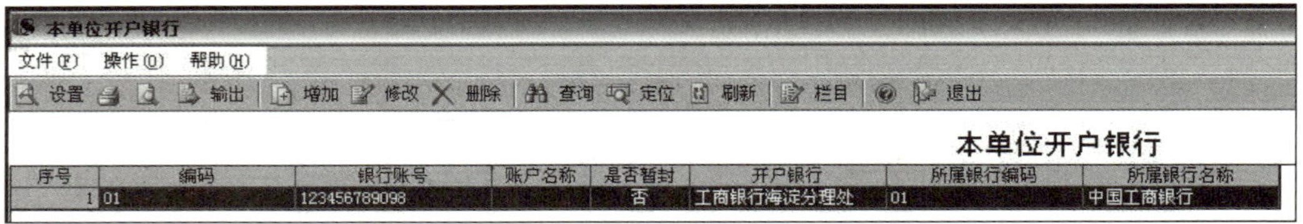

图 2-10-9　设置本单位开户银行

（十）设置费用项目

（1）在企业应用平台的“基础设置”选项卡中，执行“基础档案→业务→费用项目分类”命令，进入“费用项目分类”窗口。增加项目分类“（1）代垫费用”。

（2）执行“基础档案→业务→费用项目”命令，进入“费用项目档案”窗口。增加“01 代垫运费”并保存。结果如图 2-10-10 所示。

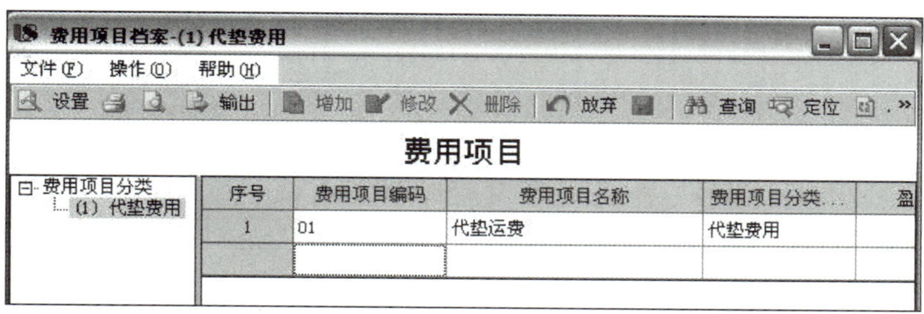

图 2-10-10　设置费用项目

三、设置基础科目

（一）设置存货科目

（1）单击“业务工作”菜单项，单击“供应链”菜单项，执行“存货核算→初始设置→科目设置→存货科目”命令，进入“存货科目”窗口。

（2）单击“增加”按钮。根据实验资料，输入存货科目。

（3）单击“💾”按钮。结果如图 2-10-11 所示。

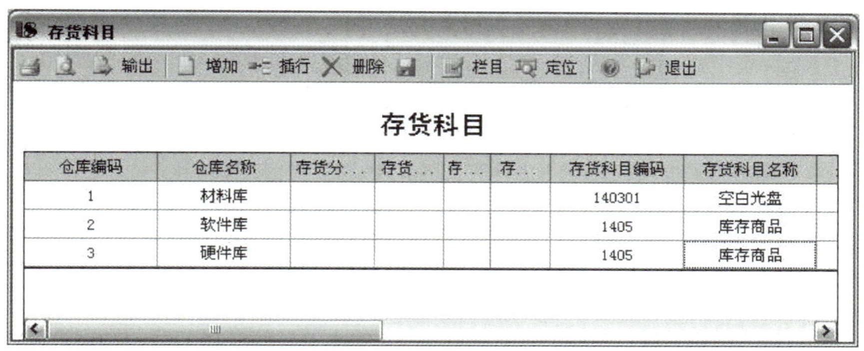

图 2-10-11　设置存货科目

（二）设置存货对方科目

（1）执行“存货核算→初始设置→科目设置→对方科目”命令，进入“对方科目”窗口。

（2）单击“增加”按钮。根据实验资料，输入对方科目。

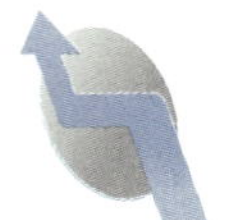

（3）单击“💾”按钮。结果如图 2-10-12 所示。

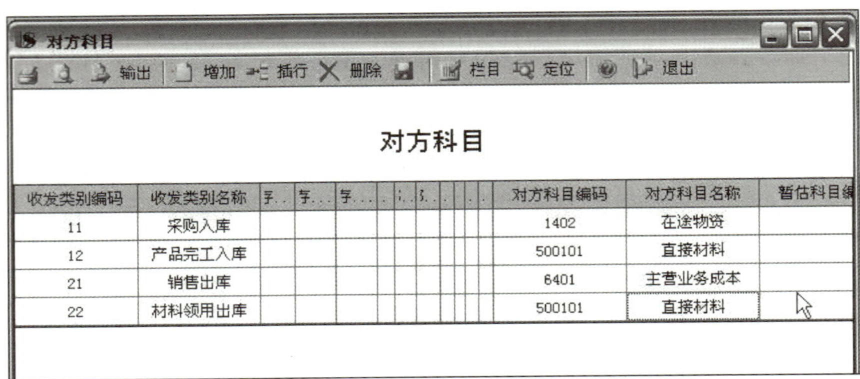

收发类别编码	收发类别名称	对方科目编码	对方科目名称	暂估科目编
11	采购入库	1402	在途物资	
12	产品完工入库	500101	直接材料	
21	销售出库	6401	主营业务成本	
22	材料领用出库	500101	直接材料	

图 2-10-12　设置存货对方科目

（三）设置应收核算科目

（1）单击“财务会计”菜单项，执行“应收款管理→设置→初始设置”命令，打开“初始设置”窗口。

（2）单击“基本科目设置”，单击“增加”按钮，设置基本科目，结果如图 2-10-13 所示。单击“结算方式科目设置”，单击“增加”按钮，设置结算方式科目。

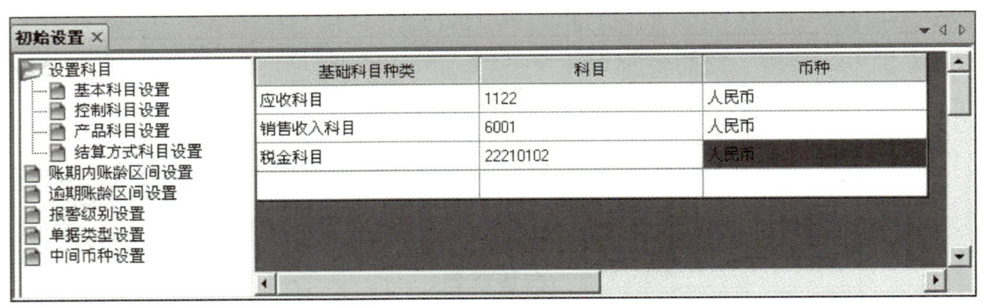

基础科目种类	科目	币种
应收科目	1122	人民币
销售收入科目	6001	人民币
税金科目	22210102	人民币

图 2-10-13　设置应收核算科目

（3）单击“关闭”按钮。

（四）设置应付核算科目

（1）单击“财务会计”菜单项，执行“应付款管理→设置→初始设置”命令，打开“初始设置”窗口。

（2）单击“基本科目设置”，单击“增加”按钮，设置基本科目，结果如图 2-10-14 所示。单击“结算方式科目设置”，单击“增加”按钮，设置结算方式科目。

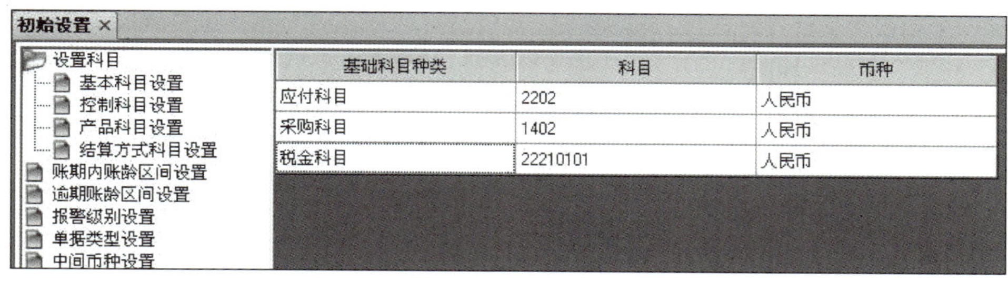

基础科目种类	科目	币种
应付科目	2202	人民币
采购科目	1402	人民币
税金科目	22210101	人民币

图 2-10-14　设置应付核算科目

（3）单击“关闭”按钮。

四、输入期初数据

（一）输入应收期初数据

1. 输入期初销售专用发票

（1）执行“应收款管理→设置→期初余额”命令，打开“期初余额—查询”对话框。

（2）单击“确定”按钮，进入“期初余额明细表”窗口。

（3）单击“增加”按钮，打开“单据类别”对话框。

（4）选择单据名称“销售发票”，单据类型“销售专用发票”。

（5）单击“确定”按钮，进入“期初销售发票”窗口。再单击“增加”按钮。

（6）根据实验资料输入专用发票信息，单击“ ”按钮。结果如图 2-10-15 所示。

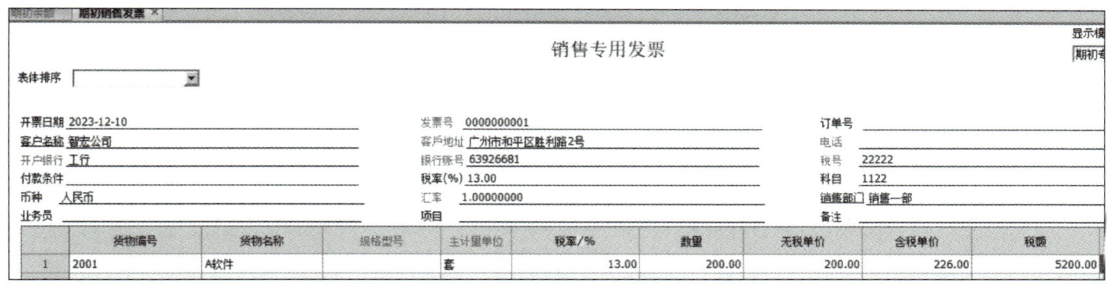

	货物编号	货物名称	规格型号	主计量单位	税率/%	数量	无税单价	含税单价	税额
1	2001	A软件		套	13.00	200.00	200.00	226.00	5200.00

图 2-10-15　输入销售期初专用发票

2. 输入期初销售普通发票

执行“应收款管理→设置→期初余额”命令，选择“销售普通发票”，根据实验资料填制普通发票信息，如图 2-10-16 所示。

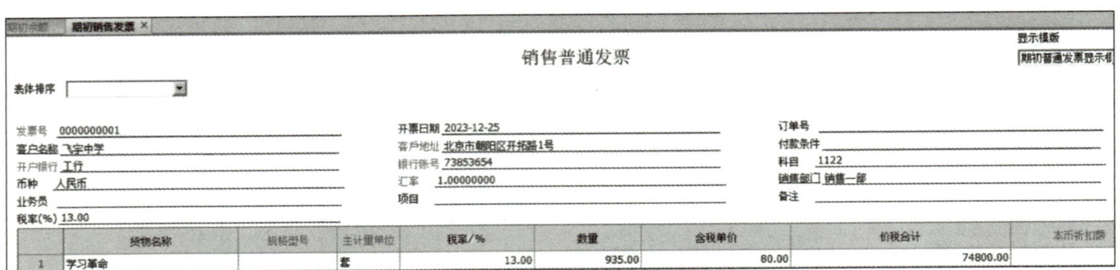

图 2-10-16　输入销售期初普通发票

（二）输入应付期初数据

执行"应付款管理→设置→期初余额"命令，选择"采购专用发票"，根据实验资料填制专用发票信息，如图 2-10-17 所示。

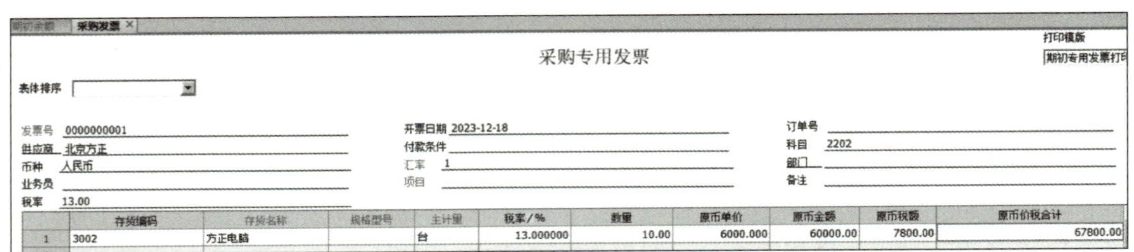

图 2-10-17　输入采购期初专用发票

（三）采购管理子系统期初记账

（1）执行"采购管理→设置→采购期初记账"命令，弹出"期初记账"提示框，如图 2-10-18 所示。

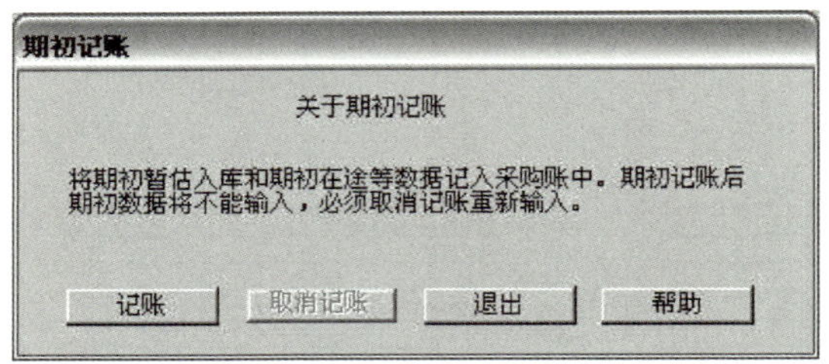

图 2-10-18　采购管理子系统期初记账提示

（2）单击"记账"按钮，稍候片刻，系统会提示"期初记账完毕"。

（3）单击"确定"按钮，返回采购管理子系统。

提示

● 采购管理子系统如果不执行期初记账，则无法开始日常业务处理。因此，即使没有期初数据，也要执行期初记账。

● 采购管理子系统如果不执行期初记账，库存管理子系统和存货核算子系统就不能记账。

● 采购管理子系统若要取消期初记账，选择“采购→期初记账”，单击其中的“取消记账”按钮即可。

（四）输入存货期初数据

（1）执行“存货核算→初始设置→期初数据→期初余额”命令，进入“期初余额”窗口。

（2）选择仓库“材料库”。单击“增加”按钮。根据实验资料输入材料库期初存货数据。如图 2-10-19 所示。

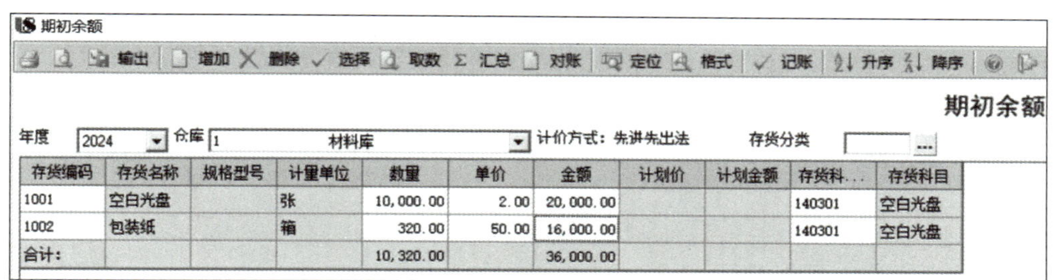

期初余额

输出　增加　删除　选择　取数　汇总　对账　定位　格式　记账　升序　降序

期初余额

年度 2024　仓库 1 材料库　计价方式：先进先出法　存货分类

存货编码	存货名称	规格型号	计量单位	数量	单价	金额	计划价	计划金额	存货科...	存货科目
1001	空白光盘		张	10,000.00	2.00	20,000.00			140301	空白光盘
1002	包装纸		箱	320.00	50.00	16,000.00			140301	空白光盘
合计：				10,320.00		36,000.00				

图 2-10-19　输入存货期初数据

（3）同理，输入“软件库”“硬件库”期初存货数据。

（4）单击“记账”按钮，系统对所有仓库进行记账，稍候，系统将提示“期初记账成功！”。

提示

● 各个仓库存货的期初数据既可以在库存管理子系统中录入，也可以在存货核算子系统中录入。只要在其中一个子系统输入，另一个子系统就能自动获得期初存货数据。这里选择在存货核算子系统中录入。

（五）库存期初取数并审核期初数据

（1）执行“库存管理→初始设置→期初结存”命令，进入“库存期初数据录入”窗口。

（2）选择仓库“材料库”。单击“修改”按钮，单击“取数”按钮，取出存货核算子系统中录入的材料库期初存货数据，如图 2-10-20 所示。

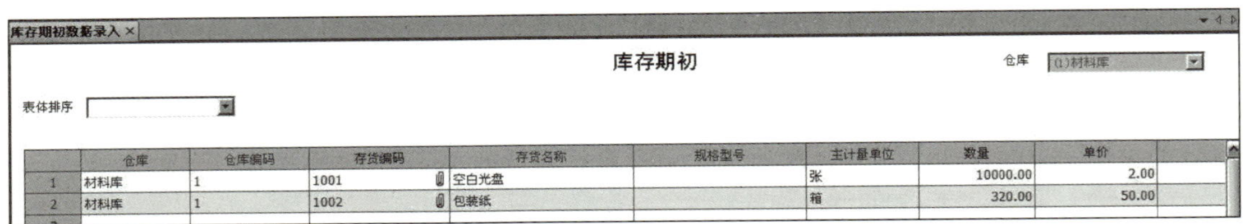

	仓库	仓库编码	存货编码	存货名称	规格型号	主计量单位	数量	单价
1	材料库	1	1001	空白光盘		张	10000.00	2.00
2	材料库	1	1002	包装纸		箱	320.00	50.00

图 2-10-20　库存期初取数

（3）单击“💾”按钮，单击“批审”按钮，对材料库存货一次性批量审核。

（4）同理，取出软件库和硬件库的期初数据并批审。

提示

- 每个仓库的期初存货必须经过审核才能使用。

五、设置参数与明细权限

（一）设置仓库明细权限

（1）单击“系统服务”菜单项，执行“权限→数据权限分配”命令，进入“权限浏览”窗口。

（2）选择“周伟”，选择业务对象“仓库”，单击“授权”按钮。

（3）选择“主管”，单击“保存”按钮。同理，设置赵红的权限，如图 2-10-21 所示。

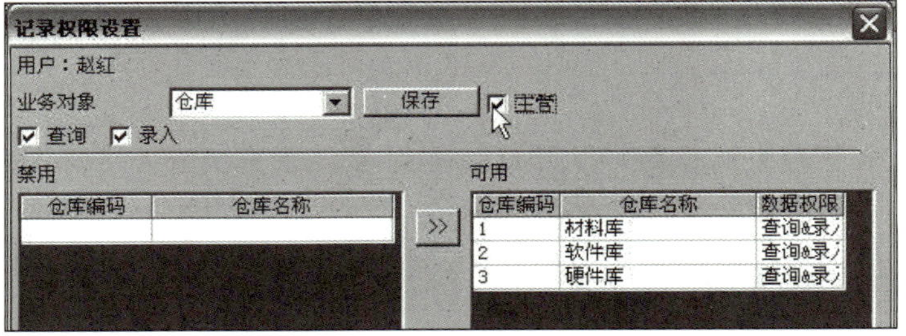

图 2-10-21　仓库权限设置

（4）单击“关闭”按钮。

（二）设置应付款管理、应收款管理参数

（1）在企业应用平台的业务工作中，单击“财务会计”菜单，执行“应付款管理→设置→选项”命令，打开“选项”对话框。

（2）单击“编辑”按钮，单击“权限与预警”页签，取消“控制操作员权限”选项。单击“凭证”页签，取消“单据审核后立即制单”选项。

（3）单击“确定”按钮。同理，设置应收款管理相应参数。

（三）设置销售管理参数

执行“销售管理→设置→销售选项”命令，取消“报价含税”，选择“有分期收款业务”“有委托代销业务”，设置新增退货单、新增发票“参照发货”。

（四）设置库存管理参数

执行“库存管理→初始设置→选项”命令，普通存货可用量控制选择“允许超可用量出库”。

（五）设置存货核算参数

执行“存货核算→初始设置→选项→选项录入”命令，销售成本核算方式为“销售出库单”，委托代销成本核算方式为“按发出商品核算”。

实 验 报 告

班级：　　　　姓名：　　　　学号：　　　　成绩：

实验题目：实验十　供应链管理子系统初始设置

实验目的：

实验内容：

实验体会：

续表

思考

1. 供应链管理子系统基础信息设置的内容有哪些?

2. 供应链管理子系统基础科目设置的内容有哪些?

3. 采购管理子系统期初记账应注意的问题是什么?

4. 库存管理和存货核算子系统的期初数据录入的具体步骤是什么?在录入过程中应注意什么问题?

实验十一
采购管理

实验目的

1. 掌握用友 ERP-U8V10.1 软件中采购管理子系统的相关内容
2. 掌握企业日常采购业务处理方法
3. 理解采购管理子系统各项参数设置的意义
4. 理解采购管理子系统与其他子系统之间的数据传递关系

实验内容

1. 普通采购业务处理
2. 采购现结业务处理
3. 采购运费处理
4. 采购结算前退货业务处理
5. 采购结算后退货业务处理
6. 暂估入库处理
7. 月末结账

实验准备

引入“实验账套\实验十”下的账套数据。

实验资料

1. 普通采购业务处理

（1）1 月 2 日，采购中心周伟向北京方正订购方正计算机一批，数量为 50 台，单价为 6 000 元。

（2）1 月 6 日，采购中心周伟收到方正计算机，数量为 50 台，商品已验收入硬件库。

（3）1 月 6 日，收到专用发票一张，数量 50 台，单价 6 000 元，增值税税率 13%，价税合计 339 000 元。

（4）1 月 7 日，企业开出转账支票（票据号 82017356）支付上述款项。

2. 采购现结业务处理

1 月 8 日，向北京万科购买空白光盘 1 000 张，单价为 2 元，验收入材料库。同时收到专用发票一张，立即以转账支票（票据号 23096745）形式支付货款。记材料明细账，确定采购成本，进行付款处理。

3. 采购运费处理

1月9日，向北京方正购买方正计算机100台，单价为6 000元，验收入硬件库。同时收到专用发票一张。另外，在采购的过程中，产生了一笔2 000元的运输费，税率为9%，收到相应的运费发票一张，由北京方正代为支付。确定采购成本及应付账款，记材料明细账。

4. 采购结算前退货业务处理

（1）1月10日，收到从深圳兴盛软件公司（简称：深圳兴盛）购买的“学习革命”光盘，数量为102套，单价为60元。验收入软件库。

（2）1月11日，仓库反映有2套光盘有质量问题，要求退回给供应商。

（3）1月11日，收到深圳兴盛开具的专用发票一张，数量100套，单价60元。填制并审核采购发票，进行采购结算。

5. 采购结算后退货业务处理

1月13日，从深圳兴盛购入的“学习革命”光盘又发现质量问题，退回5套，单价为60元，同时收到红字专用发票一张。对红字采购入库单和红字专用采购发票进行结算处理。

6. 暂估入库处理

1月18日，收到北京万科提供的包装纸100箱，入材料库。由于到了月底发票仍未收到，故确定该批货物的暂估单价为50元，并进行暂估记账处理。

实验要求

以操作员“44周伟”的身份及相应的业务日期进行采购管理、库存管理、存货核算和应付款管理的相关操作。

操作步骤

以操作员“44周伟”的身份启动并登录企业应用平台。

操作员：44；密码：4；账套：666；会计年度：2024；操作日期：（参照具体业务日期）。

一、普通采购业务处理

（一）采购订单处理

在采购管理系统中填制采购订单并审核该订单。

（1）单击“业务工作”菜单，单击“供应链”菜单，执行“采购管理→采购订

货→采购订单”命令，进入“采购订单”窗口。

（2）单击“增加”按钮。

（3）输入或选择表头数据。

订单日期“2024-01-02”；供应商“北京方正”；部门“采购中心”；业务员“周伟”。

（4）输入或选择表体数据。

存货编码“3002”；数量“50”；原币单价“6 000”；计划到货日期“2024-01-06”。

（5）单击“💾”按钮。结果如图 2-11-1 所示。

（6）单击“审核”按钮。退出“采购订单”窗口。

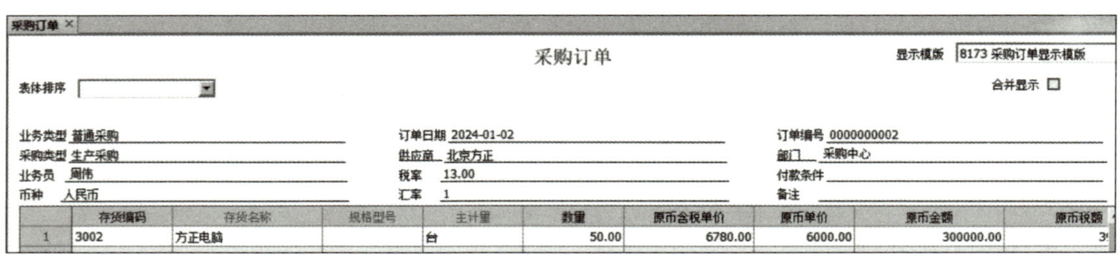

采购订单 ×

采购订单　　显示模版 8173 采购订单显示模版

表体排序　　合并显示 □

业务类型 普通采购　　订单日期 2024-01-02　　订单编号 0000000002

采购类型 生产采购　　供应商 北京方正　　部门 采购中心

业务员 周伟　　税率 13.00　　付款条件

币种 人民币　　汇率 1　　备注

	存货编码	存货名称	规格型号	主计量	数量	原币含税单价	原币单价	原币金额	原币税额
1	3002	方正电脑		台	50.00	6780.00	6000.00	300000.00	3

图 2-11-1　填制采购订单

- 在填制采购订单时，单击鼠标右键可查看存货现存量。
- 系统可自动生成“订单编号”，也可手工修改，订单编号不能重复。
- 如果企业要按部门或业务员进行考核，必须输入相关“部门”和“业务员”信息。
- 如果要修改订单，必须先取消审核，然后才能修改。
- 采购订单不是采购业务的必经流程，也可不填制。

输入采购入库单并审核

（二）采购入库单处理

1. 在库存管理子系统中输入采购入库单并审核

（1）执行“库存管理→入库业务→采购入库单”命令，进入“采购入库单”窗口。

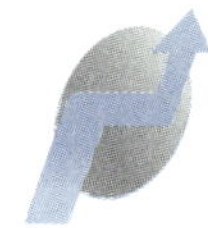

（2）单击“增加”按钮。

（3）输入或选择表头数据。

入库日期“2024-01-06”；仓库“硬件库”；供货单位“北京方正”；部门“采购中心”；业务员“周伟”；入库类别“采购入库”。

（4）输入或选择表体数据。

存货编码“3002”；数量“50”；单价“6 000”。

（5）单击“💾”按钮。单击“审核”按钮。结果如图 2-11-2 所示。

（6）单击“关闭”按钮，退出“采购入库单”窗口。

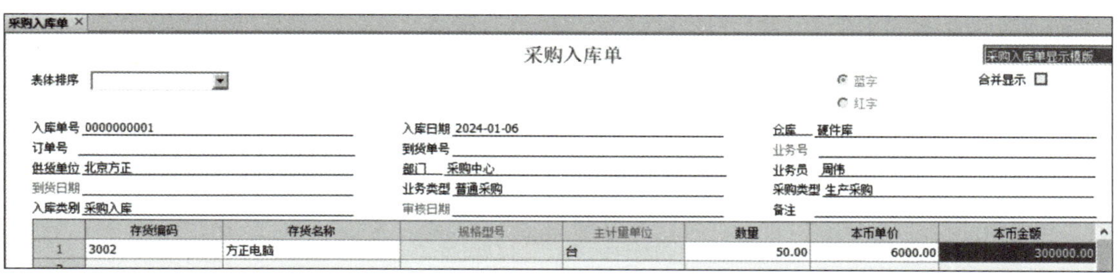

图 2-11-2　输入采购入库单并审核

提示

- 填制采购入库单时，可单击“生单”按钮，参照已审核的采购订单。
- **采购入库单处理第 2 步与第 3 步操作需在采购入库单与采购发票结算后方可进行。**

2. 在存货核算子系统中对采购入库单记账

对采购入库单记账

（1）执行“存货核算→日常业务→正常单据记账”命令，打开“查询条件选择”对话框。

（2）单击“确定”按钮，进入“正常单据记账列表”窗口。

（3）在要记账的单据的选择栏双击。

（4）单击“记账”按钮，显示“记账成功”，如图 2-11-3 所示。单击“确定”按钮，单击“关闭”按钮。

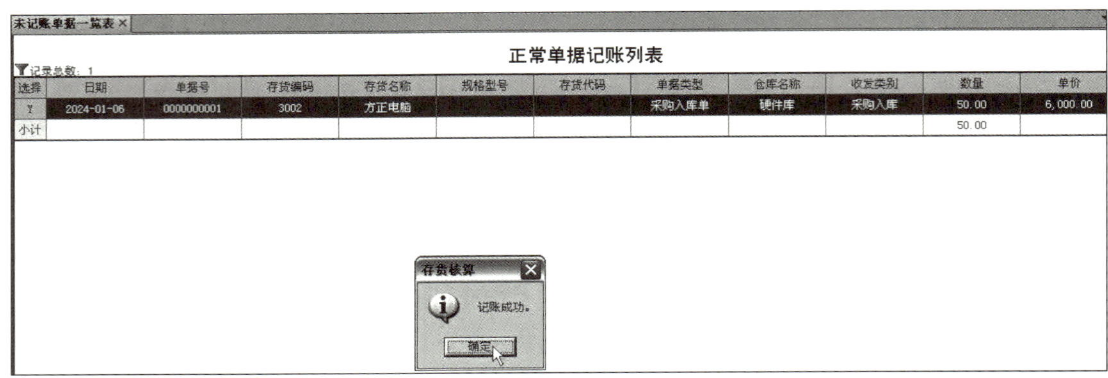

图 2-11-3　采购入库单记账

对已记账入库单生成凭证

3. 在存货核算子系统中对已记账入库单生成凭证

（1）执行“存货核算→财务核算→生成凭证”命令，进入“生成凭证”窗口。

（2）单击工具栏上的“选择”按钮，打开“查询条件”对话框。

（3）选择“采购入库单（报销记账）”。如图 2-11-4 所示。

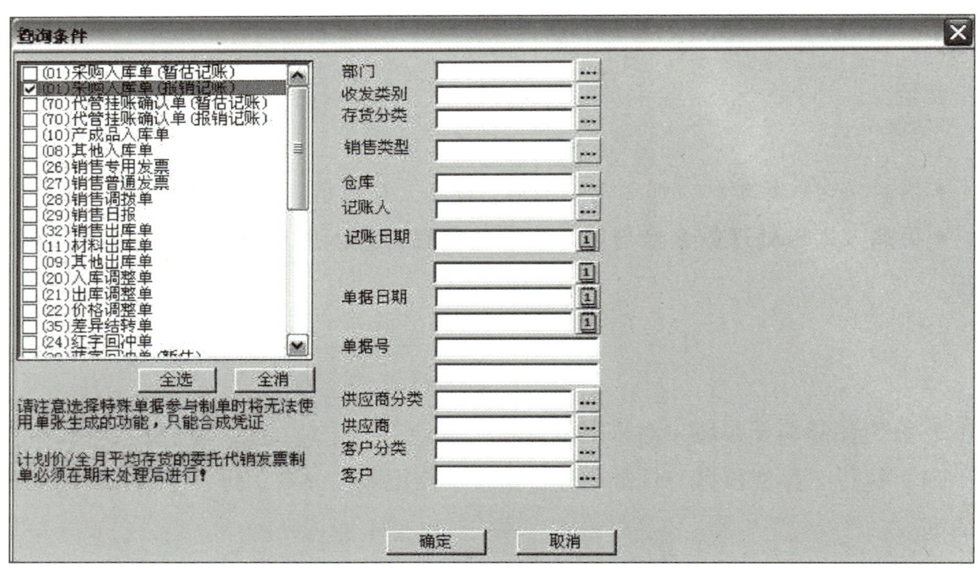

图 2-11-4　选择“采购入库单（报销记账）”

（4）单击“确定”按钮，进入“未生成凭证单据一览表”窗口。

（5）双击选择要制单的记录行，如图 2-11-5 所示。单击“确定”按钮，进入“生成凭证”窗口。

选择单据

输出　单据　全选　全消　确定　取消

已结算采购入库单自动选择全部结算单上单据（包括入库单、发票、付款单），非本月采购入库单按蓝字报销单制单

未生成凭证单据一览表

选择	记账日期	单据日期	单据类型	单据号	仓库	收发类别	记账人	部门	部门编码	业务单号	业务类型	计价方式	备注	摘要	供应商
1	2024-01-06	2024-01-06	采购入库单	0000000001	硬件库	采购入库	周伟	采购中心	3		普通采购	先进先出法		采购入库单	北京方正电

图 2-11-5　进入“未生成凭证单据一览表”

（6）选择凭证类别为“转账凭证”，如图 2-11-6 所示。

生成凭证

凭证类别　转 转账凭证

选择	单据类型	单据号	摘要	科目类型	科目编码	科目名称	借方金额	贷方金额	借方数量	贷方数量	科目方向	存货编码	存货名称	存货代码
1	采购入库单	0000000001	采购入...	存货	1405	库存商品	300,00...		50.00		1	3002	方正电脑	
				对方	1402	在途物资		300,00...		50.00	2	3002	方正电脑	
合计							300,00...	300,00...						

图 2-11-6　设置凭证科目

（7）单击“生成”按钮，进入“填制凭证”窗口。

（8）修改凭证日期为“2024-01-06”，单击“💾”按钮，凭证左上角出现“已生成”标志，表示凭证已传递到总账，如图 2-11-7 所示。

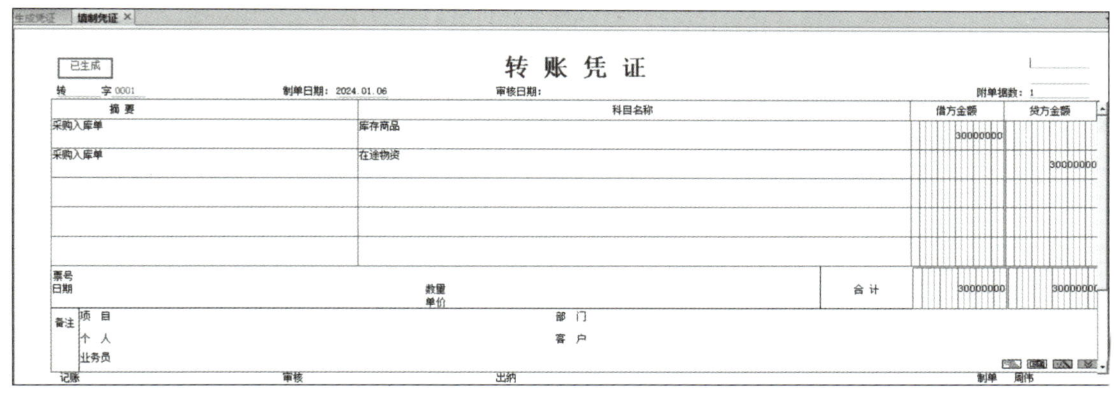

图 2-11-7　生成凭证

（三）采购发票处理

1. 在采购管理子系统中填制采购发票

（1）执行“采购管理→采购发票→专用采购发票”命令，进入“专用发票”窗口。

（2）单击“增加”按钮。

填制采购发票

（3）输入或选择表头数据。参照采购订单生成采购发票。

（4）更改税率为13%。

（5）单击“”按钮。结果如图2-11-8所示。

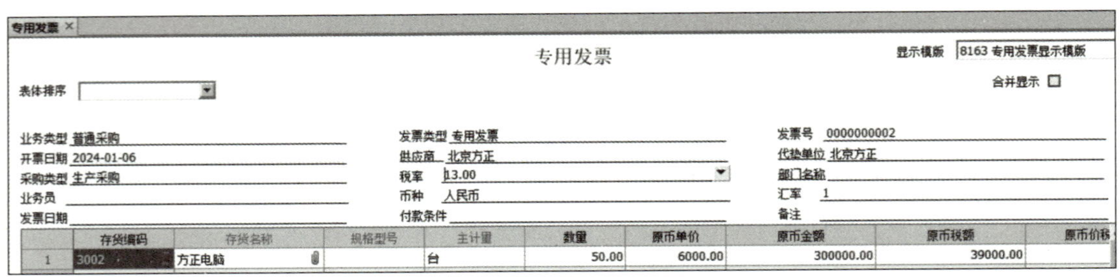

图2-11-8　填制采购发票

（6）退出“专用发票”窗口。

提示

- 输入完毕的采购发票需要与采购入库单进行采购结算。

采购发票与采购入库单结算

2. 在采购管理子系统中对采购发票与采购入库单进行结算

（1）执行“采购管理→采购结算→自动结算”命令，进入“过滤条件选择→采购自动结算”窗口。

（2）结算模式选择“入库单和发票”。

（3）单击“过滤”按钮，进行采购结算。采购结算状态如图2-11-9所示。

（4）单击“确定”按钮，结算完毕。

提示

- 采购结算有手工结算和自动结算两种方式。
- 由于某种原因需要修改或删除采购入库单、采购发票时，需先取消采购结算。
- **采购发票与采购入库单结算后，可先进行采购入库单处理第2步与第3步操作，然后进行采购发票处理第3步及后面的操作。也可先进行完采购发票处理第3步及后面的操作，然后进行采购入库单处理第2步及后面的操作。**

图 2-11-9　采购结算状态显示

3. 采购发票审核

审核采购发票

（1）执行“应付款管理→应付单据处理→应付单据审核”命令，打开“单据过滤条件”对话框。

（2）单击“确定”按钮，进入“单据处理”窗口，如图 2-11-10 所示。

单据处理

记录总数：1

应付单据列表

选择	审核人	单据日期	单据类型	单据号	供应商名称	部门	业务员	制单人	币种	汇率	原币金额	本币金额
	周伟	2024-01-06	采购专...	0000000002	北京方正电脑公司			周伟	人民币	1.00000000	339,000.00	339,000.00
合计											339,000.00	339,000.00

图 2-11-10　审核采购发票

（3）单击“全选”按钮，选择要审核的单据。

（4）单击“审核”按钮，弹出“审核成功”提示框。

（5）单击“确定”按钮。

4. 在应付款管理子系统中将采购发票生成应付凭证

生成采购发票凭证

（1）执行“应付款管理→制单处理”命令，打开“制单查询”对话框。

（2）选择“发票制单”，如图 2-11-11 所示。

（3）单击“确定”按钮，进入“单据处理”窗口。

（4）双击选择需要制单的单据。选择“转账凭证”。如图 2-11-12 所示。

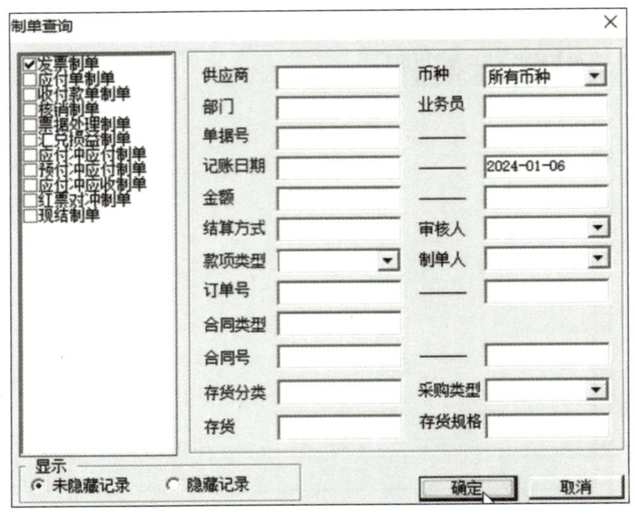

图 2-11-11　选择“发票制单”

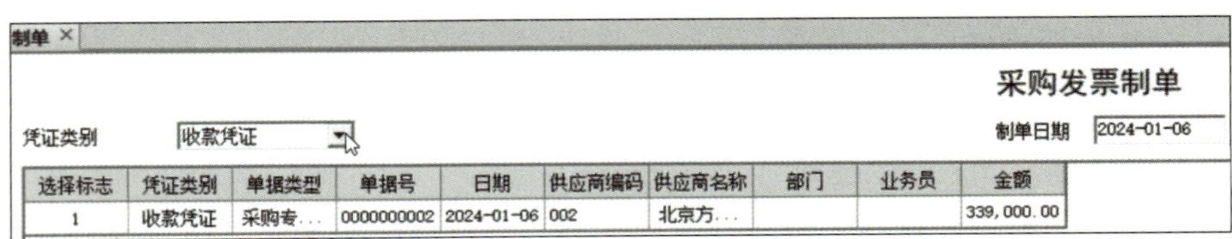

选择标志	凭证类别	单据类型	单据号	日期	供应商编码	供应商名称	部门	业务员	金额
1	收款凭证	采购专...	0000000002	2024-01-06	002	北京方...			339,000.00

图 2-11-12　选择“转账凭证”

（5）单击“制单”按钮，进入“填制凭证”窗口。

（6）修改制单日期为“2024.01.06”，单击“”按钮，凭证左上角出现“已生成”标志，表示凭证已传递到总账管理子系统，如图 2-11-13 所示。

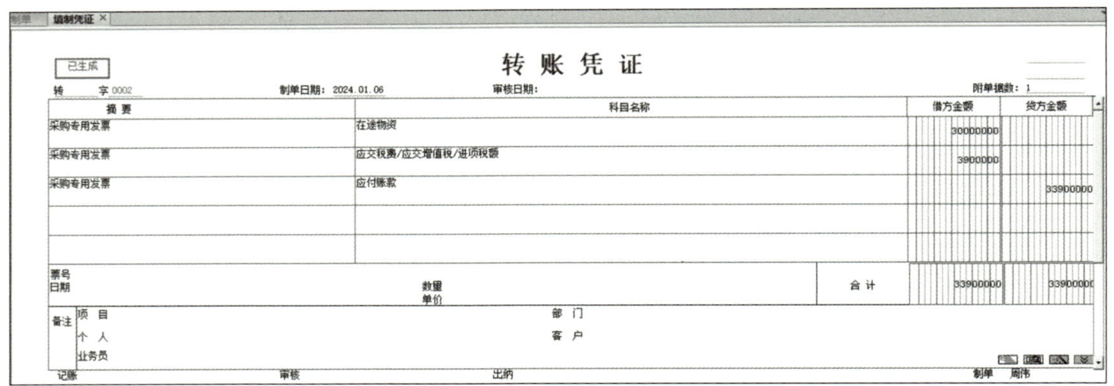

图 2-11-13　生成应付凭证

（四）付款单处理

1. 在应付款管理子系统中填制并审核付款单

填制并审核付款单

（1）执行“应付款管理→付款单据处理→付款单据录入”命令，进入“收付款单录入”窗口。

（2）单击“增加”按钮。

（3）输入或选择数据。输入日期“2024-01-07”；供应商“北京方正”；结算方式“转账支票”；金额“339 000”，票据号“82017356”；部门“采购中心”；业务员“周伟”。

（4）单击“![]”按钮，如图 2-11-14 所示。

图 2-11-14　填制付款单

（5）单击“审核”按钮。

2. 在应付款管理子系统中将付款单生成付款凭证

生成付款凭证

（1）执行“应付款管理→制单处理”命令，打开“制单查询”对话框。

（2）选择“收付款单制单”，如图 2-11-15 所示。单击“确定”按钮，进入“单据处理”窗口。

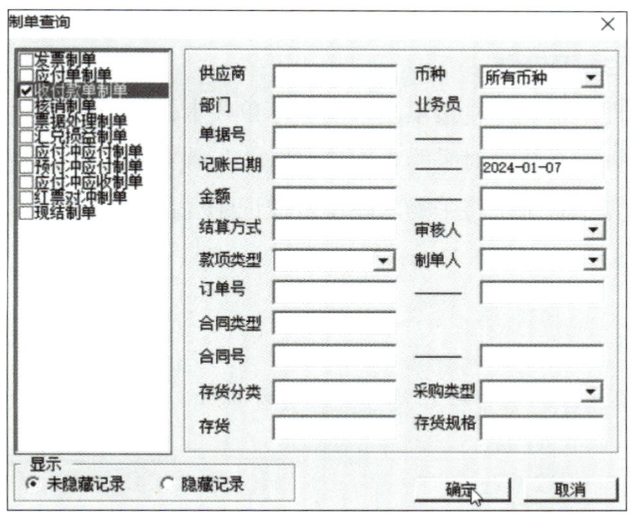

图 2-11-15　选择“收付款单制单”

（3）双击选择需要制单的单据。选择付款单，如图 2-11-16 所示。

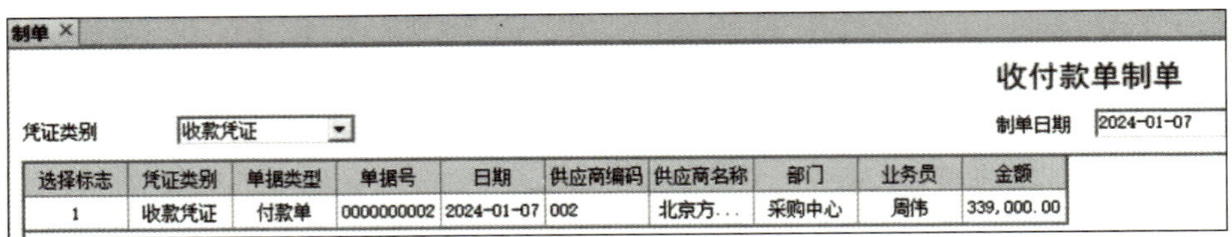

选择标志	凭证类别	单据类型	单据号	日期	供应商编码	供应商名称	部门	业务员	金额
1	收款凭证	付款单	0000000002	2024-01-07	002	北京方...	采购中心	周伟	339,000.00

图 2-11-16　选择付款单

（4）单击“制单”按钮，进入“填制凭证”窗口。

（5）修改制单日期为“2024.01.07”，单击“ ”按钮，凭证左上角出现“已生成”标志，表示凭证已传递到总账管理子系统，如图 2-11-17 所示。

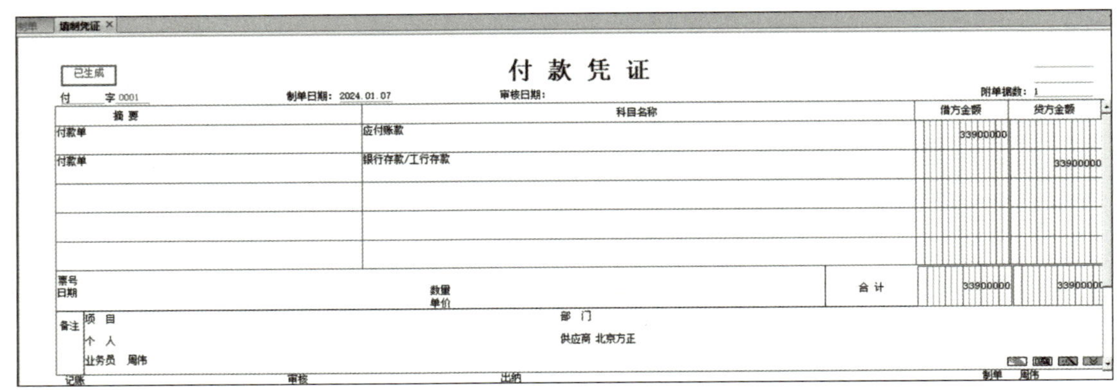

摘要	科目名称	借方金额	贷方金额
付款单	应付账款	33900000	
付款单	银行存款/工行存款		33900000
票号 日期	数量 单价 合计	33900000	33900000

图 2-11-17　生成付款凭证

二、采购现结业务处理

（一）采购入库单处理

1. 在库存管理子系统中直接填制采购入库单并审核（步骤：略）
2. 在存货核算子系统中对采购入库单记账（步骤：略）
3. 在存货核算子系统中将采购入库单生成记账凭证（步骤：略）

提示

- 采购入库单处理的第 2 步和第 3 步需要在采购入库单与采购发票结算后进行。

（二）采购发票处理

1. 在采购管理子系统中录入采购专用发票并进行现结

（1）执行“采购管理→采购发票→专用采购发票”命令，进入“采购专用发票”窗口。

（2）单击“增加”按钮，再单击“生单”按钮，选择“入库单”选项，打开“过滤条件窗口”对话框。单击“确定”按钮，进入“发票拷贝入库单表头列表”窗口。

（3）选择需要参照的采购入库单，单击“OK 确定”按钮，将采购入库单信息带入采购专用发票，修改日期为 2024-01-08。

（4）单击“保存”按钮，单击“现付”按钮，打开“采购现付”对话框。

（5）选择结算方式“202- 转账支票”，输入结算金额“2 260”，票据号“23096745”，如图 2-11-18 所示。单击“确定”按钮，发票左上角显示“已现付”字样。

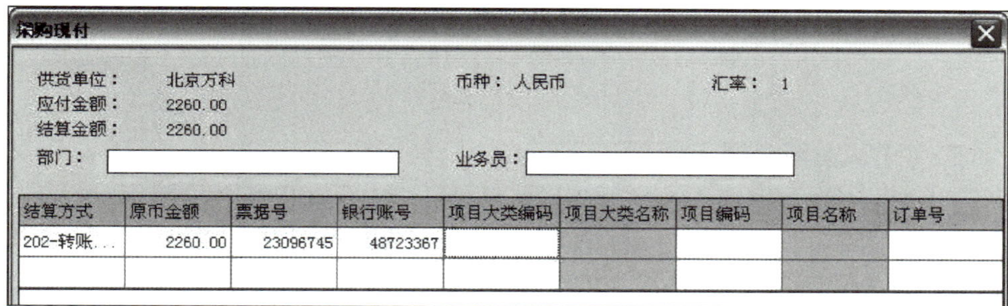

图 2-11-18　采购现付

2. 在采购管理子系统中将采购发票与采购入库单进行结算（步骤：略）

3. 在应付款管理子系统中审核采购发票（步骤：略）

- 在过滤发票时，应选择“包含已现结发票”复选框。

4. 在应付款管理子系统中对采购发票现结制单

（1）执行“应付款管理→制单处理”命令，打开“制单查询”对话框，选择“现结制单”选项，单击“确定”按钮，进入“现结制单”窗口。

（2）选择要制单的记录行，选择凭证类别为“付款凭证”，单击“制单”按钮，进入“填制凭证”窗口。

（3）修改凭证日期为 2024-01-08，设置相应现金流量，单击“保存”按钮，

凭证左上角出现“已生成”标志，表示凭证已传递到总账管理子系统。

三、采购运费处理

（一）采购入库单处理

1. 在库存管理子系统中填制并审核采购入库单（步骤：略）
2. 在存货核算子系统中对采购入库单记账（步骤：略）
3. 在存货核算子系统中将采购入库单生成记账凭证（步骤：略）

提示

- 采购入库单处理的第 2 步和第 3 步需要在采购入库单与采购发票结算后进行。

（二）采购发票处理

1. 在采购管理子系统中参照采购入库单填制采购专用发票（步骤：略）

2. 在采购管理子系统中填制专用发票（运费发票）

（1）执行“采购管理→采购发票→专用采购发票”命令，进入“专用发票”窗口。

（2）单击“增加”按钮，输入开票日期“2024-01-09”，供应商“北京方正”，存货名称“运费”，原币单价“2 000”，税率“9%”，如图 2-11-19 所示。单击“保存”按钮，然后单击“退出”按钮。

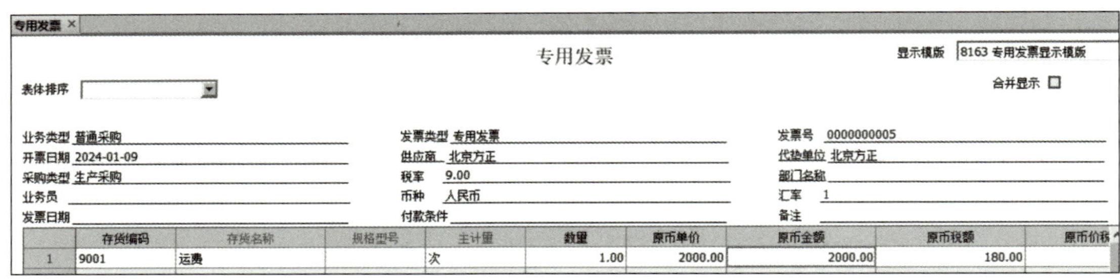

专用发票 ×

专用发票

显示模版 8163 专用发票显示模版

表体排序

合并显示

业务类型 普通采购　发票类型 专用发票　发票号 0000000005

开票日期 2024-01-09　供应商 北京方正　代垫单位 北京方正

采购类型 生产采购　税率 9.00　部门名称

业务员　币种 人民币　汇率 1

发票日期　付款条件　备注

	存货编码	存货名称	规格型号	主计量	数量	原币单价	原币金额	原币税额	原币价税
1	9001	运费		次	1.00	2000.00	2000.00	180.00	

图 2-11-19　填制运费发票

提示

- 费用发票上的存货必须具有“应税劳务”属性。

3. 在采购管理子系统对专用发票、运费发票和采购入库单进行手工结算

（1）执行“采购管理→采购结算→手工结算”命令，进入“手工结算”窗口。

（2）单击“选单”按钮，打开“结算选单”对话框。

（3）单击“查询”按钮，上方显示采购专用发票和运费发票。

（4）选择要结算的采购入库单和发票，如图 2-11-20 所示。单击“OK 确定”按钮，再单击“是”按钮，返回“手工结算”窗口。

结算选单

定位　查询　设置　全选　全消　OK 确定　匹配　栏目　滤设　刷新　退出

结算选发票列表　　☑ 扣税类别不同时给出提示

记录总数：2

选择	供应商简称	存货名称	制单人	发票号	供应商编号	供应商名称	开票日期	存货编码	规格型号	币种	数量	计量单位	单价	金额
Y	北京方正	方正电脑	周伟	0000000004	002	北京方正电脑…	2024-01-09	3002		人民币	100.00	台	6,000.00	600,000.00
Y	北京方正	运费	周伟	0000000005	002	北京方正电脑…	2024-01-09	9001		人民币	1.00	次	2,000.00	2,000.00
合计														

结算选入库单列表

记录总数：1

选择	供应商简称	存货名称	仓库名称	入库单号	供货商编码	供应商名称	入库日期	仓库编码	制单人	币种	存货编码	规格型号	入库数量	计量单位
Y	北京方正	方正电脑	硬件库	0000000003	002	北京方正电脑…	2024-01-09	3	周伟	人民币	3002		100.00	台
合计														

图 2-11-20　手工采购结算

（5）选择费用分摊方式为“按数量”，单击“分摊”按钮，系统弹出关于分摊方式确认的信息提示对话框，单击“是”按钮确认，单击“确定”按钮。

（6）单击“结算”按钮，系统进行结算处理；完成后系统弹出提示框：“完成结算！”单击“确定”按钮返回。

提示

● 不管采购入库单上有无单价，采购结算后，其单价都会被自动修改为发票上的存货单价。

4. 在应付款管理子系统中审核采购发票和运费发票（步骤：略）

5. 在应付款管理子系统中将采购发票和运费发票合并制单

（1）执行“应付款管理→制单处理”命令，打开“制单查询”对话框。

（2）选择“发票制单”，单击“确定”按钮，进入“制单”窗口。

（3）选择凭证类别为“转账凭证”，单击“合并”按钮，然后单击“制单”按钮，进入“填制凭证”窗口。

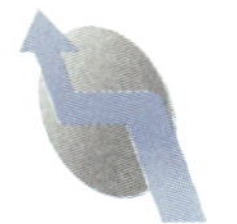

（4）修改日期为 2024-01-09，单击“保存”按钮，生成凭证。

四、采购结算前退货业务处理

（一）采购入库单处理

1. 在库存管理子系统中填制并审核采购入库单（步骤：略）

2. 在库存管理子系统中填制红字采购入库单

（1）执行“库存管理→入库业务→采购入库单”命令，进入“采购入库单”窗口。

（2）单击“增加”按钮，选择窗口右上角“红字”选项，输入相关信息，退货数量为“-2”，单价“60”；单击“保存”按钮，再单击“审核”按钮后退出。结果如图 2-11-21 所示。

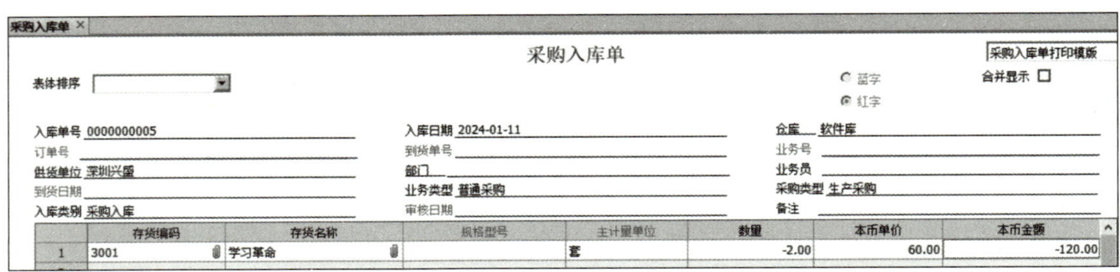

图 2-11-21　填制红字采购入库单

（二）采购发票处理

1. 在采购管理子系统根据采购入库单生成采购专用发票

（1）执行“采购管理→采购发票→专用采购发票”命令，进入“采购专用发票”窗口。

（2）单击“增加”按钮，再单击“生单”按钮，选择“入库单”选项，打开“过滤条件窗口”对话框。

（3）单击“确定”按钮，进入“生单选单列表”窗口。

（4）选择数量为 102 的“采购入库单”，单击“确定”按钮，将采购入库单相关信息带入采购专用发票。

（5）修改开票日期为 2024-01-11，数量为“100”，单击“保存”按钮。

2. 在采购管理子系统中进行采购结算（步骤：略）

在采购管理子系统中，对采购入库单、红字采购入库单、采购专用发票进行手工采购结算处理。

五、采购结算后退货业务处理

1. 在库存管理子系统中填制红字采购入库单并审核（步骤：略）

2. 在采购管理子系统中填制红字采购专用发票并执行采购结算

（1）在采购管理系统中，执行“采购管理→采购发票→红字采购专用发票”命令，进入“采购专用发票（红字）”窗口。

（2）单击“增加”按钮，单击“生单”按钮，选择“入库单”选项；单击“确定”按钮，选择红字入库单，生成“红字采购专用发票”，开票日期为2024-01-13，保存后退出。

（3）在采购管理子系统中，将红字采购入库单和红字采购专用发票进行自动结算或手工结算。

六、暂估入库处理

1. 在库存管理子系统中填制并审核采购入库单（步骤：略）

提示

- 采购入库单不必填写单价。

2.（月末发票未到）在存货核算子系统中录入暂估入库成本

（1）执行“存货核算→业务核算→暂估成本录入”命令，进入“查询条件选择”窗口。单击“确定”按钮，进入“采购入库单成本成批录入”窗口。

（2）单击入库单的单价栏，输入单价“50”，单击“保存”按钮，系统弹出提示框：“保存成功！”单击“确定”按钮返回。

3. 在存货核算子系统中对采购入库单记账（步骤：略）

4. 在存货核算子系统中对采购入库单记账并生成记账凭证

（1）执行“存货核算→财务核算→生成凭证”命令，进入“生成凭证”窗口。

（2）单击“选择”按钮，打开“查询条件”对话框。选择“采购入库单（暂估记账）”选项，单击“确定”按钮，进入“选择单据”窗口。

（3）选择要记账的单据，单击“确定”按钮，进入“生成凭证”窗口。

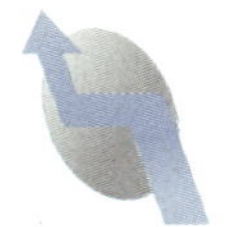

（4）选择凭证类别为“转账凭证”，修改借方科目“原材料/其他材料（140302）”，补充输入对方科目“应付账款（2202）”，单击“生成”按钮，保存生成的凭证，制单日期为2024-01-31。

提示

● 本例采用的是月初回冲方式：月初系统自动生成“红字回冲单”，自动记入存货明细账，回冲上月的暂估业务。

七、月末结账

1. 结账处理

（1）执行“采购管理→月末结账”命令，打开“月末结账”对话框。

（2）单击“选择标志”栏，出现“选中”标志。

（3）单击“结账”按钮，系统提示“是否关闭订单”，单击“否”按钮。“是否结账”一栏显示“是”字样。

（4）单击“退出”按钮。

2. 取消结账（选做内容）

执行“采购管理→月末结账”命令，单击“取消结账”按钮即可。

提示

● 若应付款管理子系统、库存管理子系统或存货核算子系统已结账，采购管理子系统就不能取消结账。

参考凭证

本实验由各业务子系统生成的凭证，自动传递到总账管理子系统，在总账管理子系统中可以查询到如表2-11-1所示的凭证。

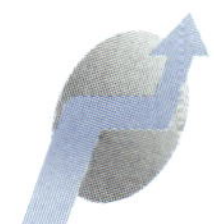

表 2-11-1　凭证一览表

业务号	日期	摘要	会计科目	借方金额	贷方金额	来源
1	01-02	采购订单	不生成凭证			
	01-06	采购入库单	库存商品 在途物资	300 000	 300 000	存货核算
	01-06	专用发票	在途物资 应交税费 / 应交增值税 / 进项税额 应付账款	300 000 39 000	 339 000	应付款管理
	01-07	付款单	应付账款 银行存款 / 工行存款	339 000	 339 000	应付款管理
2	01-08	采购入库单	原材料 / 空白光盘 在途物资	2 000	 2 000	存货核算
	01-08	采购发票（现付）	在途物资 应交税费 / 应交增值税 / 进项税额 银行存款 / 工行存款	2 000 260	 2 260	应付款管理
3	01-09	采购入库单	库存商品 在途物资	602 000	 602 000	存货核算
	01-09	采购发票 运费发票	在途物资 应交税费 / 应交增值税 / 进项税额 应付账款	602 000 78 180	 680 180	应付款管理
4	01-10	不生成凭证				
5	01-13	不生成凭证				
6	01-18	采购入库单（暂估）	原材料 / 其他 应付账款	5 000	 5 000	存货核算

实 验 报 告

班级：　　　　　　姓名：　　　　　　学号：　　　　　　成绩：

实验题目：实验十一　采购管理

实验目的：

实验内容：

实验体会：

思考

1. 简述采购管理子系统和其他子系统的主要关系。
2. 写出普通采购业务的处理流程。
3. 写出采购现结业务的处理流程。
4. 分别写出采购结算前及结算后退货业务的处理流程。

实验十二

销售管理

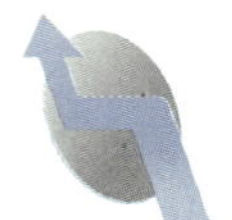

实验目的

1. 掌握用友 ERP–U8V10.1 软件中销售管理子系统的相关内容
2. 掌握企业日常销售业务处理方法
3. 理解销售管理子系统与其他子系统之间的数据传递关系

实验内容

1. 普通销售业务处理
2. 商业折扣处理
3. 销售现结业务处理
4. 代垫费用处理
5. 开票直接发货业务处理
6. 分期收款发出商品业务处理
7. 委托代销业务处理
8. 开票前退货业务处理
9. 账簿查询
10. 月末结账

实验准备

引入“实验账套\实验十”下的账套数据。

实验资料

2024 年 1 月份供应链管理子系统业务如下：

1. 普通销售业务处理

（1）1 月 3 日，销售一部赵红收到飞宇中学订单一张，订购 A 软件 100 套，无税单价 200 元。

（2）1 月 5 日，销售一部赵红向飞宇中学发出 A 软件 100 套，无税单价 200 元，增值税税率 13%，价税合计 22 600 元。

（3）1 月 5 日，针对上述发出货物，开出销售专用发票一张。

（4）1 月 6 日，收到飞宇中学开出的转账支票一张，票据号为 82910563，已做收款处理。

2. 商业折扣处理

（1）1 月 7 日，销售二部向智宏公司出售方正计算机 10 台，报价为每台 7 000

元，成交价为报价的 90%，货物从硬件库发出。

（2）1 月 7 日，根据上述发货单开具销售专用发票一张。

3. 销售现结业务处理

（1）1 月 9 日，销售一部从软件库向人民保险销售 B 软件 50 套，无税单价为 100 元，货物从软件库发出。

（2）1 月 9 日，根据上述发货单开具专用发票一张，同时收到客户以银行汇票所支付的全部货款 5 650 元，票据号 11223456。进行现结制单处理。

4. 代垫费用处理

1 月 10 日，销售二部在向智宏公司销售计算机的过程中，以现金支付了一笔代垫运费 800 元。客户尚未支付该笔款项。

5. 开票直接发货业务处理

1 月 12 日，销售一部向长春客车厂出售 A 软件 10 套，报价为 200 元，物品从软件库发出，并据此开具销售专用发票一张。

6. 分期收款发出商品业务处理

（1）1 月 15 日，销售一部向飞宇中学出售 A 软件 200 套，由软件库发货，报价为每套 200 元。客户要求分期付款购买该商品。经协商，客户分 2 次付款，并据此开具相应销售发票。第一次开具的销售专用发票数量为 100 套，单价 200 元。

（2）1 月 15 日，业务部门将该业务所涉及的销售出库单及销售发票交给财务部门，财务部门据此结转收入及成本。

7. 委托代销业务处理

（1)1 月 20 日，销售一部委托智宏公司代销 B 软件 100 套，售价为每套 150 元，货物从软件库发出。

（2）1 月 22 日，收到智宏公司的委托代销清单一张，结算销售 B 软件 40 套，售价为每套 150 元。立即开具销售专用发票给智宏公司。

（3）1 月 22 日，业务部门将该业务所涉及的销售出库单及销售发票交给财务部门，财务部门据此结转收入及成本。

8. 开票前退货业务处理

（1）1 月 25 日，销售一部出售给飞宇中学“学习革命”软件 50 套，单价为每套 200 元，货物从软件库发出。

（2）1 月 26 日，因质量问题，软件退回 5 套，单价为每套 6 000 元，收回软件库。

（3）1 月 26 日，开具相应的专用发票一张，数量为 45 套。

实验要求

以操作员“55 赵红”的身份及相应的业务日期进行销售管理、库存管理、存货核算和应收款管理的相关操作。

操作步骤

以操作员“55 赵红”的身份启动并登录企业应用平台。

操作员：55；密码：5；账套：666；会计年度：2024；操作日期：（参照具体业务日期）。

一、普通销售业务处理

（一）销售订单处理

在销售管理子系统中填制销售订单并审核。

（1）执行“销售管理→销售订货→销售订单”命令，进入“销售订单”窗口。

（2）单击“增加”按钮。

（3）输入或选择表头数据。

订单日期“2024-01-03”；客户简称“飞宇中学”；销售部门“销售一部”；业务员“赵红”。

（4）输入或选择表体数据。

存货编码“2001”；数量“100”；无税单价“200”。

（5）单击“■”按钮。单击“审核”按钮，如图 2-12-1 所示。

（6）退出“销售订单”窗口。

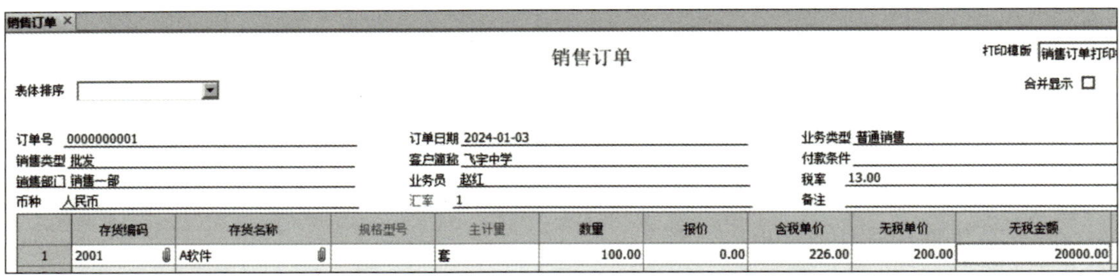

销售订单 ×

销售订单

打印模版 销售订单打印

表体排序

合并显示 □

订单号 0000000001　订单日期 2024-01-03　业务类型 普通销售

销售类型 批发　客户简称 飞宇中学　付款条件

销售部门 销售一部　业务员 赵红　税率 13.00

币种 人民币　汇率 1　备注

	存货编码	存货名称	规格型号	主计量	数量	报价	含税单价	无税单价	无税金额
1	2001	A软件		套	100.00	0.00	226.00	200.00	20000.00

图 2-12-1　填制销售订单

提示

- 销售订单处理环节，可以省略。

（二）发货单、销售出库单处理

1. 在销售管理子系统中填制并审核发货单

（1）执行“销售管理→销售发货→发货单”命令，进入“发货单”窗口。

（2）单击“增加”按钮，打开“选择订单”对话框，单击“取消”按钮。也可根据订单生成发货单。

（3）输入发货日期“2024-01-05”；客户简称“飞宇中学”；销售部门“销售一部”；选择仓库名称“软件库”。输入其他发货单信息。

（4）单击“💾”按钮。单击“审核”按钮，如图 2-12-2 所示。保存并审核发货单，退出。

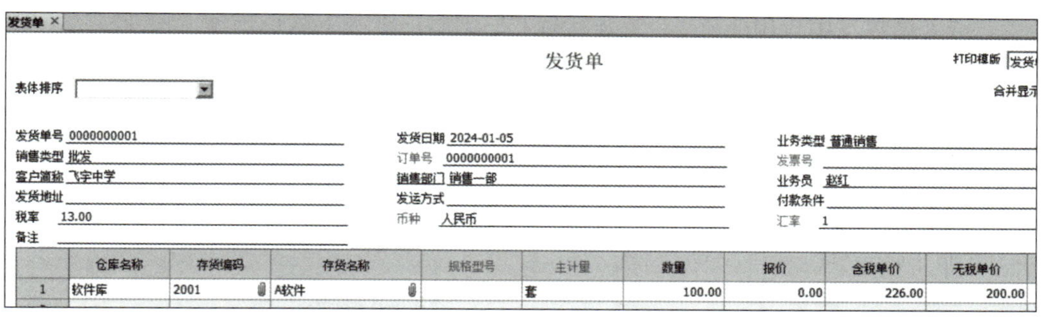

图 2-12-2　填制并审核发货单

2. 在库存管理子系统中审核销售出库单

（1）执行“库存管理→出库业务→销售出库单”命令，进入“销售出库单”窗口。

（2）单击“⇥”按钮，显示销售出库单。单击“修改”按钮，输入单价“80”。

（3）单击“保存”按钮，单击“审核”按钮，如图 2-12-3 所示。

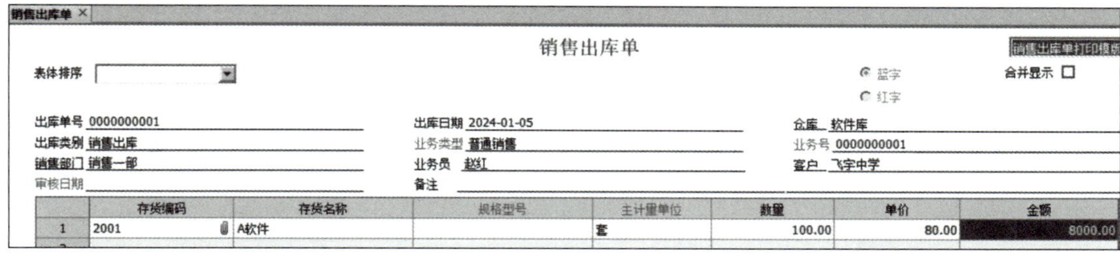

图 2-12-3　审核销售出库单

对销售出库单记账

3. 在存货核算子系统中对销售出库单记账

（1）执行“存货核算→业务核算→正常单据记账”命令，打开“正常单据记账条件”对话框。

（2）单击“确定”按钮，进入“正常单据记账列表”窗口。

（3）单击需要记账的单据前的“选择”栏，出现“Y”标记；或单击工具栏的“全选”按钮，选择单据，如图 2-12-4 所示。

（4）单击工具栏中的“记账”按钮。显示记账成功，退出。

未记账单据一览表

正常单据记账列表

选择	日期	单据号	存货编码	存货名称	规格型号	存货代码	单据类型	仓库名称	收发类别	数量	单价	金额
Y	2024-01-05	0000000001	2001	A软件			销售出库单	软件库	销售出库	100.00	80.00	8,000.00
小计										100.00		8,000.00

图 2-12-4　选择需要记账的单据

生成销售出库单凭证

4. 在存货核算子系统中将已记账销售出库单生成凭证

（1）执行“存货核算→财务核算→生成凭证”命令，进入“生成凭证”窗口。

（2）单击“选择”按钮，打开“查询条件”对话框。

（3）选择“销售出库单”，单击“确定”按钮，进入“选择单据”窗口。

（4）单击需要生成凭证的单据前的“选择”栏或单击工具栏中的“全选”按钮，如图 2-12-5 所示，然后单击工具栏中的“确定”按钮，进入“生成凭证”窗口。

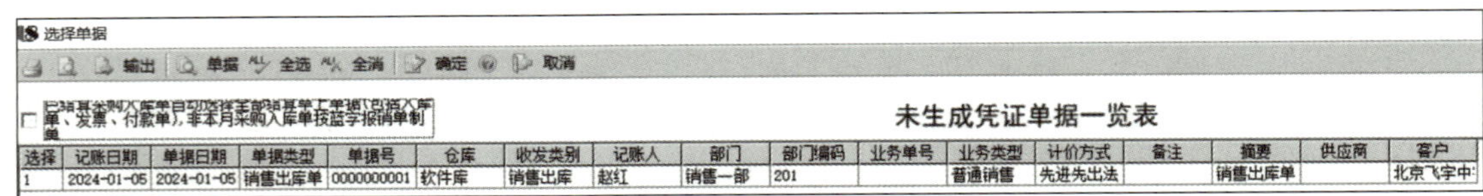

选择单据

输出　单据　全选　全消　确定　取消

未生成凭证单据一览表

选择	记账日期	单据日期	单据类型	单据号	仓库	收发类别	记账人	部门	部门编码	业务单号	业务类型	计价方式	备注	摘要	供应商	客户
1	2024-01-05	2024-01-05	销售出库单	0000000001	软件库	销售出库	赵红	销售一部	201		普通销售	先进先出法		销售出库单		北京飞宇中

图 2-12-5　选中已记账销售出库单

（5）单击“生成”按钮，系统显示生成的转账凭证。

（6）选择凭证类别为“转账凭证”，修改制单日期为“2024.01.05”，单击工具栏中的“💾”按钮，凭证左上角显示“已生成”红字标记，表示已将凭证传递到总账管理子系统，如图 2-12-6 所示。

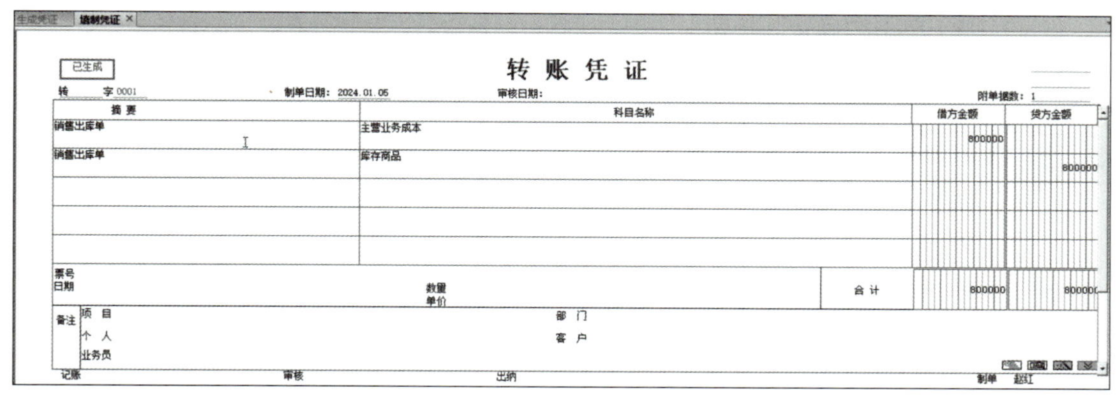

图 2-12-6　生成销售出库单凭证

（三）销售发票处理

填制并复核销售发票

1. 在销售管理子系统中根据发货单填制并复核销售发票

（1）执行“销售管理→销售开票→销售专用发票”命令，进入“销售专用发票”窗口。

（2）单击“增加”按钮。单击“确定”按钮，参照发货单。

（3）单击“全选”按钮，选择发货单，单击“OK 确定”按钮。

（4）输入开票日期“2024-01-05”；确定其他发票信息。

（5）单击“■”按钮。单击“复核”按钮，如图 2-12-7 所示。

图 2-12-7　填制并复核销售发票

审核销售发票

2. 在应收款管理子系统中审核销售发票

（1）执行“应收款管理→应收单据处理→应收单据审核”命令，打开“单据过滤条件”对话框。

（2）单击“确定”按钮，进入“单据处理”窗口。

（3）单击“全选”按钮，选择要审核的单据，如图 2-12-8 所示。

（4）单击“审核”按钮，弹出“审核成功”提示框。

（5）单击“确定”按钮。

单据处理 ×

应收单据列表

记录总数：1

选择	审核人	单据日期	单据类型	单据号	客户名称	部门	业务员	制单人	币种	汇率	原币金额	本币金额
	赵红	2024-01-05	销售专...	0000000002	北京飞宇中学	销售一部	赵红	赵红	人民币	1.00000000	22,600.00	22,600.00
合计											22,600.00	22,600.00

图 2-12-8　审核销售发票

3. 在应收款管理子系统中，根据销售发票生成销售收入凭证

生成销售发票凭证

（1）执行“应收款管理→制单处理”命令，打开“制单查询”对话框。

（2）选中“发票制单”复选框。

（3）单击“确定”按钮，进入“制单”窗口。

（4）选择凭证类别为“转账凭证”。单击工具栏中的“全选”按钮，选择窗口中的所有单据，如图 2-12-9 所示。

制单 ×

销售发票制单

凭证类别　转账凭证　　制单日期　2024-01-05

选择标志	凭证类别	单据类型	单据号	日期	客户编码	客户名称	部门	业务员	金额
1	转账凭证	销售专...	0000000002	2024-01-05	001	北京飞...	销售一部	赵红	22,600.00

图 2-12-9　选择销售发票

（5）单击“制单”按钮，屏幕上出现根据发票生成的转账凭证。修改制单日期为“2024.01.05”，单击“💾”按钮，凭证左上角显示“已生成”红字标记，表示已将凭证传递到总账管理子系统，如图 2-12-10 所示。

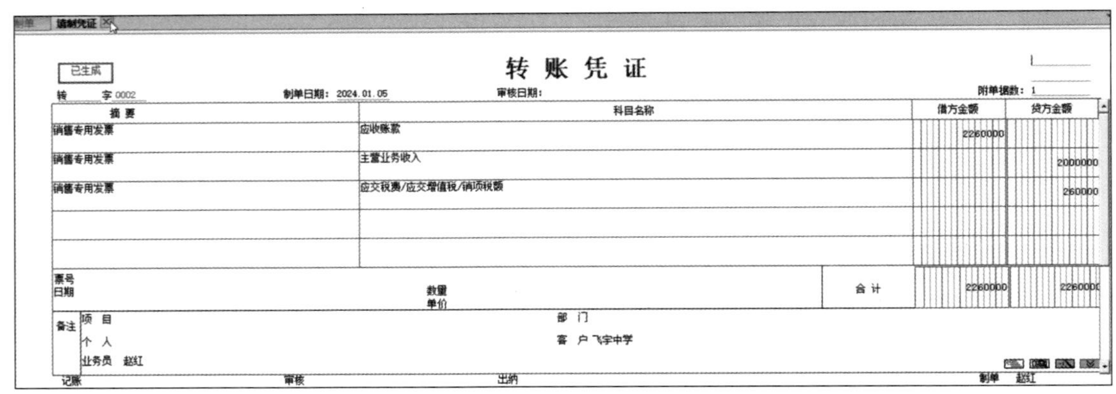

制单　填制凭证

已生成

转账凭证

转 字 0002　制单日期：2024.01.05　审核日期：　附单据数：1

摘要	科目名称	借方金额	贷方金额
销售专用发票	应收账款	2260000	
销售专用发票	主营业务收入		2000000
销售专用发票	应交税费/应交增值税/销项税额		260000
票号 日期	数量 单价 合计	2260000	2260000

备注　项目　　部门

个人　　客户 飞宇中学

业务员 赵红

记账　审核　出纳　制单 赵红

图 2-12-10　生成销售收入凭证

（四）收款单处理

1. 在应收款管理子系统中填制收款单

（1）执行“应收款管理→收款单据处理→收款单据录入”命令，进入“收款单”窗口。

填制并审核收款单

（2）单击“增加”按钮。

（3）输入结算日期“2024-01-06”；选择客户“飞宇中学”；结算方式“转账支票”；本币金额“22 600”；票据号“82910563”。

（4）单击“💾”按钮。单击“审核”按钮，如图 2-12-11 所示。

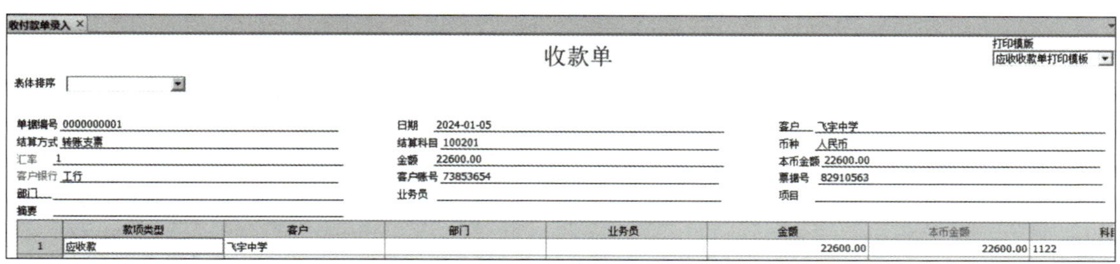

图 2-12-11　填制收款单

2. 在应收款管理子系统中将收款单生成收款凭证

生成收款凭证

（1）执行“应收款管理→制单处理”命令，打开“制单查询”对话框。

（2）选中“收付款单制单”复选框。

（3）单击“确定”按钮，进入“收付款单制单”窗口。

（4）选择凭证类别为“收款凭证”，单击工具栏中的“全选”按钮，选择窗口中的所有单据。

（5）单击“制单”按钮，屏幕上出现根据收款单生成的凭证。单击“💾”按钮，如图 2-12-12 所示。

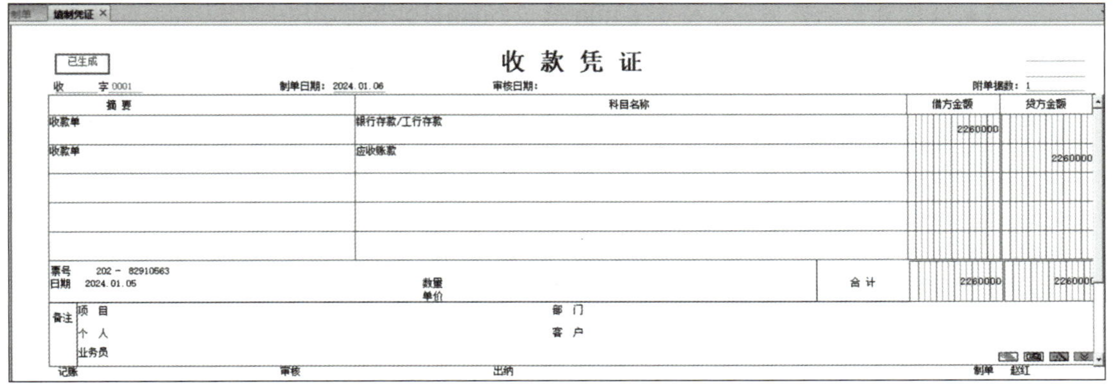

图 2-12-12　生成收款凭证

二、商业折扣处理

（一）在销售管理子系统中填制并审核发货单

（1）执行“销售管理→销售发货→发货单”命令，进入“发货单”窗口。

（2）单击“增加”按钮，打开“选择订单”对话框，单击“取消”按钮，进入“发货单”窗口。

（3）输入发货日期“2024-01-07”，客户“智宏公司”，销售部门“销售二部”。

（4）选择仓库“硬件库”，存货名称“方正电脑”，数量“10”，报价“7 000”，折扣率 90%。

（5）单击“💾”按钮，再单击“审核”按钮，如图 2-12-13 所示。

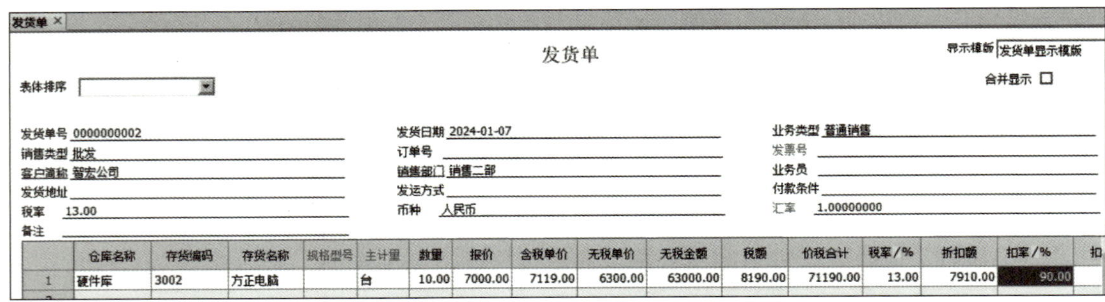

发货单

显示模版 发货单显示模版
合并显示 □
表体排序

发货单号 0000000002　发货日期 2024-01-07　业务类型 普通销售
销售类型 批发　订单号　发票号
客户简称 智宏公司　销售部门 销售二部　业务员
发货地址　发运方式　付款条件
税率 13.00　币种 人民币　汇率 1.00000000
备注

	仓库名称	存货编码	存货名称	规格型号	主计量	数量	报价	含税单价	无税单价	无税金额	税额	价税合计	税率/%	折扣额	扣率/%	扣
1	硬件库	3002	方正电脑		台	10.00	7000.00	7119.00	6300.00	63000.00	8190.00	71190.00	13.00	7910.00	90.00	

图 2-12-13　填制并审核发货单

（二）在销售管理子系统中参照发货单生成并复核销售发票（步骤：略）

提示

- 销售发票中的无税单价为 6 300 元（7 000×90%）。

三、销售现结业务处理

（一）发货单、销售出库单处理

1. 在销售管理子系统中填制并审核发货单（步骤：略）
2. 在库存管理子系统中审核销售出库单（B 软件参考成本为每套 40 元）（步骤：略）
3. 在存货核算子系统中对销售出库单记账（步骤：略）

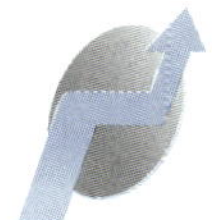

4. 在存货核算子系统中将销售出库单生成记账凭证（步骤：略）

（二）销售发票处理

1. 在销售管理子系统中填制销售专用发票并进行现结、复核

（1）在销售管理系统中，根据发货单生成销售专用发票，单击“保存”按钮。

（2）在销售专用发票界面中，单击“现结”按钮，打开“现结”对话框。选择结算方式为“202- 转账支票”，输入结算金额“5 650”，票据号“11223456”，如图 2-12-14 所示。单击“确定”按钮返回，销售专用发票左上角显示“现结”标志。单击“确定”按钮。

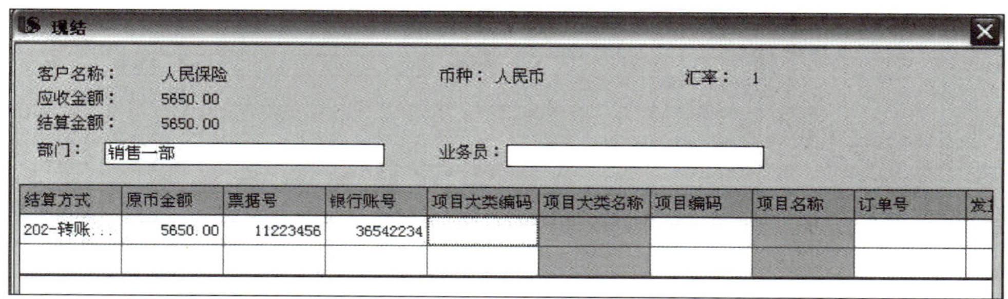

现结

客户名称： 人民保险　　币种：人民币　　汇率： 1

应收金额： 5650.00

结算金额： 5650.00

部门： 销售一部　　业务员：

结算方式	原币金额	票据号	银行账号	项目大类编码	项目大类名称	项目编码	项目名称	订单号	发
202-转账...	5650.00	11223456	36542234						

图 2-12-14　销售现结

（3）单击“复核”按钮，对现结发票进行复核。

提示

- 应在销售发票复核前进行现结处理。
- 只有销售发票复核后才能在应收款管理子系统中进行“现结”制单。

2. 在应收款管理子系统中审核应收单据

（1）执行“应收款管理→应收单据处理→应收单据审核”命令，打开“单据过滤条件”对话框。

（2）选中“包含已现结发票”复选框，单击“确定”按钮，进入“应收单据列表”窗口。

（3）审核上面在销售管理子系统中根据发货单生成的销售专用发票。

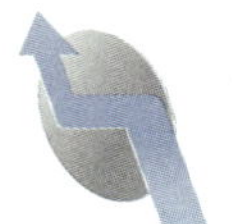

3. 在应收款管理子系统中对发票现结制单

（1）执行“应收款管理→制单处理”命令，打开“制单查询”对话框。选中“现结制单”复选框，单击“确定”按钮，进入“应收制单”窗口。

（2）在需要制单的单据行的“选择标志”栏单击，输入任一标志；选择凭证类别为“收款凭证”，单击“制单”按钮，生成收款凭证。

（3）补充借方科目 100201 及相应的现金流量，单击“💾”按钮，凭证左上角出现“已生成”红色字样，表示凭证已传递到总账管理子系统。结果如图 2-12-15 所示。

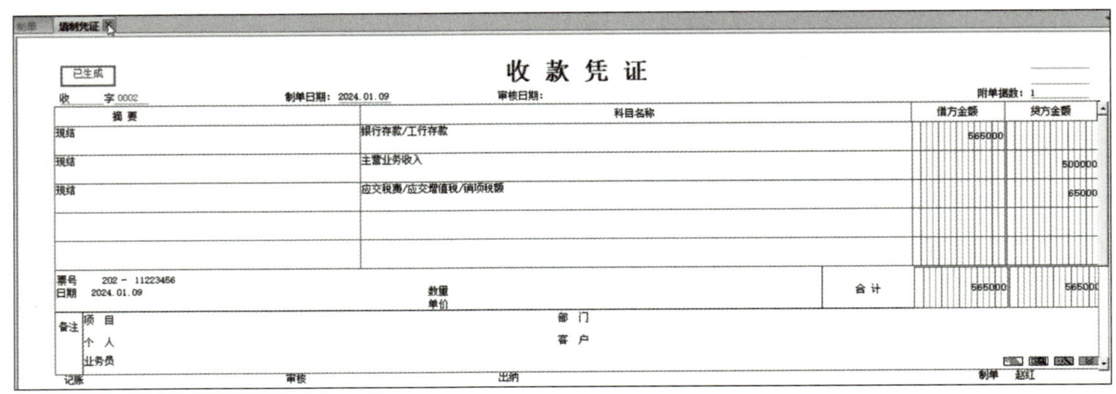

图 2-12-15　现结制单

四、代垫费用处理

（一）在销售管理子系统中填制并审核代垫费用单

（1）执行“销售管理→代垫费用→代垫费用单”命令，进入“代垫费用单”窗口。

（2）单击“增加”按钮，输入代垫日期“2024-01-10”，客户“智宏公司”，销售部门“销售二部”，费用项目“代垫运费”，代垫金额“800”，保存并审核，如图 2-12-16 所示。

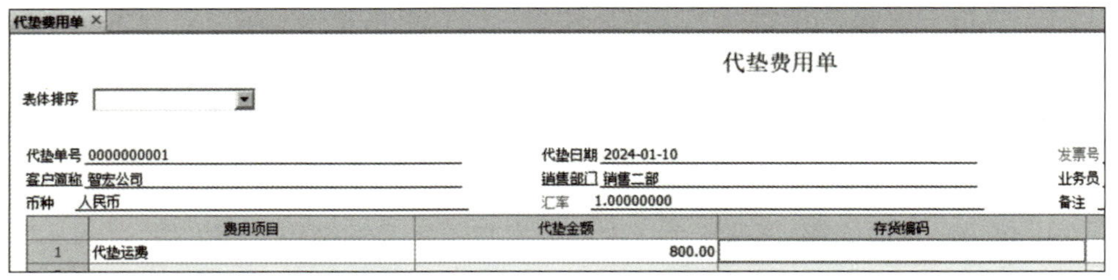

图 2-12-16　代垫费用单

（二）在应收款管理子系统中审核代垫费用单

执行“应收款管理→应收单据处理→应收单据审核”命令，对代垫费用单形成的其他应收单进行审核。

（三）在应收款管理子系统中对代垫费用单制单

（1）执行“应收款管理→制单处理”命令，打开“制单查询”对话框。选择“应收单制单”选项，单击“确定”按钮，进入“制单”窗口。

（2）选择要制单的单据，选择凭证类别为“付款凭证”，单击“制单”按钮，生成一张转账凭证；补充贷方科目 1001 及相关现金流量，单击“保存”按钮，如图 2-12-17 所示。

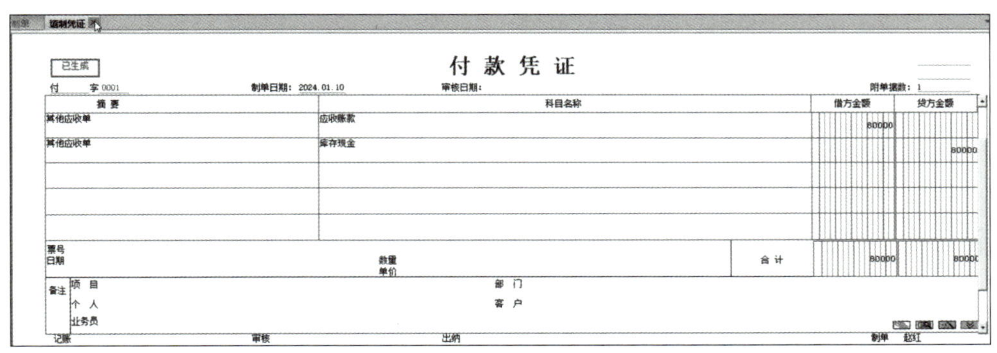

图 2-12-17 应收单制单

五、开票直接发货业务处理

（一）在销售管理子系统中填制并复核销售专用发票

（1）执行“销售管理→销售开票→销售专用发票”命令，进入“销售专用发票”窗口。

（2）单击“增加”按钮，打开“选择发货单”对话框。单击“取消”按钮，返回“销售专用发票”窗口。

（3）按实验要求输入销售专用发票内容并复核。

（二）在销售管理子系统中查询发货单

执行“销售管理→销售发货→发货单”命令，进入“发货单”窗口，可以查看到根据销售专用发票自动生成的发货单。

（三）在库存管理子系统中查询销售出库单

执行“库存管理→出库业务→销售出库单”命令，进入“销售出库单”窗口，可以查看到根据销售发票自动生成的销售出库单。

六、分期收款发出商品业务处理

（一）在销售管理子系统中填制并审核发货单（步骤：略）

- 填制发货单时选择业务类型为“分期收款”，数量填“200”。

（二）在存货核算子系统中执行发出商品记账

（1）执行“存货核算→业务核算→发出商品记账”命令，打开“发出商品核算查询条件”对话框。

（2）选择业务类型“分期收款”，单据类型“发货单”，仓库“软件库”，单击“确定”按钮，进入“未记账单据一览表”窗口。

（3）选择要记账的单据，单击“记账”按钮后退出。

（三）在存货核算子系统中对发出商品生成出库凭证

（1）执行“存货核算→财务核算→生成凭证”命令，进入“生成凭证”窗口。单击“选择”按钮，打开“查询条件”对话框。

（2）在单据列表中，选择“分期收款发出商品发货单”选项，单击“确定”按钮，进入“未生成凭证单据一览表”窗口。

（3）选择要记账的发货单，单击“确定”按钮，进入“生成凭证”窗口。设置凭证类别为“转账凭证”，确定借方科目1406，单击“生成”按钮，生成以下出库凭证。单击“保存”退出。

借：发出商品　　16 000

　　贷：库存商品　　16 000

（四）在销售管理子系统中根据发货单填制并复核销售发票（步骤：略）

提示

- 参照发货单时，选择业务类型“分期收款”。
- 修改开票数量为 100 张。

（五）在应收款管理子系统中审核销售发票及生成应收凭证（步骤：略）

应收凭证如下：

借：应收账款　　22 600

　　贷：主营业务收入　　20 000

　　　　应交税费 / 应交增值税 / 销项税额　　2 600

（六）在存货核算子系统中对销售发票记账

（1）执行“存货核算→业务核算→发出商品记账”命令，打开“发出商品核算查询条件”对话框。

（2）选择单据类型“销售发票”，业务类型“分期收款”，仓库“软件库”，单击“确定”按钮，进入“未记账发出商品一览表”窗口。

（3）选择要记账的单据，单击“记账”按钮。

（七）在存货核算子系统中对销售发票记账，并生成结转销售成本的凭证

（1）执行“存货核算→财务核算→生成凭证”命令，进入“生成凭证”窗口。单击“选择”按钮，打开“查询条件”对话框。

（2）在单据列表中，选择“分期收款发出商品专用发票”选项，单击“确定”按钮，进入“未生成凭证单据一览表”窗口。

（3）选择要记账的销售发票，单击“确定”按钮，进入“生成凭证”窗口。确定贷方科目 1406，凭证类别为“转账凭证”，单击“生成”按钮，生成以下凭证。保存退出。

借：主营业务成本　　8 000

　　贷：发出商品　　8 000

七、委托代销业务处理

（一）委托代销发货处理

（1）执行“销售管理→委托代销→委托代销发货单”命令，进入“委托代销发货单”窗口，填制并审核委托代销发货单。

（2）在库存管理子系统中审核销售出库单（B 软件参考成本为每套 40 元）。

（3）在存货核算子系统中对委托代销发货单进行发出商品记账，并生成以下出库凭证（委托代销发出商品发货单）。在生成凭证前，输入发出商品的科目编码 1406。

借：发出商品　　　　4 000

　　贷：库存商品　　　　4 000

（二）填制并审核委托代销结算单

（1）在销售管理子系统中，参照委托代销发货单生成委托代销结算单。

提示

- 修改委托代销结算数量为 40 套。

（2）单击“审核”按钮，打开“请选择发票类型”对话框。选择“专用发票”选项，单击“确定”按钮后退出。

（三）复核销售专用发票

在销售管理子系统中，查看根据委托代销结算单生成的销售专用发票并复核。

提示

- 委托代销结算单审核后，由系统自动生成相应的销售发票。
- 系统可根据委托代销结算单生成“普通发票”或“专用发票”两种发票类型。
- 委托代销结算单审核后，由系统自动生成相应的销售出库单，并将其传递到库存管理子系统。

（四）在应收款管理子系统中审核销售专用发票（步骤：略）

（五）在应收款管理子系统中对销售专用发票制单（步骤：略）

生成的凭证如下：

借：应收账款　　6 780

　　贷：主营业务收入　　6 000

　　　　应交税费 / 应交增值税 / 销项税额　　780

（六）在存货核算子系统中对发出商品记账

在存货核算子系统中，结转销售成本。执行“发出商品记账”命令，对委托代销销售专用发票记账。

（七）在存货核算子系统中对发出商品制单

在存货核算子系统“生成凭证”中，对委托代销发出商品专用发票生成以下凭证。发出商品的科目编码为1406。

借：主营业务成本　　1 600

　　贷：发出商品　　1 600

八、开票前退货业务处理

（一）在销售管理子系统中填制并审核发货单（步骤：略）

（二）在销售管理子系统中填制并审核退货单（步骤：略）

提示

- 填制退货单时可参照发货单的填制，数量填“-5”。

（三）在销售管理子系统中填制并复核销售发票（步骤：略）

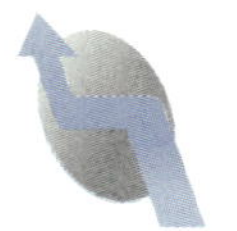

提示

- 在参照发货单生成销售专用发票时，发货单类型选择“全部”。如果生成退货单时已参照发货单，那么“选择发货单”窗口中就不会再出现退货单，而是以发货单与退货单的数量差为参照结果。

九、账簿查询

在销售日常业务处理完毕后，进行销售账簿查询。

十、月末结账

（一）结账处理

（1）执行“销售管理→月末结账”命令，打开“销售月末结账”对话框，其中蓝条位置是当前会计月。

（2）单击“月末结账”按钮，系统开始结账。

（二）取消结账（可选操作）

（1）执行“月末结账”命令，打开“销售月末结账”对话框，其中蓝条位置是当前会计月。

（2）单击“取消结账”按钮。

提示

- 若应收款管理子系统、库存管理子系统或存货核算子系统已结账，则销售管理子系统不能取消结账。

参考凭证

本实验由各业务系统生成的凭证，自动传递到总账管理子系统，在总账管理子

系统中可以查询到如表 2-12-1 所示的凭证。

表 2-12-1　凭证一览表

业务号	日期	摘要	会计科目	借方金额	贷方金额	来源
1	01-05	销售出库单	主营业务成本 　库存商品	8 000	 8 000	存货核算
	01-06	销售专用发票	应收账款 　主营业务收入 　应交税费 / 应交增值税 / 销项税额	22 600	 20 000 2 600	应收款管理
	01-06	收款单	银行存款 / 工行存款 　应收账款	22 600	 22 600	应收款管理
2	01-07	商业折扣	不要求生成凭证			
3	01-09	销售出库单	主营业务成本 　库存商品	2 000	 2 000	存货核算
	01-09	销售专用发票（现结）	银行存款 / 工行存款 　主营业务收入 　应交税费 / 应交增值税 / 销项税额	5650	 5 000 650	应收款管理
4	01-10	其他应收单（代垫费用）	应收账款 　库存现金	800	 800	应收款管理
5	01-12	开票直接发货	不要求生成凭证			
6	01-15	发货单（分期收款）	发出商品 　库存商品	16 000	 16 000	存货核算
	01-15	销售专用发票	应收账款 　主营业务收入 　应交税费 / 应交增值税 / 销项税额	22 600	 20 000 2 600	应收款管理
	01-15	销售专用发票	主营业务成本 　发出商品	8 000	 8 000	存货核算
7	01-20	发货单（委托代销）	发出商品 　库存商品	4 000	 4 000	存货核算

续表

业务号	日期	摘要	会计科目	借方金额	贷方金额	来源
7	01-22	销售专用发票	应收账款 　主营业务收入 　应交税费 / 应交增值税 / 销项税额	6 780	 6 000 780	应收款管理
	01-22	销售专用发票	主营业务成本 　发出商品	1 600	 1 600	存货核算
8	01-25	开票前退货	不要求生成凭证			

实 验 报 告

班级：　　　　姓名：　　　　学号：　　　　成绩：

实验题目：实验十二　销售管理

实验目的：

实验内容：

实验体会：

思考

1. 简述销售管理子系统与其他子系统的关系。
2. 写出普通销售业务的处理流程。
3. 写出销售现结业务的处理流程。
4. 写出委托代销业务的处理流程。
5. 写出开票前退货业务的处理流程。

实验十三

库存管理

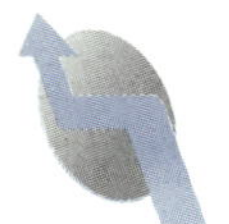

实验目的

1. 掌握用友 ERP-U8V10.1 软件中库存管理子系统的相关内容
2. 掌握企业库存日常业务处理方法
3. 理解库存管理子系统与其他子系统之间的数据传递关系

实验内容

1. 产成品入库业务处理
2. 材料领用业务处理
3. 调拨业务处理
4. 盘点业务处理
5. 其他入库业务处理
6. 其他出库业务处理
7. 假退料业务处理
8. 月末结账

实验准备

引入“实验账套\实验十”下的账套数据。

实验资料

1. 产成品入库业务处理

（1）1 月 5 日，收到生产部送来的 B 软件 200 套，验收入软件库。

（2）1 月 5 日，随后收到财务部门提供的完工产品成本，B 软件的总成本 8 000 元（其中：材料费 2 000 元，人工费 5 000 元，制造费用 1 000 元），立即做成本分配，生成记账凭证。

2. 材料领用业务处理

1 月 8 日，生产部从材料库领用空白光盘 100 张，单价 2 元，用于生产 A 软件。

3. 调拨业务处理

1 月 10 日，将软件库中的 50 套“学习革命”光盘调拨到材料库。

4. 盘点业务处理

1 月 12 日，对硬件库的“方正电脑”存货进行盘点，盘点后，发现多出 2 台计算机。经确认，该硬件的成本为每台 6 000 元。

5. 其他入库业务处理

1月15日，销售一部收到赠品“学习革命”光盘50套，单价60元，入软件库。

6. 其他出库业务处理

1月20日，销售二部从硬件库领取10台计算机，用于捐助希望小学。

7. 假退料业务处理

1月31日，根据生产部门的统计，有20张空白光盘当月尚未耗用完，先做假退料处理，下个月再继续使用。

实验要求

以“11 刘宁”的身份及相应的业务日期进行库存管理、存货核算的相关操作。

操作步骤

以操作员“11 刘宁”的身份启动并登录企业应用平台。

操作员：11；密码：1；账套：666；会计年度：2024；操作日期：（参照具体业务日期）。

一、产成品入库业务处理

（一）在库存管理子系统中录入产成品入库单并审核

（1）执行“库存管理→入库业务→产成品入库单”命令，进入“产成品入库单”窗口。

（2）单击“增加”按钮。

（3）输入入库日期“2024-01-05”，选择仓库“软件库”，入库类别“产成品完工入库”，部门“生产包装部”。选择产品名称“B软件”，输入数量“200”，如图2-13-1所示。

（4）单击“💾”按钮。单击“审核”按钮，完成对该单据的审核。

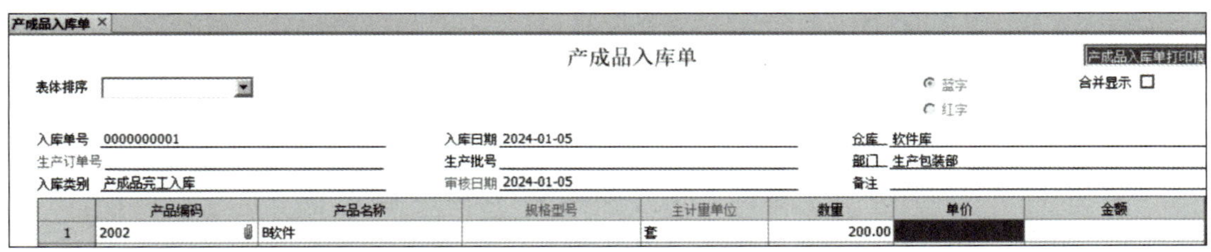

产成品入库单

表体排序　　蓝字　红字　合并显示

入库单号 0000000001　入库日期 2024-01-05　仓库 软件库

生产订单号　生产批号　部门 生产包装部

入库类别 产成品完工入库　审核日期 2024-01-05　备注

	产品编码	产品名称	规格型号	主计量单位	数量	单价	金额
1	2002	B软件		套	200.00		

图2-13-1　录入产成品入库单并审核

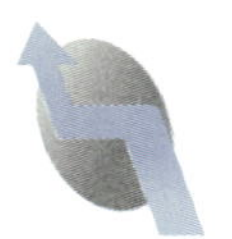

提示

- 产成品入库单上无须填写单价，待产成品成本分配后会自动写入。

（二）在存货核算子系统中录入生产总成本并进行产成品成本分配

（1）执行“存货核算→业务核算→产成品成本分配”命令，进入“产成品成本分配表”窗口。

（2）单击“查询”按钮，打开“产成品成本分配表查询”对话框。

（3）选择“软件库”。单击“确定”按钮，系统会将符合条件的记录带回“产成品成本分配表”。

（4）输入“B 软件”的金额“8 000”。

（5）单击“分配”按钮，系统弹出提示框：“分配操作顺利完成！”如图 2-13-2 所示。

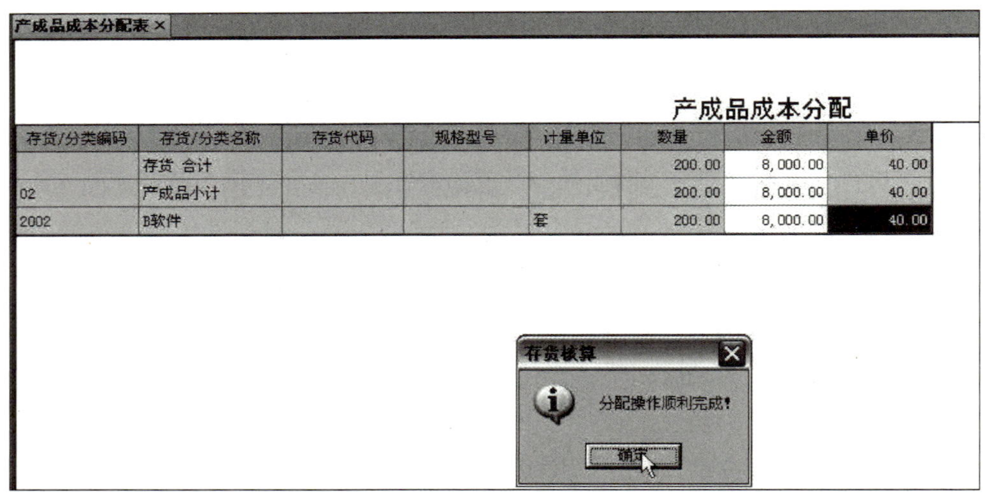

图 2-13-2　产成品成本分配

（6）单击“确定”按钮，返回。

（三）在存货核算子系统中对产成品入库单进行记账

执行“存货核算→业务核算→正常单据记账”命令，对产成品入库单进行记账处理。

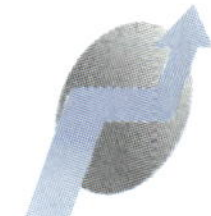

（四）在存货核算子系统中将产成品入库单生成凭证

（1）执行“存货核算→财务核算→生成凭证”命令，选择“产成品入库单”。

（2）单击“选择”按钮，单击“确定”按钮。单击“全选”按钮，单击“确定”按钮。

（3）选择凭证类别“转账凭证”，逐一输入对方科目、金额“500 101、2 000”“500 102、5 000”“500 103、1 000”。单击“生成”按钮。

（4）单击“ ”按钮，如图 2-13-3 所示。

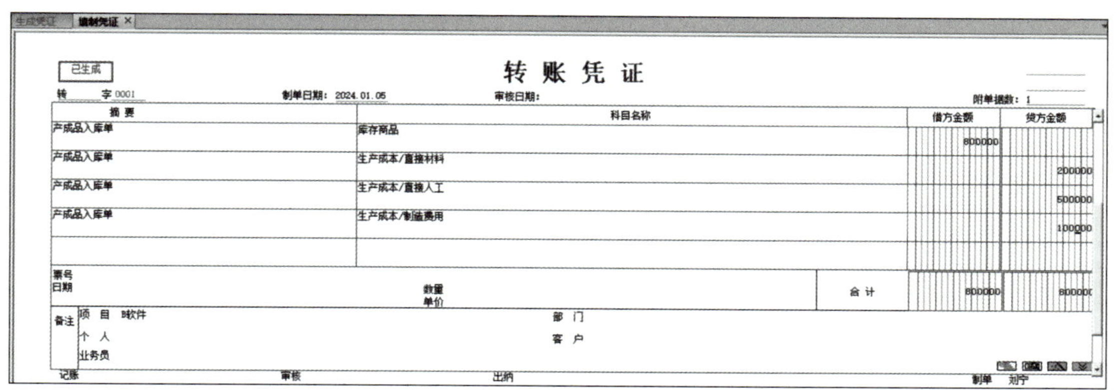

生成凭证　填制凭证

已生成

转 账 凭 证

转　字 0001　　制单日期：2024.01.05　　审核日期：　　附单据数：1

摘要	科目名称	借方金额	贷方金额
产成品入库单	库存商品	800000	
产成品入库单	生产成本/直接材料		200000
产成品入库单	生产成本/直接人工		500000
产成品入库单	生产成本/制造费用		100000
票号 日期	数量 单价 合计	800000	800000

备注　项　目 B软件　　部　门
　　　个　人　　　　　客　户
　　　业务员

记账　　审核　　出纳　　制单 刘宁

图 2-13-3　生成产成品入库单凭证

提示

- 贷方科目项目核算选择“B 软件”。

二、材料领用业务处理

（一）在库存管理子系统中填制材料出库单

（1）执行“库存管理→出库业务→材料出库单”命令，进入“材料出库单”窗口。

（2）单击“增加”按钮。

（3）填写出库日期“2024-01-08”，仓库“材料库”，出库类别“材料领用出库”，部门“生产包装部”。材料名称选择“空白光盘”，输入数量“100”、单价“2”，如图 2-13-4 所示。

（4）单击“ ”按钮。单击“审核”按钮，弹出提示框：“该单据审核成功！”单击“确定”按钮。

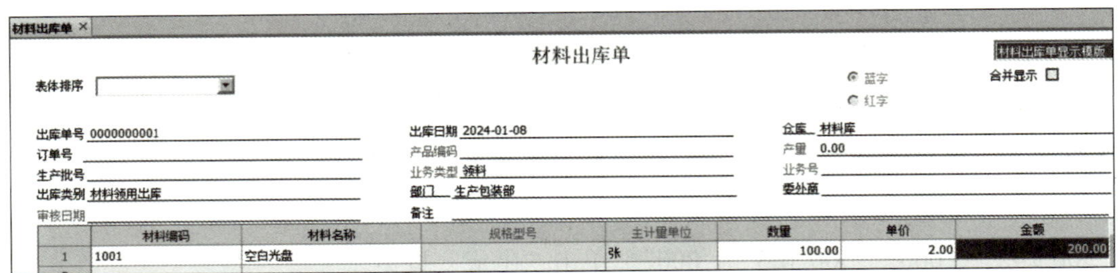

图 2-13-4　填制材料出库单

（二）在存货核算子系统中对材料出库单记账

执行“存货核算→业务核算→正常单据记账”命令，对材料出库单进行记账处理。

（三）在存货核算子系统中将材料出库单生成凭证

（1）执行“存货核算→财务核算→生成凭证”命令，选择“材料出库单”。

（2）单击“选择”按钮，单击“确定”按钮。单击“全选”按钮，单击“确定”按钮。

（3）选择凭证类别“转账凭证”。

（4）单击“生成”按钮。在生成凭证窗口输入科目“500 101”的项目核算名称“A 软件”。

（5）单击“💾”按钮。结果如图 2-13-5 所示。

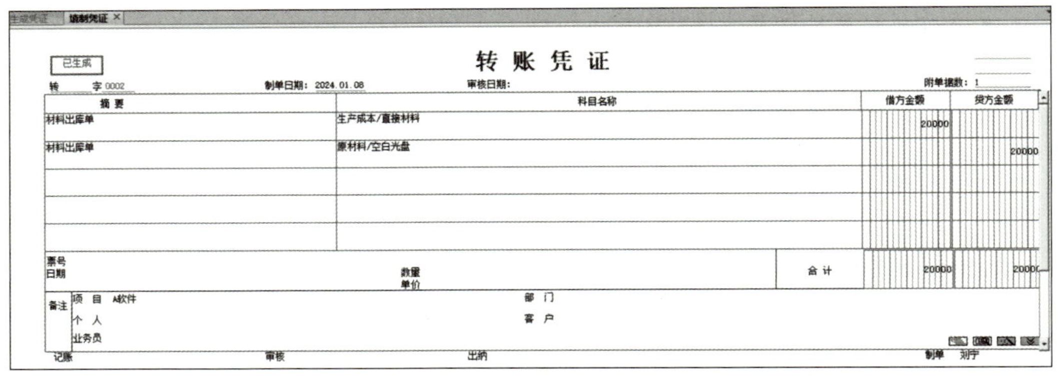

图 2-13-5　生成材料出库单凭证

三、调拨业务处理

（一）在库存管理子系统中填制调拨单

（1）执行“库存管理→调拨业务→调拨单”命令，进入“调拨单”窗口。

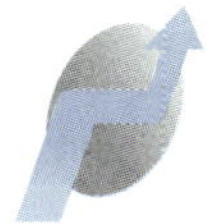

（2）单击“增加”按钮，输入调拨日期“2024-01-10”；选择转出仓库“软件库”，转入仓库“材料库”，出库类别“其他出库”，入库类别“其他入库”。

（3）选择存货编码“3001”，存货名称“学习革命”，输入数量“50”，单击“💾”按钮。结果如图 2-13-6 所示。

（4）再单击“审核”按钮。

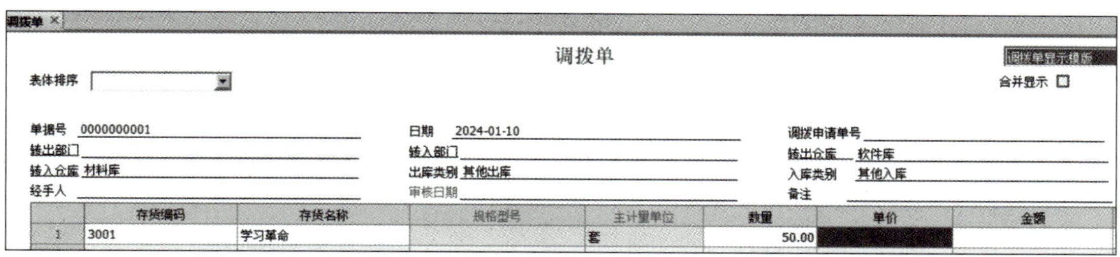

图 2-13-6　填制调拨单

提示

● 调拨单保存后，系统自动生成其他入库单和其他出库单，且由调拨单生成的其他入库单和其他出库单不得修改和删除。

● 转出仓库的计价方式是移动平均法、先进先出法时，调拨单的单价可以为空，系统会根据计价方式自动计算填入。

（二）在库存管理子系统中对调拨单生成的其他出入库单进行审核

（1）执行“库存管理→入库业务→其他入库单”命令，进入“其他入库单”窗口。

（2）单击“审核”按钮。

（3）同理，完成对其他出库单的审核。

（三）在存货核算子系统中对其他出入库单记账

（1）执行“存货核算→业务核算→特殊单据记账”命令，打开“特殊单据记账条件”对话框。

（2）选择单据类型“调拨单”，单击“确定”按钮，进入“特殊单据记账”窗口。

（3）选择要记账的调拨单，单击“记账”按钮。

● 在“库存商品”科目不分明细的情况下，库存调拨业务不会涉及账务处理，因此，对库存调拨业务生成的其他出入库单暂不进行制单。

四、盘点业务处理

（一）在库存管理子系统中增加盘点单

（1）执行“库存管理→盘点业务”命令，进入“盘点单”窗口。

（2）单击“增加”按钮，输入日期“2024-01-12”，选择盘点仓库“硬件库”，出库类别“其他出库”，入库类别“其他入库”。

（3）单击“盘库”按钮，系统弹出提示框：“盘库将删除未保存的所有记录，是否继续？”单击“是”按钮，弹出“盘点处理”对话框。选择盘点方式为“按仓库盘点”，单击“确认”按钮，稍候，系统将盘点结果带回“盘点单”。

（4）输入存货“3002 方正电脑”的盘点数量：“22”，单击“■”按钮。

（5）再单击“审核”按钮。

● 盘点单审核后，系统自动生成相应的其他入库单和其他出库单。

● 单击“盘库”按钮，表示选择盘点仓库中所有的存货进行盘点；单击“选择”按钮，表示按存货分类批量选择存货进行盘点。

● 盘点单中输入的盘点数量是实际库存盘点的结果。

● 盘点单记账后，不能再取消记账。

（二）在库存管理子系统中对盘点单生成的其他入库单进行审核

（三）在存货核算子系统中对其他入库单记账（补充单价为 6 000 元）并生成凭证（步骤：略）

生成的凭证如下：

借：库存商品　　　　　　　　　　　　　　　　12 000

　　贷：待处理财产损溢　　　　　　　　　　　　　12 000

五、其他入库业务（赠品入库）处理

（一）在库存管理子系统中录入其他入库单并审核

（1）执行“库存管理→入库业务→其他入库单”命令，进入“其他入库单”窗口。

（2）单击“增加”按钮，输入入库日期“2024-01-15”。选择仓库“软件库”，入库类别“其他入库”，部门“销售一部”。

（3）选择存货编码“3001”、存货名称“学习革命”，输入数量“50”，单价“60”。

（4）单击“💾”按钮。单击“审核”按钮，完成对该单据的审核。

（二）在存货核算子系统中对其他入库单记账（步骤：略）

（三）在存货核算子系统中生成凭证（步骤：略）

选择其他入库单，在凭证中需要补充输入对方科目：营业外收入，然后再生成凭证。

六、其他出库业务（赠品出库）处理

（一）在库存管理子系统中录入其他出库单并审核

（1）执行“库存管理→出库业务→其他出库单”命令，进入“其他出库单”窗口。

（2）单击“增加”按钮，输入出库日期“2024-01-20”。选择仓库“硬件库”，出库类别“其他出库”，部门“销售二部”。

（3）选择存货编码“3002”、存货名称“方正电脑”，输入数量“10”。

（4）单击“💾”按钮。单击“审核”按钮，完成对该单据的审核。

（二）在存货核算子系统中对其他出库单记账（步骤：略）

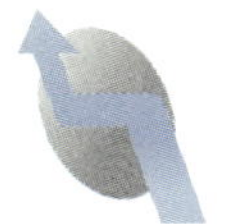

（三）在存货核算子系统中生成凭证

选择其他出库单，在凭证中需要补充输入对方科目：营业外支出，然后再生成凭证。

七、假退料业务处理

（一）在存货核算子系统中填制假退料单

（1）执行“存货核算→日常业务→假退料单”命令，进入“假退料单”窗口。

（2）单击“增加”按钮，输入出库日期“2024-01-31”。选择仓库“材料库”；输入材料“1001 空白光盘”，数量“-20”；单击“💾”按钮。

（二）在存货核算子系统中对假退料单单据记账（步骤：略）

（三）在存货核算子系统中查询空白光盘的明细账

（1）执行“存货核算→账表→账簿→明细账”命令，打开“明细账查询”对话框。

（2）选择查询存货“1001 空白光盘”，查看假退料对材料明细账的影响。

八、月末结账

（1）执行“库存管理→月末结账”命令，打开“月末结账”对话框。

（2）选择结账月份，单击“确定”按钮。

提示

- 只有采购管理子系统和销售管理子系统结账后，库存管理子系统才能结账。

参考凭证

本实验由各业务系统生成的凭证，自动传递到总账管理子系统，在总账管理子系统中可以查询到如表 2-13-1 所示的凭证。

表 2-13-1　凭证一览表

业务号	日期	摘要	会计科目	借方金额	贷方金额	来源
1	01-05	产成品入库单	库存商品 生产成本 / 直接材料（B 软件） 生产成本 / 直接人工（B 软件） 生产成本 / 制造费用（B 软件）	8 000	 2 000 5 000 1 000	存货核算
2	01-08	材料出库单	生产成本 / 直接材料（A 软件） 原材料 / 空白光盘	200	 200	存货核算
3	01-10	调拨单	不要求生成凭证			
4	01-12	盘点单	库存商品 待处理财产损溢	12 000	 12 000	存货核算
5	01-15	其他入库单	库存商品 营业外收入	3 000	 3 000	存货核算
6	01-20	其他出库单	营业外支出 库存商品	60 000	 60 000	存货核算
7	01-31	假退料单	不要求生成凭证			

实 验 报 告

班级：　　　　姓名：　　　　学号：　　　　成绩：

实验题目：实验十三　库存管理

实验目的：

实验内容：

实验体会：

思考

1. 简述库存管理子系统和其他子系统的关系。
2. 库存管理子系统日常业务处理中的入库业务和出库业务分别包括哪些内容？
3. 简述产成品入库业务的处理流程。
4. 简述材料领用业务的处理流程。

实验十四

存货核算

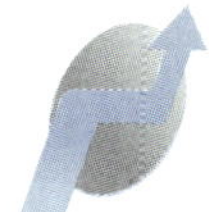

实验目的

1. 掌握用友 ERP-U8V10.1 软件中存货核算子系统的相关内容
2. 掌握企业存货日常业务处理方法
3. 理解存货核算子系统与其他子系统之间的数据传递关系

实验内容

1. 入库单据处理
2. 出库单据处理
3. 入库调整
4. 出库调整
5. 月末处理

实验准备

引入“实验账套 \ 实验十”下的账套数据。

实验资料

1. 入库单据处理

1 月 3 日，向北京方正订购方正计算机 20 台，单价为 6 000 元，将收到的货物验收入硬件库。填制采购入库单。

2. 出库单据处理

1 月 17 日，销售一部飞宇中学出售“学习革命”光盘 50 套，报价为每套 200 元，成本价为每套 60 元，货物从软件库发出。

3. 入库调整

1 月 20 日，以工行存款支付 1 月 3 日采购方正计算机的运输保险费，增加入库成本 4 000 元。

4. 出库调整

1 月 30 日，增加 1 月 17 日出售给飞宇中学“学习革命”光盘的出库成本 500 元。

实验要求

以“11 刘宇”的身份及相应的业务日期进行库存管理、存货核算的相关操作。

操作步骤

以操作员“11 刘宁”的身份启动并登录企业应用平台。

操作员：11；密码：1；账套：666；会计年度：2024；操作日期：（参照具体业务日期）。

一、入库单据处理

在库存管理子系统中，输入采购入库单并审核，在存货核算子系统中记账并生成凭证。

提示

● 记账时选择“采购入库单（暂估记账）”，生成凭证的对方科目（应付暂估科目）编码为 2202。

二、出库单据处理

在销售管理子系统中输入销售发货单并审核，在库存管理子系统中审核根据发货单自动生成的销售出库单，在存货核算子系统中记账并生成凭证。

三、入库调整

（一）在存货核算子系统中录入入库调整单

（1）执行“存货核算→日常业务→入库调整单”命令，进入“入库调整单”窗口。

（2）单击“增加”按钮，选择“硬件库”，输入日期“2024-01-20”，选择收发类别“采购入库”，部门“采购中心”，供应商“北京方正”。

（3）选择存货编码“3002”、存货名称“方正电脑”，调整金额为 4 000 元，如图 2-14-1 所示。

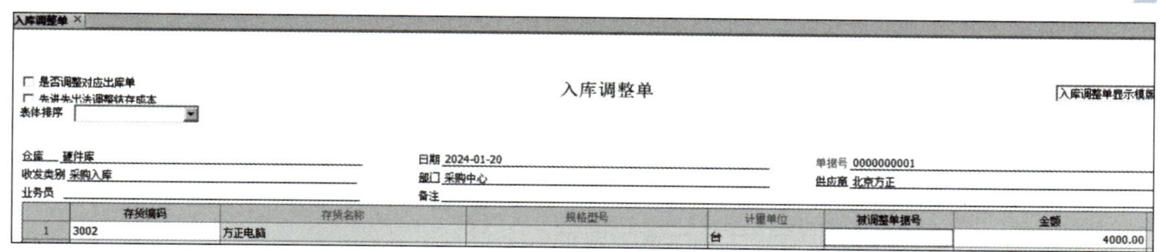

	存货编码	存货名称	规格型号	计量单位	被调整单据号	金额
1	3002	方正电脑		台		4000.00

图 2-14-1　录入入库调整单

（4）单击“■”按钮。再单击“记账”按钮。

提示

● 入库调整单是对存货的入库成本进行调整的单据，可针对单据进行调整，也可针对存货进行调整。

（二）在存货核算子系统中生成入库调整凭证

（1）执行“存货核算→财务核算→生成凭证”命令，进入“生成凭证”列表窗口。单击“选择”按钮，打开“查询条件”对话框。

（2）选择“入库调整单”选项，单击“确定”按钮，进入“生成凭证”窗口。

（3）单击单据行前的“选择”栏，出现选中标志 1，单击“确定”按钮，出现凭证列表。

（4）选择凭证类别为“付款凭证”，单击“生成”按钮，系统显示以下生成的转账凭证。

借：库存商品　　4 000

　　贷：银行存款 / 工行存款　　4 000

（5）单击“■”按钮，凭证左上角出现红色的“已生成”字样，表示该凭证已传递到总账管理子系统。

（三）查询相关账簿

执行“存货核算→账表→分析表→入库成本分析”命令，查看“方正电脑”的入库成本为 124 000 元。

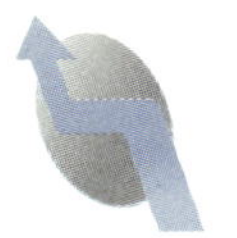

- 124 000＝20（入库数量）×6 000＋4 000（入库成本调整）

四、出库调整

（一）在存货核算子系统中录入出库调整单

（1）执行“存货核算→日常业务→出库调整单”命令，进入“出库调整单”窗口。

（2）单击“增加”按钮，选择“软件库”，输入日期“2024-01-30”，选择收发类别“销售出库”，部门“销售一部”，客户“飞宇中学”。

（3）选择存货编码“3001”、存货名称“学习革命”，调整金额为500元，如图2-14-2所示。

（4）单击“💾”按钮，再单击“记账”按钮。

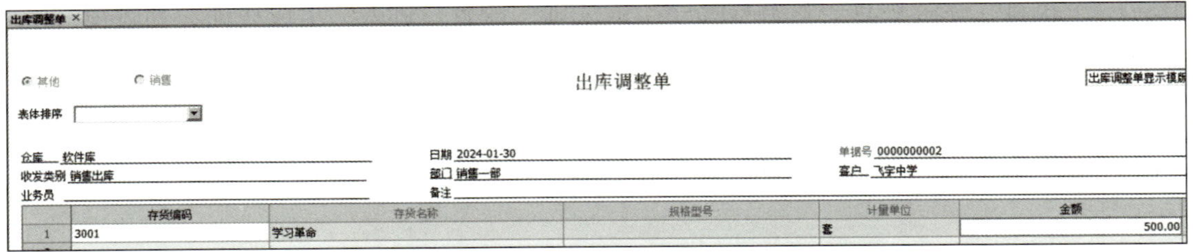

图 2-14-2　录入出库调整单

- 出库调整单是对存货的出库成本进行调整的单据，只能针对存货进行调整。

（二）在存货核算子系统中生成出库调整凭证（步骤：略）

生成的凭证如下：

借：主营业务成本　　500

　　贷：库存商品　　500

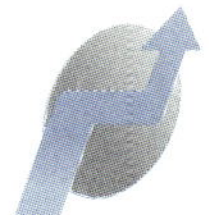

五、月末处理

（一）期末处理

（1）执行“存货核算→业务核算→期末处理”命令，打开“期末处理”对话框。

（2）选择需要进行期末处理的仓库，单击“处理”按钮，系统弹出提示框：“期末处理完成！”单击“确定”按钮返回。

提示

- 如果存货成本按全月一次加权平均法或计划价/售价方式核算，则当月业务全部完成后，用户要进行期末处理。只有期末处理完成后，才能确定存货发出成本。
- 存货核算期末处理需要在采购管理、销售管理和库存管理子系统结账后进行。
- 期末处理之前应检查需要记账的单据是否已全部记账。

（二）月末结账

（1）执行“存货核算→业务核算→月末结账”命令，打开“月末结账”对话框。

（2）单击“确认”按钮，系统弹出“月末结账完成！”信息提示对话框，单击“确定”按钮返回。

（三）与总账管理子系统对账

（1）执行“存货核算→财务核算→与总账系统对账”命令，进入“与总账对账表”窗口。

（2）单击“退出”按钮返回。

参考凭证

本实验由各业务系统生成的凭证，自动传递到总账管理子系统，在总账管理子系统中可以查询到如表 2-14-1 所示的凭证。

表 2-14-1　凭证一览表

业务号	日期	摘要	会计科目	借方金额	贷方金额	来源
1	01-03	采购入库单	库存商品 　应付账款	120 000	 120 000	存货核算
2	01-07	销售出库单	主营业务成本 　库存商品	3 000	 3 000	存货核算
3	01-20	入库调整单	库存商品 　银行存款 / 工行存款	4 000	 4 000	存货核算
4	01-30	出库调整单	主营业务成本 　库存商品	500	 500	存货核算

实 验 报 告

班级：　　　　　　姓名：　　　　　　学号：　　　　　　成绩：

实验题目：实验十四　存货核算

实验目的：

实验内容：

实验体会：

思考

1. 简述存货核算子系统与其他子系统之间的关系。
2. 存货核算子系统日常业务处理功能包括哪些内容？
3. 简述入库单据的处理流程。
4. 简述出库单据的处理流程。
5. 简述入库调整和出库调整的处理流程。

实验十五

费控报销系统设计与开发

实验目的

1. 熟悉费控报销系统需求分析和系统设计的内容

2. 掌握功能设计、数据表设计、流程设计、权限设计和界面设计的思路与方法

3. 熟悉部门档案、人员档案、费用项目、预算信息、会计科目和凭证模板六张普通表单以及会计凭证、报销申请单两张流程表单涉及的字段及其属性

4. 熟悉柱状图、条形图、饼图、指标图、数据明细表和文本组件等常见图表的制作方法

5. 掌握报销申请单和会计凭证两张流程表单的表单开发和流程开发思路

6. 掌握仪表盘的开发思路

实验内容

1. 费控报销需求分析

2. 费控报销系统设计

3. 费控报销系统开发

4. 费控报销系统测试

实验准备

用手机号注册并登录简道云。

实验资料

测试基础数据见“部门档案.xlsx”“费用项目.xlsx”“会计科目.xlsx”“凭证模板.xlsx”“人员档案.xlsx”“预算信息.xlsx”。

实验要求

输入账号和密码，登录简道云网站。

实验步骤

一、需求分析

费控报销系统是用于管理和处理组织内费用控制和报销流程的软件系统。费控报销系统的需求分析是确保系统能够满足组织内费用管理和报销流程的关键步骤，

具体包括：项目概述、利益相关者、功能需求和非功能需求。

（一）项目概述

（1）项目名称：费控报销系统。

（2）项目目标：建立一个自动化的费用控制和报销系统，简化报销流程，提高管理效率。

（3）项目范围：该系统将覆盖费用申请、审批、核对、报销、预算控制等流程，适用于公司内部各部门。

（二）利益相关者

（1）员工：需要方便快捷地提交费用申请、进行费用报销，并实时查看审批状态。

（2）部门经理：负责审批部门内的费用申请，需要审核费用申请的合理性并控制预算。

（3）财务人员：需要核对费用报销申请的真实性、合规性，确保付款准确。

（4）预算管理员：负责设定费用预算限额，需要监控预算使用情况。

（5）管理层：需要获得全局的费用控制情况，了解报销金额涨跌的趋势，用于决策分析。

（三）功能需求

（1）费用申请：员工可以提交费用申请，填写费用类型、金额、申请原因等，并上传相关单据。

（2）费用审批：部门经理按照审批流程审核费用申请，可批准、拒绝或退回。

（3）费用报销：员工可以提交费用报销申请，记录已发生的费用，上传单据。

（4）费用核对：财务人员核对费用报销申请，确保单据的真实性和合规性。

（5）预算控制：预算管理员设定费用预算限额，系统检查申请是否超出预算。

（6）报表生成：生成费用报销报表，如费用分布、报销金额涨跌趋势等，供管理层分析。

（7）数据安全：确保数据的安全性和保密性，限制权限访问。

（四）非功能需求

（1）性能：系统响应时间在 3 秒以内，能够同时支持 100 名并发用户。

（2）移动端支持：提供移动端应用，使用户能够随时提交申请和查看状态。

（3）安全性：数据传输采用加密方式，需要用户认证和授权以确保数据的安全性。

（4）可扩展性：系统能够较为容易地进行扩展，以满足未来组织规模的扩大。

（5）数据备份和恢复：每日进行数据备份，确保数据的可恢复性。

（6）用户培训：提供用户培训，确保用户能够正确地使用系统功能。

二、系统设计

（一）功能设计

费控报销系统的功能设计需要根据需求和利益相关者的期望来制定具体的功能模块。其功能菜单如图 2-15-1 所示。

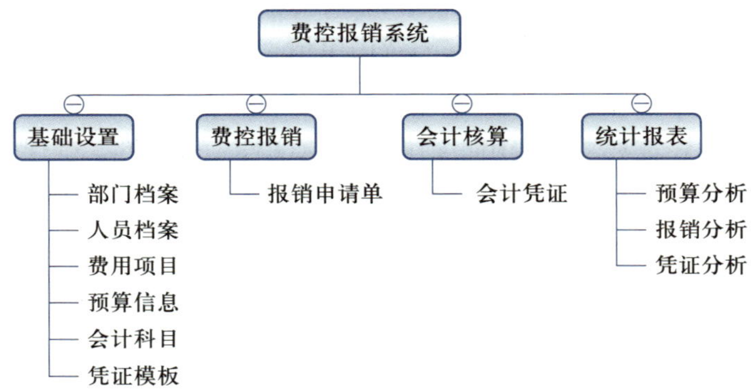

图 2-15-1　费控报销系统功能菜单

费控报销系统可实现以下具体功能：

1. 报销申请和审批

（1）报销申请提交：员工可以提交报销申请，填写费用类型、金额、申请原因等。

（2）审批流程：设定不同级别的审批人员，按照流程逐级审批费用申请。

（3）审批意见：审批人员可以添加审批意见，记录审批决策的理由。

2. 预算控制

（1）预算设定：预算管理员设定费用预算限额，可以按部门、项目等进行划分。

（2）预算监控：系统检查费用申请和报销是否超出预算范围，如果超出，则会提醒审批人员和预算管理员。

3. 记账凭证生成

根据审批后的费用申请自动生成记账凭证。

4. 报表查询与分析

（1）费用报销查询统计：生成费用报销相关报表，如费用分布、报销金额涨跌趋势等。

（2）预算信息查询统计：提供预算使用情况的报表，用于管理层决策分析。

（3）凭证信息查询统计：用于查询凭证相关信息。

5. 通知和提醒

（1）提交通知：系统通知员工有待审批的费用申请或报销。

（2）审批提醒：系统提醒审批人员有待处理的审批任务。

（3）预算超支提醒：系统提醒预算管理员和管理层有费用超出预算的情况。

6. 移动端支持

提供移动端应用，使员工能够随时提交申请、查看审批状态以及报销进度。

（二）数据表设计

1. 业务类数据表

业务类数据表主要包括部门档案、人员档案、报销申请单、预算信息、费用项目。其中，报销申请单为流程表单，其他表单为普通表单。各数据表结构和关系如图 2-15-2 所示。

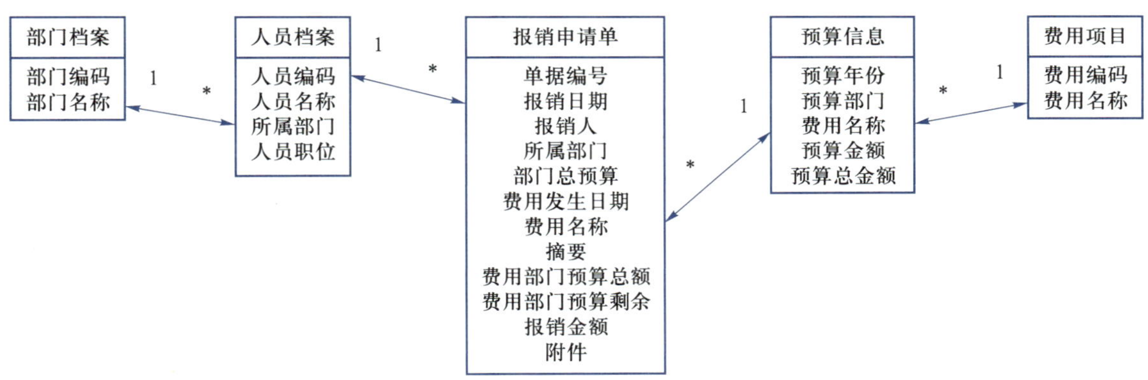

图 2-15-2　业务类数据表结构和关系

2. 财务类数据表

财务类数据表主要包括会计科目、凭证模板和会计凭证，其中会计凭证为流程表单，其他表单为普通表单。各数据表结构和关系如图 2-15-3 所示。

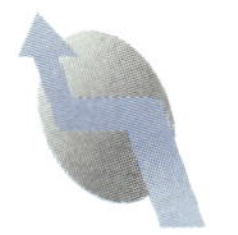

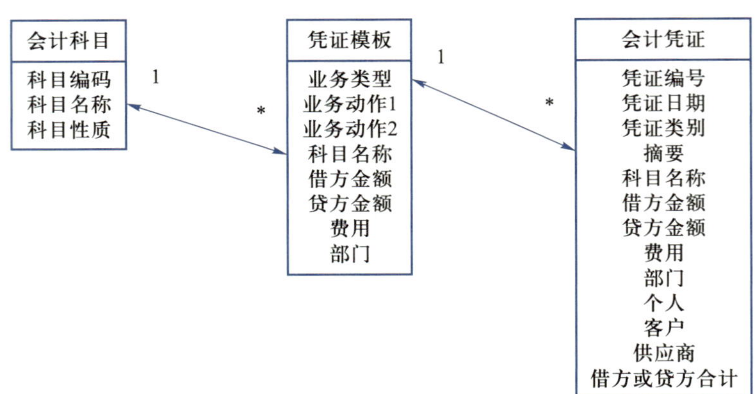

图 2-15-3 财务类数据表结构和关系

（三）流程设计

1. 生成凭证流程

生成凭证流程如图 2-15-4 所示。

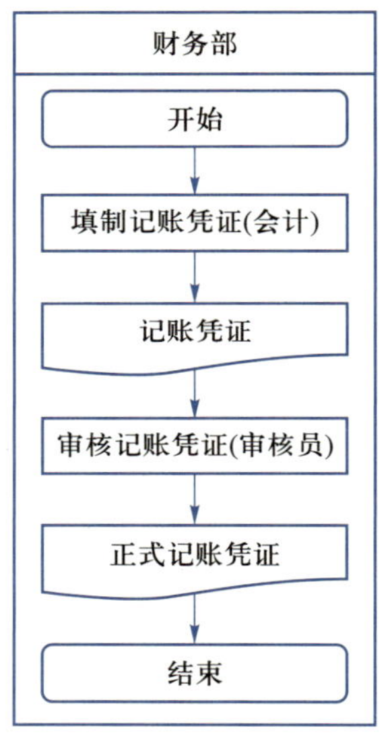

图 2-15-4 生成凭证流程

2. 报销流程

报销流程如图 2-15-5 所示。

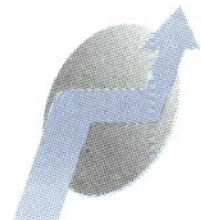

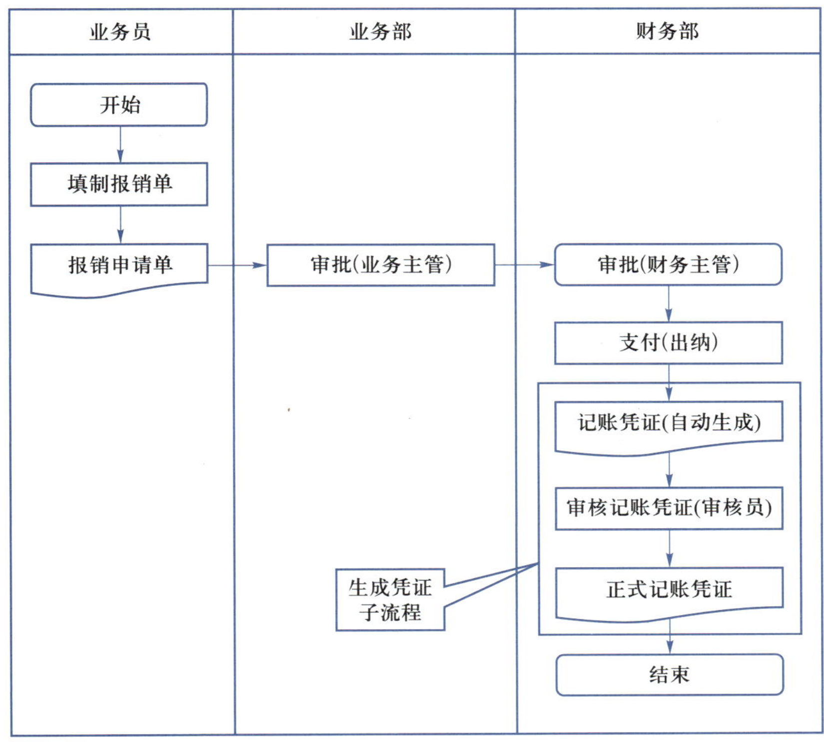

图 2-15-5　报销流程

（四）权限设计

本实验所有功能均由学员自己独立完成，因此学员账号为系统管理员身份，拥有全部权限。在系统发布应用时，可根据不同人员的管理范围进行权限设置。

（五）界面设计

费控报销系统的用户界面应该简洁、直观，易于使用和导航。界面设计要考虑到不同角色的用户需求，提供相应权限下可见的功能。低代码平台中的用户界面设计已经组件化，界面元素的摆放也提供了方便快捷的方式，可边开发、边设计。

三、系统开发与系统测试

为实训方便，本实验将系统开发与系统测试两部分内容合并在一起，即边开发、边测试。在开发步骤中，若后面出现的步骤与前面的相同或相似，则不再详细介绍。

（一）系统功能菜单开发与测试

1. 开发效果与思路

费控报销系统功能菜单开发效果及开发思路如图 2-15-6 所示。

一级菜单	二级菜单	功能操作	实际效果
基础设置		新建分组	基础设置
	部门档案	新建表单	部门档案
	人员档案	新建表单	人员档案
	费用项目	新建表单	费用项目
	预算信息	新建表单	预算信息
	会计科目	新建表单	会计科目
	凭证模板	新建表单	凭证模板
费控报销		新建分组	费控报销
	报销申请单	新建流程表单	报销申请单
会计核算		新建分组	会计核算
	会计凭证	新建流程表单	会计凭证
统计报表		新建分组	统计分析
	预算分析	新建仪表盘	预算分析
	报销分析	新建仪表盘	报销分析
	凭证分析	新建仪表盘	凭证分析

图 2-15-6　费控报销系统功能菜单开发效果及开发思路

2. 开发步骤

（1）在简道云“工作台”中，单击“新建应用”按钮，再单击“创建空白应用”。

（2）输入应用的名称“费控报销系统”，选择分组（若没有分组则不选择），单击“图标”按钮可以设置应用所对应图标的颜色和样式，如图 2-15-7 所示。单击“确定”按钮。

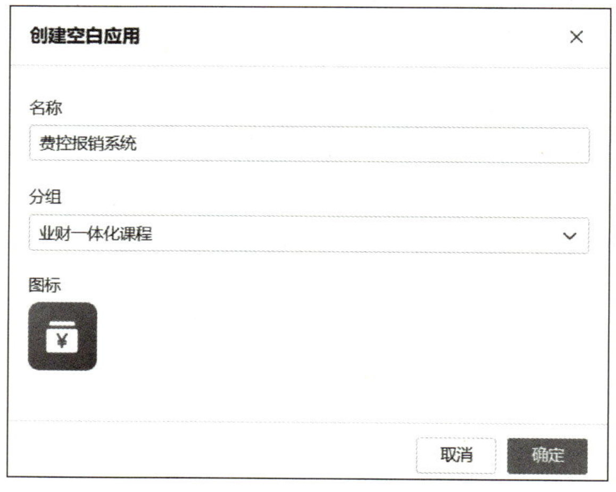

图 2-15-7　创建应用

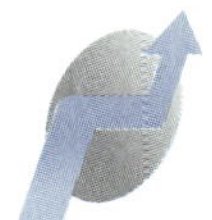

（3）单击“新建表单”按钮，单击“创建空白表单”，在“未命名表单”处，输入“部门档案”，如图 2-15-8 所示。单击“保存”按钮。单击“<”返回。

图 2-15-8　新建表单

（4）单击“+”按钮，再单击“新建分组”按钮。输入名称“基础设置”，如图 2-15-9 所示，单击“确定”按钮。

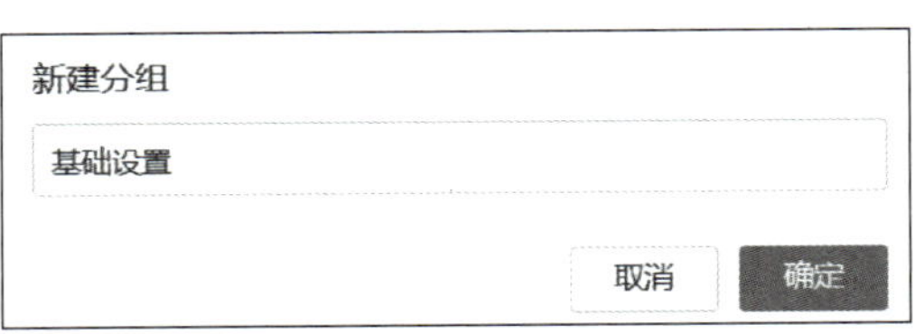

图 2-15-9　新建分组

（5）单击部门档案右侧的“…”，选择“移动”，再选择目标文件夹“基础设置”，单击“确定”按钮。操作完成后，可以看到“部门档案”二级菜单移动到“基础设置”一级菜单下，如图 2-15-10 所示。此操作亦可用鼠标完成：直接拖动“部门档案”到“基础设置”分组下。

图 2-15-10　调整菜单位置

（6）单击“基础设置”右侧的“…”，选择“新建表单→创建空白表单”，分别创建“人员档案”“费用项目”“预算信息”“会计科目”“凭证模板”5 个空白表单。

（7）同理，创建“费控报销”分组，在其下创建“报销申请单”流程表单；创建“会计核算”分组，在其下创建“会计凭证”流程表单；创建“统计报表”分组，

在其下创建“预算分析”“报销分析”“凭证分析”仪表盘。

（二）“部门档案”普通表单开发与测试

1. 开发效果

“部门档案”普通表单开发效果如图 2-15-11 所示。

图 2-15-11　“部门档案”普通表单开发效果

2. 开发思路

“部门档案”普通表单开发思路如图 2-15-12 所示。

字段名	字段类型	字段属性
部门编码	单行文本	
部门名称	单行文本	

图 2-15-12　“部门档案”普通表单开发思路

3. 开发步骤

（1）选中“部门档案”，单击“编辑”按钮。

（2）在基础组件中选择“分割线”，将其拖曳至设计区。在字段属性区标题处输入“部门档案”，在样式处选择如图 2-15-13 所示的样式。

图 2-15-13　设置分割线样式

（3）在基础组件中选择“单行文本”，将其拖曳至设计区。在字段属性区标题处输入“部门编码”，在字段属性区校验处选择“必填”。

（4）同理，设置“部门名称”字段。单击“保存”按钮。

（5）单击“预览”按钮，分别单击 两个按钮，可切换查看 PC 端样式和移动端样式，在预览状态下可输入测试数据，查看字段效果是否设置正确，但数据不能提交。

（6）单击“<”按钮，返回应用初始界面。

4. 表单测试

（1）在应用初始界面，按“部门档案．xlsx”文件提供的数据（如图 2-15-14

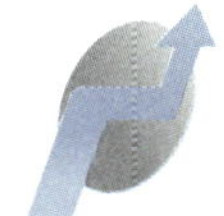

所示）进行输入测试，每输入一条数据，需要单击“提交”按钮。

部门编码	部门名称
01	行政部
02	财务部
03	采购部
04	销售部
05	生产部

图 2-15-14　“部门档案”测试数据

（2）测试数据输入完毕，单击“数据管理”按钮，在后台查看提交的全部数据。如图 2-15-15 所示。在后台可对数据进行添加、删除、导入、导出等操作。

部门档案　　表单设计　扩展功能　表单发布　数据管理

＋添加　导入　导出　删除　批量操作　操作记录　数据回收站

部门编码	部门名称	提交人	提交时间	更新时间
05	生产部	GaryWang	2023-04-07 21:27:33	2023-04-07 21:27:33
04	销售部	GaryWang	2023-04-07 21:27:06	2023-04-07 21:27:06
03	采购部	GaryWang	2023-04-07 21:26:58	2023-04-07 21:26:58
02	财务部	GaryWang	2023-04-07 21:26:44	2023-04-07 21:26:44
01	行政部	GaryWang	2023-04-07 21:26:20	2023-04-07 21:26:20

图 2-15-15　后台查看全部数据

（三）“人员档案”普通表单开发与测试

1. 开发效果

“人员档案”普通表单开发效果如图 2-15-16 所示。

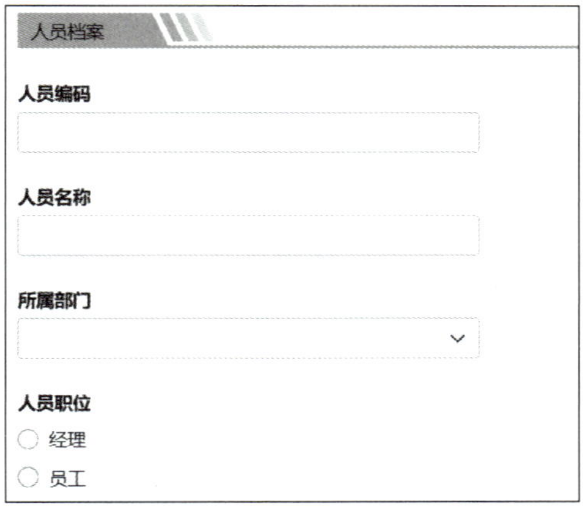

图 2-15-16　“人员档案”普通表单开发效果

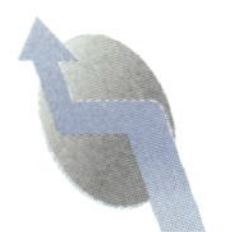

2. 开发思路

“人员档案”普通表单开发思路如图 2-15-17 所示。

字段名	字段类型	字段属性
人员编码	单行文本	
人员名称	单行文本	
所属部门	下拉框	选项：关联其他表单数据；部门档案-部门名称
人员职位	单选按钮组	选项：经理；员工

图 2-15-17　“人员档案”普通表单开发思路

3. 开发步骤

（1）“所属部门”字段类型为“下拉框”，其字段属性“选项”设置如图 2-15-18 所示。

（2）“人员职位”字段类型为“单选按钮组”，其字段属性“选项”设置如图 2-15-19 所示。

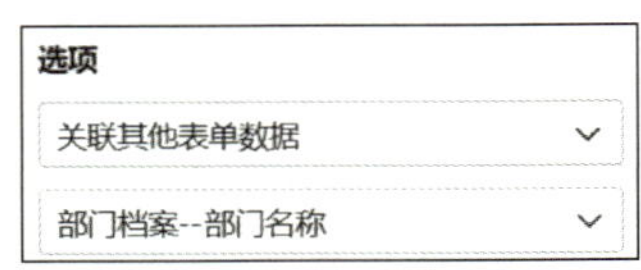

图 2-15-18　设置“所属部门”选项

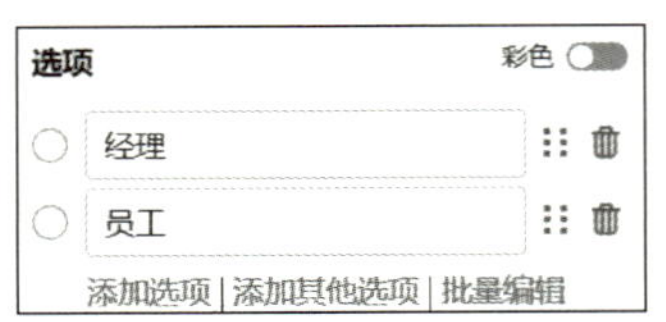

图 2-15-19　设置“人员职位”选项

4. 表单测试

“人员档案.xlsx”文件提供的数据如图 2-15-20 所示。其测试步骤与“部门档案”普通表单测试步骤类似。

人员编码	人员名称	所属部门	人员职位
001	张海涛	行政部	经理
002	刘润东	财务部	经理
003	于苗苗	采购部	员工
004	吴玉华	销售部	员工
005	马明宇	生产部	员工

图 2-15-20　“人员档案”测试数据

（四）“费用项目”普通表单开发与测试

1. 开发效果

“费用项目”普通表单开发效果如图 2-15-21 所示。

2. 开发思路

“费用项目”普通表单开发思路如图 2-15-22 所示。

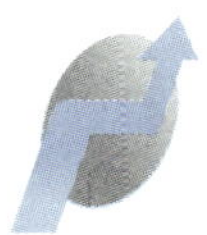

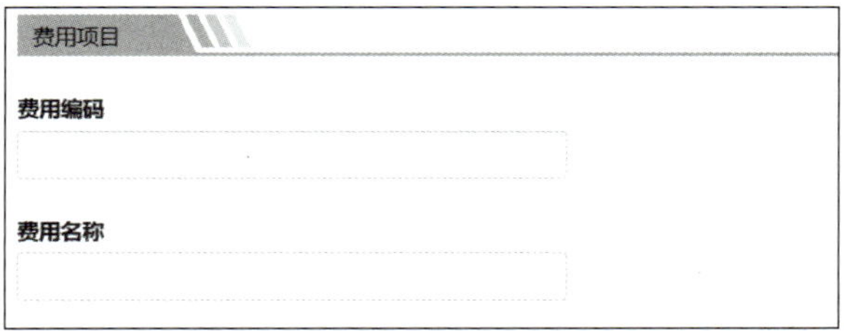

费用项目

费用编码

费用名称

图 2-15-21　“费用项目”普通表单开发效果

字段名	字段类型	字段属性
费用编码	单行文本	
费用名称	单行文本	

图 2-15-22　“费用项目”普通表单开发思路

3. 开发步骤

其开发步骤与“部门档案”普通表单开发步骤类似。

4. 表单测试

“费用项目.xlsx”文件提供的数据如图 2-15-23 所示。其测试步骤与“部门档案”普通表单测试步骤类似，可参照完成。

费用编码	费用名称
01	办公费
02	差旅费
03	通讯费
04	招待费

图 2-15-23　“费用项目”测试数据

（五）“预算信息”普通表单开发与测试

1. 开发效果

“预算信息”普通表单开发效果如图 2-15-24 所示。

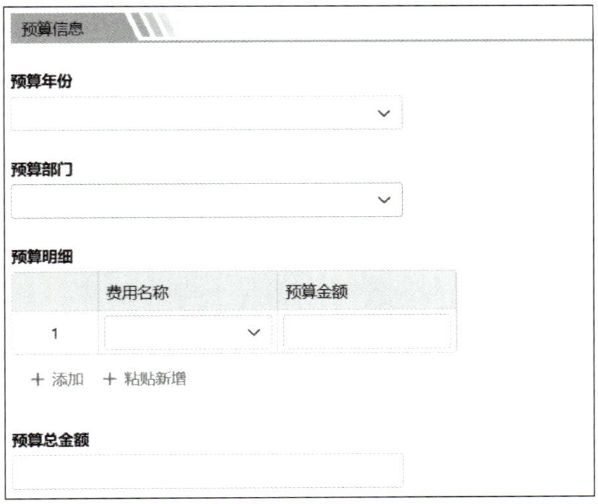

预算信息

预算年份

预算部门

预算明细

	费用名称	预算金额
1		

＋ 添加　＋ 粘贴新增

预算总金额

图 2-15-24　“预算信息”普通表单开发效果

2. 开发思路

“预算信息”普通表单开发思路如图 2-15-25 所示。

字段名		字段类型	字段属性
预算年份		下拉框	选项：自定义（2023、2024、2025）
预算部门		下拉框	选项：关联其他表单数据；部门档案-部门名称
预算明细	费用名称	下拉框	选项：关联其他表单数据；费用项目-费用名称
	预算金额	数字	
预算总金额		数字	默认值：公式编辑；编辑公式“SUM(预算明细.预算金额)”

图 2-15-25　“预算信息”普通表单开发思路

3. 开发步骤

（1）“预算明细”字段类型为高级组件下的“子表单”，子表单中有“费用名称”和“预算金额”两个字段，可按其字段类型将相应的组件拖曳至子表单中，然后修改其属性。

（2）“预算总金额”字段类型为“数字”，其字段属性“默认值”选择公式编辑，单击“编辑公式”按钮，选择或输入函数“SUM（ ）”，下方列表中选择函数中的参数为“预算明细. 预算金额”，如图 2-15-26 所示。

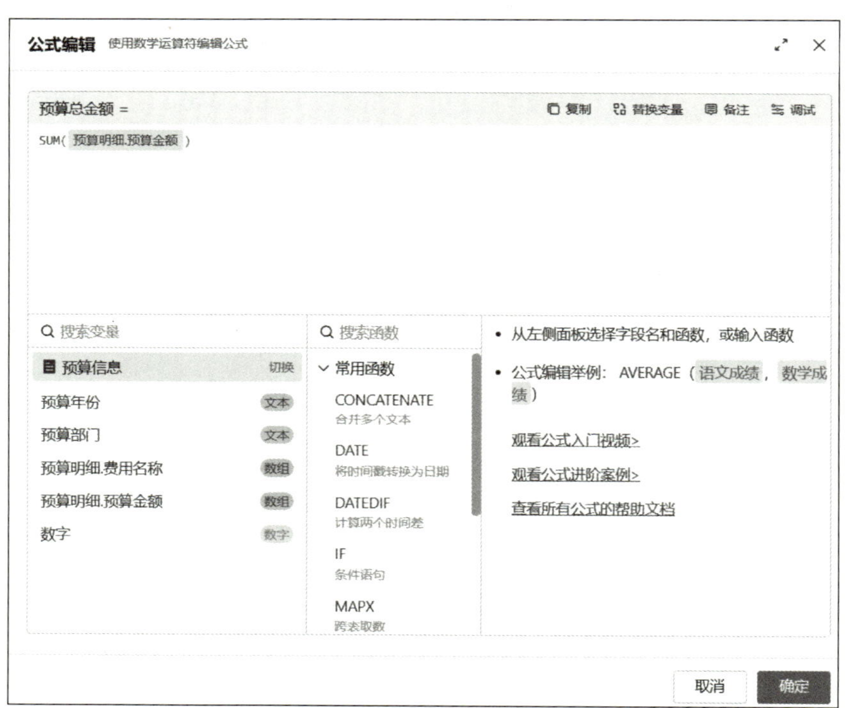

图 2-15-26　设置“预算总金额”公式

4. 表单测试

“预算信息.xlsx”文件提供的数据如图 2-15-27 所示。其测试步骤与“部门档

案”普通表单测试步骤类似，可参照完成。

A	B	C	D	E
		预算明细		
预算年份	预算部门	费用名称	预算金额	预算总金额
		办公费	6000.	
		差旅费	10000.	
		通讯费	8000.	
2023	生产部	招待费	10000.	34000.
		办公费	10000.	
		差旅费	50000.	
		通讯费	40000.	
2023	销售部	招待费	80000.	180000.
		办公费	10000.	
		差旅费	20000.	
		通讯费	20000.	
2023	采购部	招待费	50000.	100000.
		办公费	10000.	
		差旅费	20000.	
		通讯费	10000.	
2023	财务部	招待费	30000.	70000.
		办公费	10000.	
		差旅费	20000.	
		通讯费	10000.	
2023	行政部	招待费	30000.	70000.

图 2-15-27　“预算信息”测试数据

注意：输入测试数据时，每选择一个部门，需要分别输入四项费用的预算金额。

（六）“会计科目”普通表单开发与测试

1. 开发效果

“会计科目”普通表单开发效果如图 2-15-28 所示。

图 2-15-28　“会计科目”普通表单开发效果

2. 开发思路

“会计科目”普通表单开发思路如图 2-15-29 所示。

字段名	字段类型	字段属性
科目编码	单行文本	
科目名称	单行文本	
科目性质	下拉框	选项：自定义（借方，贷方）

图 2-15-29　“会计科目”普通表单开发思路

3. 开发步骤

其开发步骤与“部门档案”开发步骤类似，可参照完成。

4. 表单测试

“会计科目.xlsx”文件提供的数据如图 2-15-30 所示。其测试步骤与“部门档案”普通表单测试步骤类似，可参照完成。

科目编码	科目名称	科目性质
5602	管理费用	借方
5601	销售费用	借方
4101	制造费用	借方
1002	银行存款	借方
1001	库存现金	借方

图 2-15-30　“会计科目”测试数据

（七）“凭证模板”普通表单开发与测试

1. 开发效果

“凭证模板”普通表单开发效果如图 2-15-31 所示。

业务类型

费用报销

业务动作1

业务动作2

会计分录模板

	* 科目名称	* 借贷方向
1		

＋ 添加　＋ 粘贴新增

图 2-15-31　“凭证模板”普通表单开发效果

2. 开发思路

“凭证模板”普通表单开发思路如图 2-15-32 所示。

字段名		字段类型	字段属性
业务类型		单行文本	默认值：自定义；费用报销
业务动作1		单行文本	
业务动作2		单行文本	
会计分录模板	科目名称	下拉框	选项：关联其他表单数据：会计科目-科目名称
	科目性质	下拉框	选项：自定义（借方，贷方）

图 2-15-32　“凭证模板”普通表单开发思路

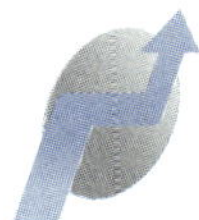

3. 开发步骤

其开发步骤与“部门档案”开发步骤类似，可参照完成。

4. 表单测试

“凭证模板.xlsx”文件提供的数据如图 2-15-33 所示。其测试步骤与“部门档案”普通表单测试步骤类似，可参照完成。

业务类型	业务动作1	业务动作2	会计分录模板	
			科目名称	借贷方向
费用报销	生产部	银行存款	制造费用	借方
			银行存款	贷方
费用报销	生产部	现金	制造费用	借方
			库存现金	贷方
费用报销	销售部	银行存款	销售费用	借方
			银行存款	贷方
费用报销	销售部	现金	销售费用	借方
			库存现金	贷方
费用报销	采购部	银行存款	管理费用	借方
			银行存款	贷方
费用报销	采购部	现金	管理费用	借方
			库存现金	贷方
费用报销	财务部	银行存款	管理费用	借方
			银行存款	贷方
费用报销	财务部	现金	管理费用	借方
			库存现金	贷方
费用报销	行政部	银行存款	管理费用	借方
			银行存款	贷方
费用报销	行政部	现金	管理费用	借方
			库存现金	贷方

图 2-15-33　“凭证模板”测试数据

（八）“会计凭证”流程表单开发与测试

1. 表单开发

（1）开发效果。

“会计凭证”流程表单开发效果如图 2-15-34 所示。

图 2-15-34　“会计凭证”流程表单开发效果

（2）开发思路。

“会计凭证”流程表单开发思路如图 2-15-35 所示。

字段名		字段类型	字段属性
凭证编号		流水号	流水号规则：提交日期+自动计数（5位数字，不自动重复）
凭证日期		日期时间	类型：年-月-日；默认值：填写当时
凭证类别		单行文本	选项：自定义（记账凭证）
凭证内容	摘要	单行文本	
	科目名称	下拉框	选项：关联其他表单数据；会计科目-科目名称
	借贷方向	下拉框	选项：自定义（借方，贷方）
	金额	数字	
	费用	下拉框	选项：关联其他表单数据；费用项目-费用名称
	部门	下拉框	选项：关联其他表单数据；部门档案-部门名称
	个人	下拉框	选项：关联其他表单数据；人员档案-人员名称
	客户	下拉框	
	供应商	下拉框	
借方或贷方合计		数字	默认值：公式编辑；编辑公式“SUM(凭证内容.贷方金额)”
凭证审核		单选按钮组	选项：通过、未通过；分布方式：横向排列
审批意见		单行文本	

图 2-15-35　“会计凭证”流程表单开发思路

（3）开发步骤。

① 单击“表单属性”页签，设置表单布局为“3”列。则向设计区添加字段时，自动按每行 3 列排列。也可通过“字段属性”页签下的“字段宽度”调整每个字段的宽度，字段宽度选择类型包括 1/4、1/3、2/3、3/4 和整行。

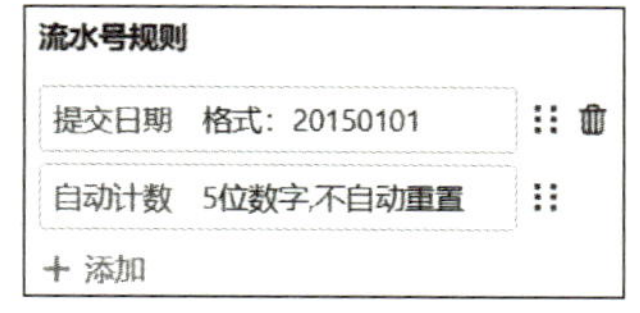

图 2-15-36　设置“凭证编号”字段属性

②“凭证编号”字段类型为高级组件下的“流水号”，字段属性“流水号规则”设置如图 2-15-36 所示。

（4）表单测试。

其测试步骤与“部门档案”普通表单测试步骤类似，可参照完成。

2. 流程开发

（1）流程开发效果。“会计凭证”流程表单的流程开发效果如图 2-15-37 所示。

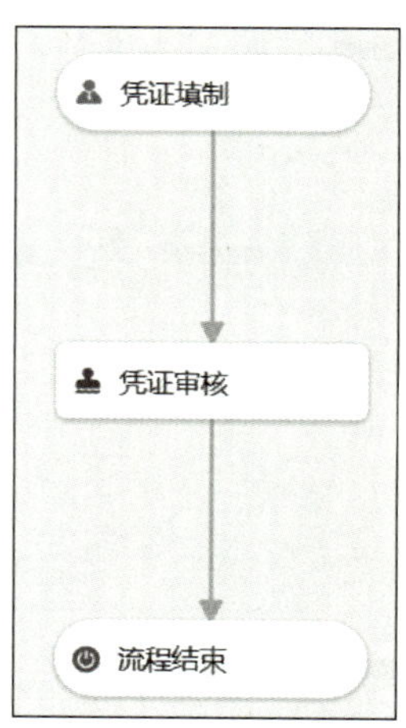

图 2-15-37　“会计凭证”流程表单的流程开发效果

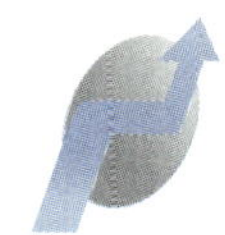

（2）流程开发思路。“会计凭证”流程表单的流程开发思路如图 2-15-38 所示。

节点名称	节点负责人	节点属性	流程属性
凭证填制	无	【字段权限】 可见：会计凭证、凭证编号、凭证日期、凭证类别、凭证内容、借方或贷方合计； 可编辑：凭证日期、凭证类别、凭证内容	流程提醒：使用微信提醒节点负责人、抄送人
凭证审核	常规审批 通用部门	【字段权限】 可见：全选； 可编辑：凭证审核、审核意见	

图 2-15-38　“会计凭证”流程表单的流程开发思路

（3）流程开发步骤。

① 在“会计凭证”流程表单编辑页面，单击“流程设定”按钮，进入流程设计页面。

② 输入流程名“会计凭证”，单击“保存”按钮。可以拖动“流程节点”到设计区，来添加流程节点；在两个流程节点间拖动鼠标指针，可以将两个流程节点相连，如图 2-15-39 所示。

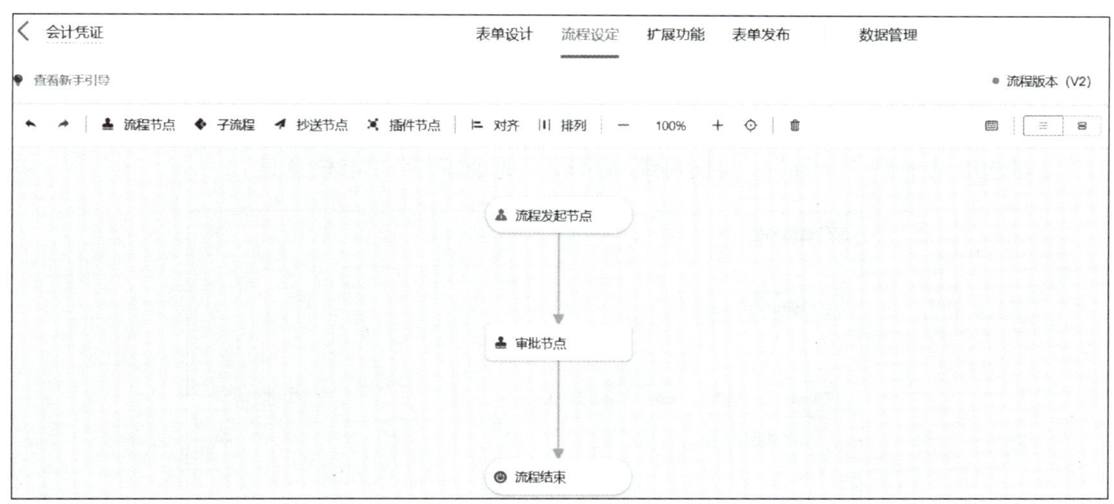

图 2-15-39　“会计凭证”流程表单的流程设计界面

③ 选择“流程发起节点”，在“节点属性”设置区，输入节点名称“凭证填制”。设置字段权限，勾选可见字段“凭证编号”“凭证日期”“凭证类别”“凭证内容”“借方或贷方合计”；勾选可编辑字段“凭证日期”“凭证类别”“凭证内容”，如图 2-15-40 所示。

图 2-15-40　“凭证填制”节点属性设置

④ 选择“审批节点”，在“节点属性”设置区输入节点名称“凭证审核”，单击“点击设置负责人”按钮，选择“通用部门”，如图 2-15-41 所示。设置字段权限，勾选可见字段“全选”；勾选可编辑字段“凭证审核”“审核意见”。

图 2-15-41　“凭证审核”节点属性设置

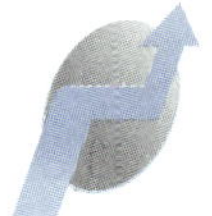

⑤ 单击“流程属性”按钮，设置流程提醒“使用微信提醒节点负责人、抄送人”。

⑥ 单击“启用流程”按钮，单击“保存”按钮。

（4）流程测试。

① 自行填制一张凭证，提交后刷新网页。在“我的代办”处，出现一项审批任务，如图 2-15-42 所示。

图 2-15-42　“我的代办”查看流程节点

② 单击此任务，对会计凭证进行审核并提交，如图 2-15-43 所示。流程结束后，在“数据管理”中即可查看此会计凭证及相关审批环节。

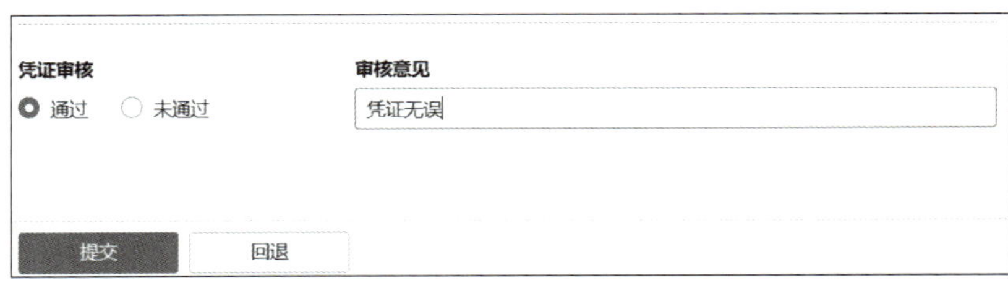

图 2-15-43　“凭证审核”流程节点操作

（九）“报销申请单”流程表单开发与测试

1. 聚合表开发

“报销申请单”流程表单的开发用到了简道云的高级功能“聚合表”。由于费用的预算金额（来自预算信息表）和实际发生金额（来自报销申请单）在两张表中，若要实时掌握每个部门每项费用当前的预算剩余情况，就需要构建聚合表，实时计算费用预算剩余，从而对新发生的费用进行预算控制和预警。

（1）开发效果。“预算剩余聚合表”开发效果如图 2-15-44 所示。需要注意的是表中数据为实时数据，与测试输入的数据有关。

（2）开发思路。“预算剩余聚合表“开发思路如图 2-15-45 所示。

< 预算剩余聚合表

保存

预算部门-所属部门	预算明细.费用名称-费用名称	费用部门预算	费用部门实际	预算剩余
销售部	通讯费	40000	0	40000
	办公费	10000	1200	8800
	招待费	80000	0	80000
	差旅费	50000	5280	44720
财务部	差旅费	20000	3500	16500
	招待费	30000	0	30000
	办公费	10000	5000	5000
	通讯费	10000	0	10000
行政部	招待费	30000	0	30000
	差旅费	20000	0	20000

图 2-15-44　“预算剩余聚合表”开发效果

聚合表设置项目	聚合表设置内容
数据来源	多表关联；关联表：预算信息、报销申请单； 关联字段：预算部门-所属部门；预算明细.费用名称-费用名称
行表头	预算部门-所属部门； 预算明细.费用名称-费用名称
指标	费用部门预算=预算明细.预算金额（预算信息）； 费用部门实际=报销金额（报销申请单）； 预算剩余=预算明细.预算金额（预算信息）-报销金额（报销申请单）

图 2-15-45　“预算剩余聚合表”开发思路

（3）开发步骤。

① 在“费控报销系统”页面，单击“管理后台”，单击高级功能下的“聚合表”。单击“新建聚合表”按钮，输入表名“预算剩余聚合表”。

② 单击数据来源按钮，设置多表关联的关联表及关联字段，如图 2-15-46 所示。

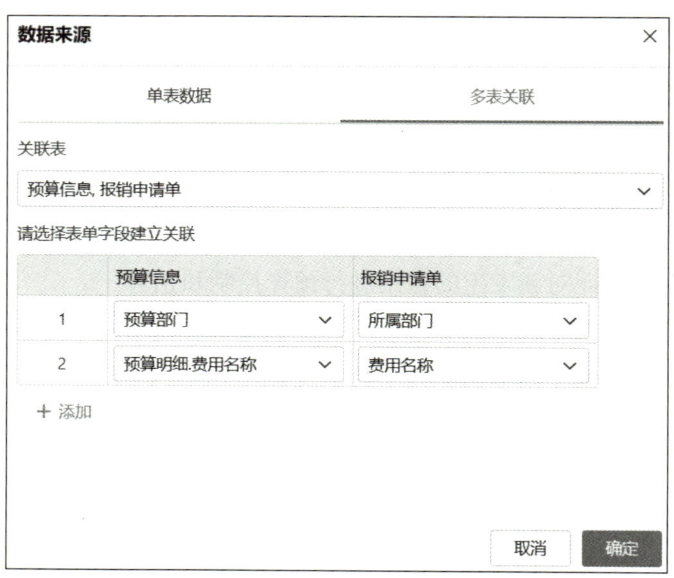

图 2-15-46　设置数据来源

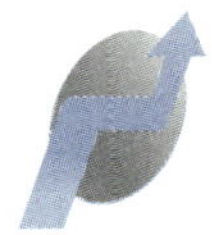

③ 单击行表头右侧 **+** 按钮，分别添加“预算部门 - 所属部门”“预算明细. 费用名称 - 费用名称”。

④ 单击指标右侧 **Σ** 按钮，设置费用部门预算公式“预算明细. 预算金额”。如图 2-15-47 所示。同理，设置公式“费用部门实际 = 报销金额”“预算剩余 = 预算明细.预算金额 - 报销金额”。最后，单击“保存”按钮退出。

图 2-15-47　设置指标公式

2. 表单开发

（1）开发效果。“报销申请单”流程表单开发效果如图 2-15-48 所示。

（2）开发思路。“报销申请单”流程表单开发思路如图 2-15-49 所示。

（3）开发步骤。

①“单据编号”字段类型为“单行文本”，其属性的默认值选择“公式编辑”，设置公式“CONCATENATE（'BX'，TEXT（DATE（报销日期），'yyMMdd'），RIGHT（'000'+RECNO（），3））”。该公式的含义为：通过函数构造一个编码规则，即该编码由特殊字符、6 位数字表达的报销日期和 3 位数字表达的序号组成。“单据编号”的字段类型也可以设置为“流水号”，此设置更简单。

②“所属部门”字段类型为“单行文本”，其字段属性“默认值”选择数据联动，此设置的数据联动内容如图 2-15-50 所示。

报销申请单

报销信息

单据编号 | 报销日期 | 报销人
2024-02-07

所属部门 | 部门总预算

报销明细

费用发生日期 | 费用名称 | 摘要

费用部门预算总额 | 费用部门预算剩余 | 报销金额

附件

选择 拖拽或单击后粘贴文件，单个20MB以内

审批信息

部门主管审批 | 部门审批意见
同意 不同意

*财务主管审批 | 财务审批意见
同意 不同意

*出纳支付
现金 银行存款

凭证信息

关联凭证信息

	摘要	科目名称	借贷方向	金额	费用
1					

图 2-15-48 “报销申请单”流程表单开发效果

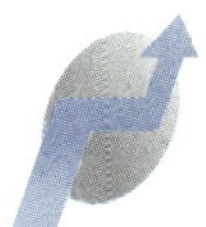

字段名		字段类型	字段属性
单据编号		单行文本	默认值：公式编辑；公式【CONCATENATE('BX',TEXT(DATE(报销日期),'yyMMdd'),RIGHT('000'+RECNO(),3))】
报销日期		日期时间	类型：年-月-日；默认值：填写当时
报销人		下拉框	选项：关联其他表单数据；人员档案-人员名称
所属部门		单行文本	默认值：数据联动（用于自动生成报销人对应的部门）； 设置内容：【联动表：人员档案；过滤条件：人员名称=报销人；触发联动：所属部门←所属部门】
部门总预算		数字	默认值：数据联动（用于自动生成部门预算总金额）； 设置内容：【联动表：预算信息；过滤条件：预算部门=所属部门；触发联动：部门总预算←预算总金额】
费用发生日期		日期时间	类型：年-月-日
费用名称		单行文本	选项：关联其他表单数据：费用项目-费用名称
摘要		单行文本	
费用部门预算总额		数字	默认值：数据联动（用于自动生成部门费用预算金额）； 设置内容：【联动表：预算剩余聚合表；过滤条件：预算明细.费用名称-费用名称=费用名称；预算部门-所属部门=所属部门；触发联动：费用部门预算总额←费用部门预算】
费用部门预算剩余		数字	默认值：数据联动（用于自动生成费用部门预算剩余额）； 设置内容：【联动表：预算剩余聚合表　过滤条件：预算明细.费用名称-费用名称=费用名称；预算部门-所属部门=所属部门；触发联动：费用部门预算剩余←预算剩余
报销金额		数字	
附件		附件	说明：免费版附件不可使用，可以选择图片
业务主管审批		单选按钮组	选项：同意、不同意；分布方式：横向排列
审批意见		单行文本	
财务主管审批		单选按钮组	选项：同意、不同意；分布方式：横向排列
审批意见		单行文本	
出纳支付		单选按钮组	选项：现金、银行存款；分布方式：横向排列
凭证信息	摘要	单行文本	默认值：公式编辑；公式【摘要】
	科目名称	单行文本	无设置，数据通过联动生成
	借贷方向	数字	无设置，数据通过联动生成
	金额	数字	默认值：公式编辑；公式【报销金额】
	费用	单行文本	默认值：公式编辑；公式【IF(关联凭证信息.借贷方向=="借方",费用名称,"")】
	部门	单行文本	默认值：公式编辑；公式【IF(关联凭证信息.借贷方向=="借方",所属部门,"")】
	个人	单行文本	默认值：公式编辑；公式【IF(关联凭证信息.借贷方向=="借方",报销人,"")】
	子表单设置	非字段、需设置	默认值：数据联动（用于自动生成科目名称和借贷方向字段的数据）； 设置内容：【联动表：凭证模板；过滤条件：业务动作1=所属部门，业务动作2=出纳支付；触发联动：关联凭证信息←会计分录模板；添加子字段：科目名称→科目名称；借贷方向→借贷方向】

图 2-15-49　“报销申请单”流程表单开发思路

图 2-15-50　设置“所属部门”字段的数据联动

③ 本流程表单字段较多且属性较复杂，请根据如图 2-15-49 所示的开发思路自行完成所有字段的设置。

（4）表单测试。其测试步骤与“部门档案”普通表单测试步骤类似，可参照完成。

3. 流程开发

（1）开发效果。“报销申请单”流程表单的流程开发效果如图 2-15-51 所示。

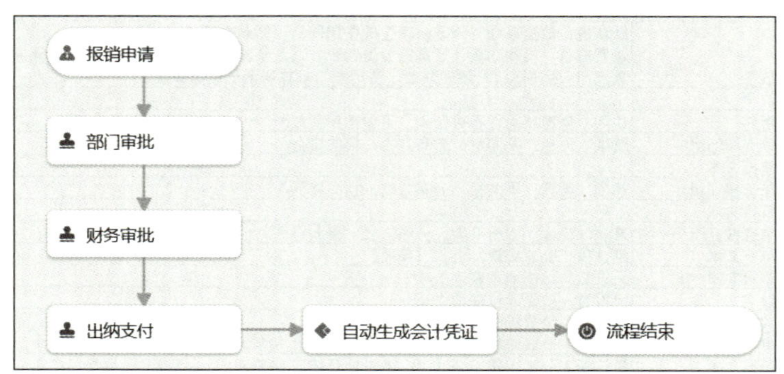

图 2-15-51　“报销申请单”流程表单的流程开发效果

（2）开发思路。

“报销申请单”流程表单的流程开发思路如图 2-15-52 所示。

节点性质	节点名称	节点负责人	节点属性	流程属性
流程节点	报销申请	无	【字段权限】 可见：审批信息前的所有字段； 可编辑：报销日期、报销人、所属部门、费用发生日期、费用名称、报销金额、附件	流程提醒：使用微信提醒节点负责人、抄送人
流程节点	部门审批	常规审批 通用部门	【字段权限】 可见：财务主管审批前的所有字段； 可编辑：部门主管审批、部门审批意见	
流程节点	财务审批	常规审批 通用部门	【字段权限】 可见：出纳支付前的所有字段； 可编辑：财务主管审批、财务审批意见	
流程节点	出纳支付	常规审批 通用部门	【字段权限】 可见：所有字段； 可编辑：出纳支付	
子流程	自动生成会计凭证		子流程表单：会计凭证； 子流程发起人：通用部门； 数据传递：父流程中的摘要、科目名称、借贷方向、金额、费用、部门、个人字段分别传递到子流程的对应字段中；父流程中的报销金额传递到子流程中的借方、贷方合计字段中。	

图 2-15-52　“报销申请单”流程表单的流程开发思路

（3）开发步骤。

① 父流程中“报销申请”“部门审批”“财务审批”“出纳支付”四个流程节点操作与“会计凭证”流程表单的流程开发步骤类似，此处不再赘述。

② 单击“添加子流程”按钮。输入节点名称“自动生成会计凭证”，选择子流程表单“会计凭证”，设置数据传递规则，如图 2-15-53 所示。

图 2-15-53　设置数据传递规则

（4）流程测试。自行填制报销申请单，完成测试。需要注意的是，报销申请单应多填制几条测试数据，并选择不同部门、不同费用项目进行测试，以方便后期进行统计报表的开发。

（十）“预算分析”仪表盘开发

1. 开发效果

“预算分析”仪表盘开发效果如图 2-15-54 所示。

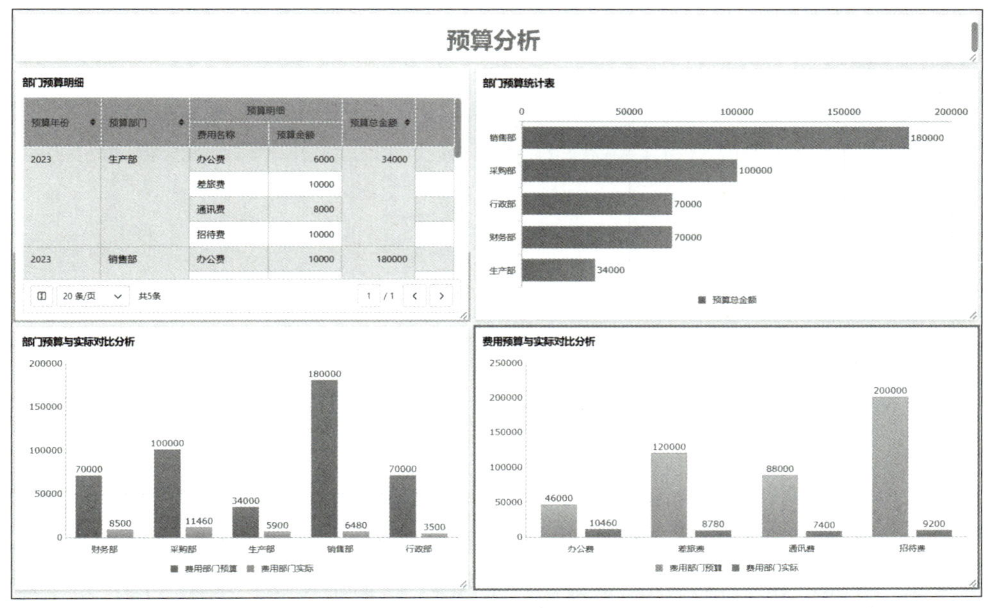

图 2-15-54　“预算分析”仪表盘开发效果

2. 开发思路

“预算分析”仪表盘开发思路如图 2-15-55 所示。

图表名称	图表类型	数据源	属性设置
预算分析	文本组件	无	文本内容：预算分析； 文本格式：粗体；橙色；32号；居中
部门预算明细	明细表	预算信息	显示字段：预算年份、预算部门、预算明细、预算总金额
部门预算统计表	统计表-条形图	预算信息	维度：预算部门；指标：预算总金额（求和）
部门预算与实际对比分析	统计表-柱形图	预算剩余聚合表	维度：预算部门； 指标：费用部门预算（求和）；费用部门实际（求和）
部门预算与实际对比分析	统计表-柱形图	预算剩余聚合表	维度：预算明细.费用名称-费用名称； 指标：费用部门预算（求和）；费用部门实际（求和）

图 2-15-55　“预算分析”仪表盘开发思路

3. 开发步骤

（1）在“费控报销系统”主界面，选中“预算分析”，单击“编辑”按钮，进入仪表盘设计界面。

（2）选中“文本组件”，将其拖曳至画布区。输入文本内容“预算分析”，设置文本格式“粗体；橙色；32 号；居中”，将图表调整到合适大小，保存后返回。

（3）单击“明细表”，选择“表单→基础设置→预算信息”，单击“确定”按钮。修改图表名“部门预算明细”，单击“显示字段”右侧的＋按钮，选择“预算年份”“预算部门”“预算明细”“预算总金额”四个字段，如图 2-15-56 所示。保存后返回。

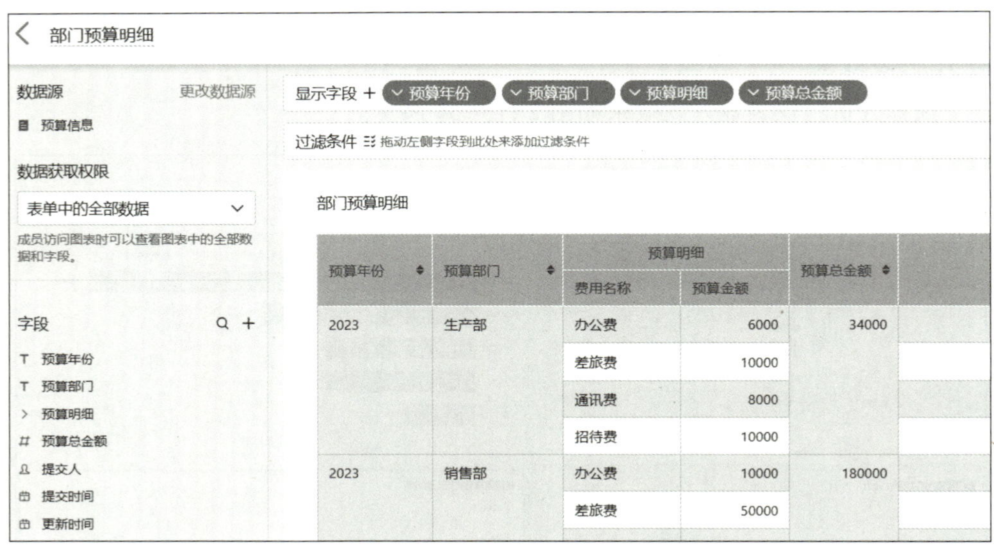

图 2-15-56　制作“部门预算明细”表

（4）单击“统计表”，选择“表单→基础设置→预算信息”，单击“确定”按钮。修改图表名“部门预算统计表”，选择图表类型“条形图”，将“预算部门”字段拖曳至“维度”区，将“预算总金额（求和）”字段拖曳至“指标”区，单击图表

右上角的 按钮，按预算金额降序排序，如图 2-15-57 所示。保存后返回。

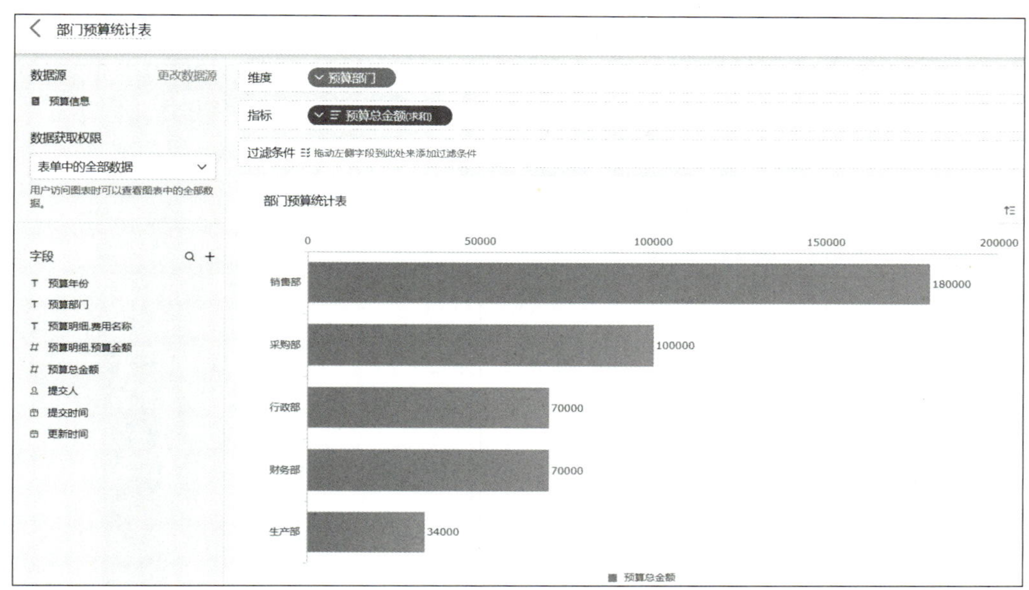

图 2-15-57　制作“部门预算统计表”

（5）单击“统计表”，选择“聚合表→预算剩余聚合表”，单击“确定”按钮。修改图表名“部门预算与实际对比分析”，选择图表类型“柱形图”，将“预算部门－所属部门”字段拖曳至“维度”区，将“费用部门预算（求和）”“费用部门实际（求和）”字段拖曳至“指标”区，如图 2-15-58 所示。保存后返回。

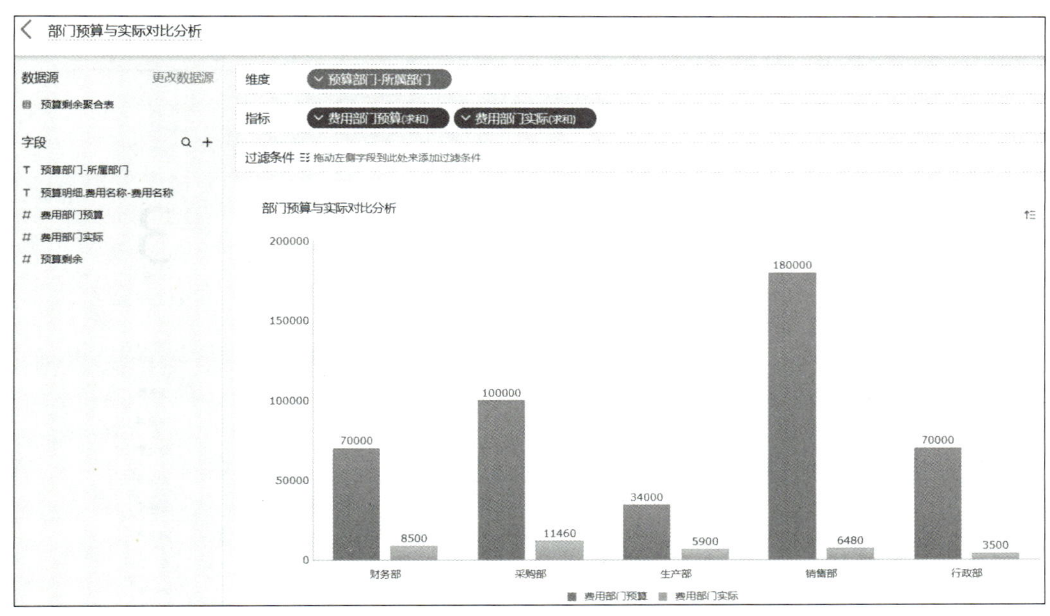

图 2-15-58　制作“部门预算与实际对比分析”图表

（6）同理，制作“费用预算与实际对比分析”图表，如图 2-15-59 所示。保存后返回。

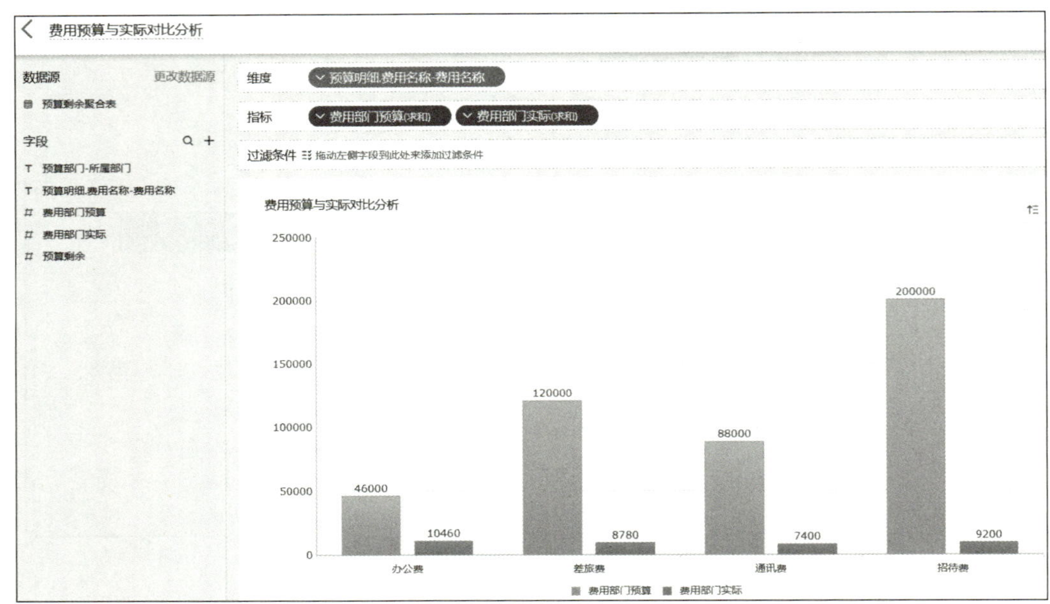

图 2-15-59　制作“费用预算与实际对比分析”图表

（十一）“报销分析”仪表盘开发

1. 开发效果

“报销分析”仪表盘开发效果如图 2-15-60 所示。

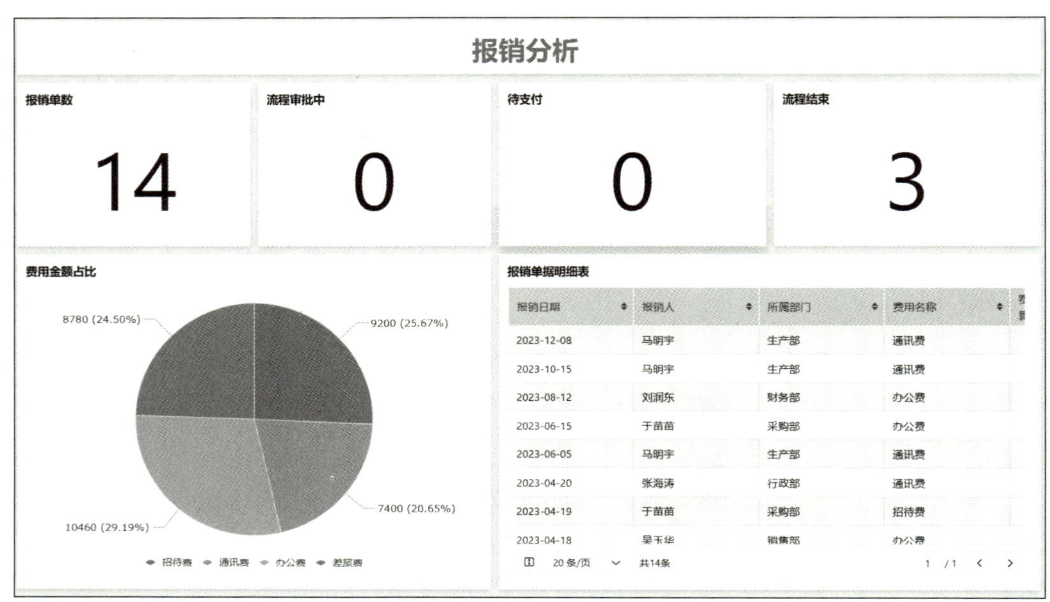

图 2-15-60　“报销分析”仪表盘开发效果

2. 开发思路

“报销分析”仪表盘开发思路如图 2-15-61 所示。

图表名称	图表类型	数据源	属性设置
报销分析	文本组件	无	文本内容：报销分析； 文本格式：粗体；绿色；32号；居中
报销单数	统计表-指标图	报销申请单	指标：单据编号（计数）
审批流程中	统计表-指标图	报销申请单	指标：单据编号（计数）； 过滤条件：流程状态=进行中
待支付	统计表-指标图	报销申请单	指标：单据编号（计数）； 过滤条件：出纳支付=任意一个未填写
流程结束	统计表-指标图	报销申请单	指标：单据编号（计数）； 过滤条件：流程状态=流转完成
费用金额占比	统计表-饼图	报销申请单	维度：费用名称； 指标：报销金额（求和）

图 2-15-61　“报销分析”仪表盘开发思路

3. 开发步骤

这里只介绍“指标图”和“饼图”的制作方法，其他图表制作方法类似，可参照完成。

（1）在“费控报销系统”主界面，选中“报销分析”，单击“编辑”按钮，进入仪表盘设计界面。

（2）单击“统计表”，选择“表单→费控报销→报销申请单”，单击“确定”按钮。修改图表名“报销单数”，选择图表类型“指标图”，将“单据编号（计数）”字段拖曳至“指标”区，如图 2-15-62 所示。保存后返回。同理，分别制作“审批流程中”“待支付”“流程结束”三个指标图。

图 2-15-62　制作“报销单数”指标图

（3）单击“统计表”，选择“表单→费控报销→报销申请单”，单击“确定”按钮。修改图表名“费用金额占比”，选择图表类型“饼图”，将“费用名称”字段拖曳至“维度”区，将“报销金额（求和）”字段拖曳至“指标”区，如图 2-15-63 所示。保存后返回。

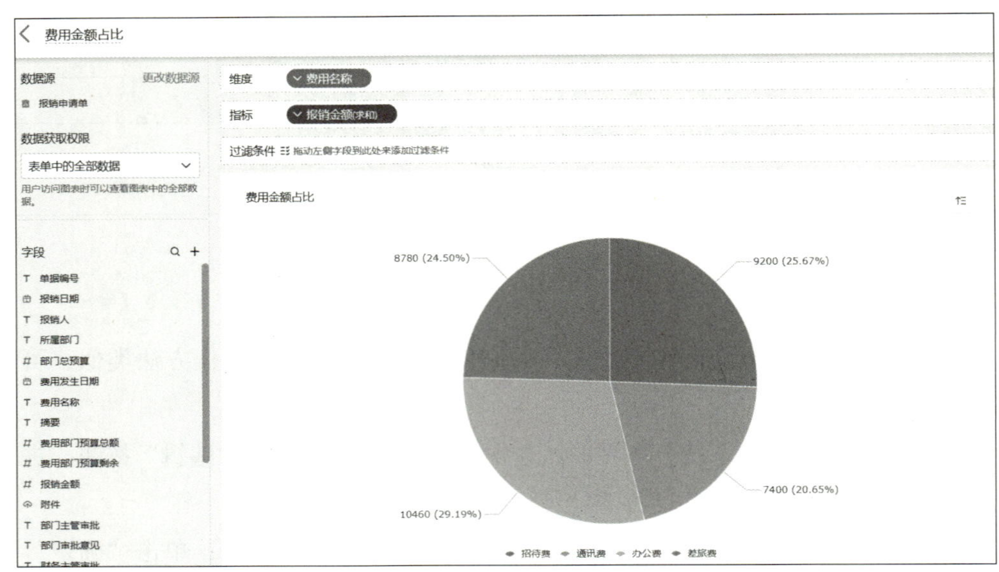

图 2-15-63　制作“费用金额占比”饼图

（十二）“凭证分析”仪表盘开发

1. 开发效果

“凭证分析”仪表盘开发效果如图 2-15-64 所示。

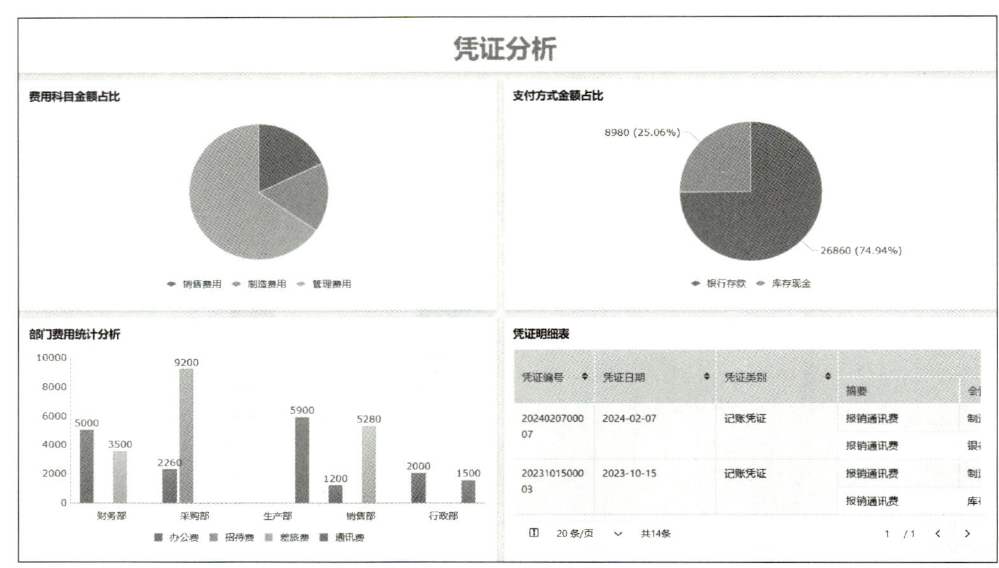

图 2-15-64　“凭证分析”仪表盘开发效果

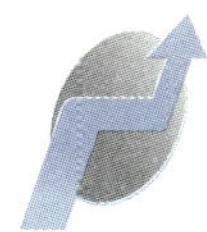

2. 开发思路

“凭证分析”仪表盘开发思路如图 2-15-65 所示。

图表名称	图表类型	数据源	属性设置
凭证分析	文本组件	无	文本内容：凭证分析； 文本格式：粗体；绿色；32号；居中
费用科目金额占比	统计表-饼图	会计凭证	维度：凭证内容.会计科目； 指标：凭证内容.金额； 过滤条件：凭证内容.借贷方向=借方
支付方式金额占比	统计表-饼图	会计凭证	维度：凭证内容.会计科目； 指标：凭证内容.金额； 过滤条件：凭证内容.借贷方向=贷方
部门费用统计分析	统计表-柱形图	会计凭证	维度：凭证内容.部门，凭证内容.费用； 指标：凭证内容.金额； 过滤条件：凭证内容.借贷方向=借方
凭证明细表	明细表	会计凭证	显示字段：凭证编号，凭证日期，凭证类别，凭证内容

图 2-15-65 “凭证分析”仪表盘开发思路

3. 开发步骤

请根据“凭证分析”仪表盘开发思路，自行练习“凭证分析”仪表盘的开发。

实 验 报 告

班级：　　　　　　姓名：　　　　　　学号：　　　　　　成绩：

实验题目：实验十五　费控报销系统设计与开发

实验目的：

实验内容：

实验体会：

思考

1. 可以从哪些方面做费控报销系统的需求分析？请描述费控报销系统的功能需求。
2. 费控报销系统的数据表有哪些？哪些属于普通表单？哪些属于流程表单？
3. 请分析报销申请单中“单据编号”“报销日期”“报销人”“所属部门”四个字段的字段类型及其属性。
4. 请用表格分析“报销申请单”流程表单的流程开发思路。
5. 请用表格分析“预算分析”仪表盘的开发思路。

附　录

教学与学习资源一览表

序号	资源名称	资源形式	数量	资源说明	使用对象
1	教学大纲	Word 文档	1 份	由于每个学校此课程的学分、学时不同，此大纲仅供参考	教师
2	授课教案	Word 文档	1 份	此教案设计详细，每章教学安排包括教学内容、教学方法、建议学时、教学活动等	教师
3	教学课件	PPT 文档	1 套	此课件精心制作，突出授课重点，直接与操作视频链接，极大方便教师开展课堂教学	教师
4	微课	视频	78 个	讲解重要知识点及实验注意问题	教师
5	思考题答案	Word 文档	1 份	给出各章思考题参考答案	教师
6	实验报告 实验体会 参考答案	Word 文档	1 份	包括所有实验报告中实验体会部分问题的参考答案	教师
7	上机实验 问题总结	PPT 文档	1 份	总结了学生在每个实验中容易出现的共性问题，包括原因是什么，解决办法有哪些	教师
8	笔试模拟试卷及参考答案	Word 文档	2 套	笔试模拟试卷及参考答案的题型包括：单选、多选、判断、简答和综合	教师
9	上机测试试卷	Word 文档	2 套	总账 + 报表：1 套；总账 + 报表 + 工资 + 固定资产：1 套	教师
10	教学软件	安装程序	1 套	版本：用友 ERP-U8V10.1 学习版；可下载安装，供练习实验用	学生教师
11	实验操作视频	MP4 文件	302 个	与每个实验的具体操作步骤对应	学生教师
12	实验账套	压缩文件	14 个	每个实验的结果账套既是该实验的结果，又是进行其他实验的基础	学生教师

主编简介

汪刚，北京信息科技大学副教授，计算机学士、会计学硕士，中国注册会计师非执业会员，用友集团畅捷通信息技术股份有限公司培训教育部外聘专家。长期从事会计从业资格考试“初级会计电算化”课程的培训工作和高校“会计信息系统”课程的教学与相关科研工作。主编财政部会计从业资格考试《初级会计电算化》教材，主编或参编《会计信息系统》等相关教材20余部。主持科研项目多项，发表论文多篇。

郑重声明

读者意见反馈

为收集对教材的意见建议，进一步完善教材编写并做好服务工作，读者可将对本教材的意见建议通过如下渠道反馈至我社。

咨询电话　400-810-0598

反馈邮箱　gjdzfwb@pub.hep.cn

通信地址　北京市朝阳区惠新东街 4 号富盛大厦 1 座
　　　　　高等教育出版社总编辑办公室

邮政编码　100029

防伪查询说明

用户购书后刮开封底防伪涂层，使用手机微信等软件扫描二维码，会跳转至防伪查询网页，获得所购图书详细信息。

防伪客服电话　(010) 58582300

资源服务提示

欢迎访问“智慧职教”(www.icve.com.cn) 平台，学习相关课程“会计信息系统”。以前未在上述网站注册过的用户，请先注册再登录。

授课教师如需获取本书配套教辅资源，请登录“高等教育出版社产品信息检索系统”(xuanshu.hep.com.cn)，搜索本书并下载资源。首次使用本系统的用户，请先注册并进行教师资格认证。

高教社高职会计教师交流及资源服务 QQ 群（在其中之一即可，请勿重复加入）：

QQ3 群：675544928　QQ2 群：708994051（已满）　QQ1 群：229393181（已满）